読みなおしの同和行政史

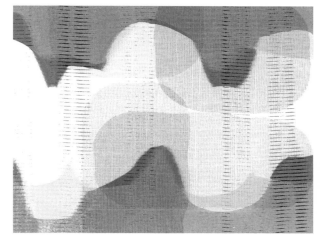

Kanai
Koji

金井宏司

解放出版社

はじめに

　拙著『同和行政　戦後の軌跡』を解放出版社より上梓したのが1991年。戦後の同和行政の歴史を簡単に振り返るための概説書が当時はまだ必要とされていたこと、また類書がほかになかったことが幸いしたのか、出版社に迷惑をかけない程度には売れたようである。ただ自分としては、歴史学の基本的素養もなく、論文の書き方も知らないなかで、必要に迫られ、自転車操業のように毎日書き進めたものであり、とても満足できるものではなかった。それよりも何よりも、扱う素材があまりにも生々しくて、またその評価のための軸も定まらない。戦後はまだ「歴史」ではない、というのが当時の正直な実感であった。その結果、たくさんの宿題というか借金を抱え込むことになってしまい、その後は、その借金を返済するつもりで、自分がとくに関心のあるテーマを中心に少しずつ書き溜めてきた。なかには編集者としての仕事あるいは研究会などの要請により書いたものもあるが、本書はそれらのなかで今回のテーマに沿うものを集めてみた。

　前著の執筆の頃から、すでに同和対策事業の国家予算も縮小傾向にあり、特措法以後を模索する時期にも差しかかっていた。また、日本も高度成長の最後のあだ花"バブル"がはじけ、世界は東西冷戦が終わる一方でグローバル化の波が一気に押し寄せるなど、時代の大きな転換期を迎えていた。2002年に33年間続いた特別措置法の時代も幕を閉じ、その間、同和対策は部落の環境改善や生活の向上など「正の遺産」をもたらすとともに、同和事業に絡む利権行為などの「負の遺産」も残した。こういう時代だからこそ、読者のなかにはタイトルから戦後の同和行政に対する総括的な評価を期待された方もいると思うし、友人には措置法以後にも触れるよう勧められた。私もそういう点に関しては大いに興味があり、本格的な研究を望むが、どう考えてもその役目は私には荷が重すぎるし、もっと適任者がいると思う。

　さきほども言ったように、本書は今までの私のつたない論文の寄せ集めであり、私自身もあまり統一感は期待していなかった。それでもそれらを並べてみると、意外にそれぞれに重要な時代や出来事を取り上げており、自分な

りの問題意識をもって全体を貫き通せたのではないか、とは思う。もちろん正しい判断は読者の側にある。

　出版の機会を与えていただいた解放出版社と、編集を手伝い、多くの間違いを指摘していただいた松原圭さんに感謝したい。

　本書に収載した論文は以下のとおりである。今回、それらを1冊の本にまとめるにあたり、多くの加筆修正を加えた。

- 「占領期の同和行政——ＧＨＱに対する政策評価を中心に」(『私家版』2019年12月)
- 「日本国憲法14条と部落問題」(同前)
- 「戦後同和行政と山本政夫」(『近現代の部落問題と山本政夫』解放出版社、2009年9月)
- 「インタビュー　「同対審答申」の舞台裏」(『部落解放』554号、2005年9月、解放出版社)
- 「「同対審答申」はこうして作られた」(同前)
- 「高度成長期の被差別部落——「同和対策審議会調査部会総会報告書」から見えるもの」(『部落解放研究』218号、部落解放・人権研究所、2023年3月)
- 「特措法時代の幕開け——同和対策事業特別措置法の制定過程」(『私家版』2018年12月)

読みなおしの同和行政史——目次

第 1 章

占領期の同和行政

はじめに

　戦後の同和行政が語られるとき、GHQ（連合国軍最高司令官総司令部 SCAP／GHQ）が同和行政を禁止したために、国の同和行政が長いあいだ行われなかった、と論拠を示されないまま言われることが多かった。はたしてそのような事実があったのかどうか、事実でなかったとすれば、なぜそのように言われ続けてきたのかを検証したい。

　占領期の部落問題については、部落解放研究所（現部落解放・人権研究所）が1987年度から89年度にかけて国立国会図書館が公開している「日本占領文書」（GHQ／SCAP Record）の収集・分析や、GHQ関係者の聞き取りなどの調査研究に取り組んでおり、その成果は『資料　占領期の部落問題』（部落解放研究所編・発行、1991年、以下、『資料』と略す）という資料集にまとめられている。また、これらの資料に基づいていくつかの研究報告もなされている。本稿はこれらの研究成果をふまえ、私なりの疑問点や視点を加えて整理したものである。なお本文中の［　］にある数字は、前記『資料』に掲載されている通し番号なので、詳しくはそちらを参照されたい。

1　GHQは同和行政を禁止したか？

　まず、GHQが同和行政を禁止したとする代表的な考え方を紹介する。（下線は筆者）

- ・同和対策審議会答申　「連合軍占領政策の方針として、同和地区を対象とする特別行政の施策は禁止されたので、政府の同和対策は中断され……」（1965年）
- ・『戦後部落問題年表』　「1945・—　アメリカ占領軍、国民の一部にたいする特殊行政は認められないとし、戦前の国の融和行政を禁止する」（1979年）
- ・朝田善之助　「戦後、GHQの方針で、融和事業のような特別なものはや

らず、一般社会事業に組み込むということになったわけ。しかし、一般社会事業と言っても、その内実は、全く何もやらんのと一緒やった。……要するに、同和対策事業を一般の社会事業の中に入れるということだな。だから、特別の同和対策事業はやらないというわけだ。しかし、一般の社会事業とは違うわな」(1978年)

・**北原泰作**　「GHQ は、一般行政の民主化に強い関心をしめしたが、一部国民の特殊なニードに対応する<u>特殊行政</u>、たとえば軍人遺族にたいする恩給とか、被差別部落民を対象とする同和行政などは許さない方針だった」、**山本政夫**　「葛西（嘉資、1942年厚生省生活局生活課長、1948年同省次官——筆者注）さんは、日本政府としては戦前にひきつづき融和事業を実施しようとしたんだが、GHQ の強い反対で当時としてはやれなかったんだと言っている」(1979年)

　これらはいずれも 1960 〜 70 年代までの証言である。戦後の解放運動の主導的立場にあった人たちによる証言でもあったから、これが当然の歴史的事実として語り継がれてきたように思う。これに対して近年、前掲した GHQ 関係者の聞き取りの成果から、「アメリカ側で当時の占領政策にかかわった関係者たちは、総司令部が同和行政を禁止したという点については否定的である」と疑問が呈されている。たとえば以下のような証言である。(以下、（　）内は GHQ 内の部局名)

・**K・スタイナー**（法務局）「自分は直接同和行政とかかわる部局にいたわけではないが、もし総司令部がそのような立場に立っていたら法務局にいた時にそうした話を聞いていただろうが、そうした記憶はない」
・**C・サムス**（公衆衛生福祉局）「公衆衛生福祉局が同和行政を禁止するような指示を出したことはないし、また総司令部の他の部局が同様の指示を出したかどうかは知らない」
・**C・ケーディス**（民政局）「そのような禁止をした覚えは、まったくない」
・**H・パッシン**（民間情報教育局）
　「――　日本側の関係者の一部には、総司令部が同和行政を禁止したと

受け取っておられた方がいるようですが。

　パッシン　それは、恐らくそんなことはなかったでしょう。

　──　総司令部が積極的に同和行政をしなかったことが、そう受け取られたのでしょうか。

　パッシン　それはわからない。そうとられたか、それを口実にしたのか、わからない。

　──　少なくとも、総司令部のどこかの部局がそうした指示や文書を出したようなことはない……。

　パッシン　ない。そんなことは、ありえない。考えられない」

　日本の占領統治はドイツと違い占領軍による直接統治ではなく間接統治の形態をとっていたから、連合国軍最高司令官（SCAP）であるマッカーサーが占領政策を実行に移す場合、SCAP 総司令部、すなわち GHQ を通して日本政府に対して SCAPIN（総司令部覚書）とか指令、セクション・メモなどの形式で命令を発し、日本政府はそれらを日本の形式に書き換えて地方庁に下達する方式を採った。しかし、このような「総司令部覚書」や「セクション・メモ」というかたちで、はっきり同和行政の禁止を指示したものは、今のところ明らかにされていない。

　また、近畿地方を中心に戦後の早い時期から地方自治体では同和予算が組まれており、こうした地方自治体予算の情報が GHQ にまったく伝わっていないとは考えられず、それにもかかわらず、少なくとも GHQ がこれを禁止したり制限したりする措置にはでていない。

2　GHQ の同和行政に対する基本姿勢

　以上のように、たとえ GHQ が同和行政を積極的に禁止したのではないとしても、GHQ は同和行政やさらには部落問題に対してどのような考え方を持ち、どのような姿勢で臨もうとしていたのであろうか。これについても従来の代表的な見解を紹介する。

・原田伴彦 「7年余にわたる日本の最高支配権力者であったアメリカ占領軍当局（G・H・Q）は、日本の社会事情に暗い面が多かったのですが、とくに部落問題を——おなじ日本人が一部の日本人を差別するということを<u>まったく理解できなかった</u>とみられる点がありました。そのため G・H・Q は部落に対する特別の行政措置を無用のものとして、ほとんど取りあげませんでした。この理由についてはくわしい断定はひかえますが、G・H・Q が部落問題への認識を<u>まったく欠いたこと</u>、かりにそれを認識しても、それは法の下の平等の問題として取りあげること、部落対策は、経済政策一般や社会政策一般の貧困問題としてとらえるのが当然であるという態度を、とったであろうと思われることです」[10]（1973年、下線は筆者）

　これは、GHQ は部落問題そのものに「無理解・無認識」であり、その結果、同和行政を「無用」のものとして取りあげなかったとする考え方であるが、その「無理解・無認識」の根拠が示されていなかったり推測であることから、これに対しては「政府が同和行政に取り組まなかったという歴史的な事実から逆算ないし演繹された結論」[11]だとする批判がある。

GHQ は部落問題を認識していたか？

　たしかに、さきの「日本占領文書」などのなかには、アメリカや GHQ が部落問題に対して一定の関心をもっていたことを示す資料が多く存在し、従来の「無認識」だったとする見解に疑義が生じている。

　関心を持っていたことを示す資料の一つ目は、戦前のアメリカ本国における日本研究に部落問題に関する記述があることである。アメリカは日米開戦（1941年12月）後から比較的早い時期より、敵国情報の入手のために、あるいは戦後占領統治のために日本研究が進められており、そのなかに部落問題が含まれていた。

　①国務省情報調整局心理戦部／部内覚書第12号『部落民—日本の被差別集団』1942年2月5日［112］　この文書は、「1 はじめに、2 起源、3 宗教、4 解放令、5 最近の状況、6 人口、7 解放運動、8 指導者たち、9 偏見、10

部落差別─微妙な問題、11 部落民の性格上の特徴、12 本文書の利用者に対する留意点」から成り、かなり詳細に論じられている。もっともこの文書が心理戦部から出されていることからわかるように、その目的は軍事活動の一環としての敵国情報の収集・分析にあり、「日本社会の結束に一つの弱点になって」いる部落民を利用して「自由に情報を提供」させることにある。しかし、それにしても部落問題に関してこれだけの情報が、この時期すでに政府上部機関に伝えられていたことに驚く。

　②『民事ハンドブック―日本』アメリカ陸軍省、1944年［115］　戦後の日本占領統治に関する方針を検討する機関には、当初、国務省、陸軍省、海軍省の三つがあり、それぞれがそのための準備をしている。陸軍省、海軍省では同時に占領地域での軍政を担当する要員の養成を行っている。たとえば陸軍省では、1942年5月に軍政学校を、43年3月に陸軍省内に民事部（CAD）を、さらに44年夏に陸軍民事要員訓練所を全米6大学に設置している。ちなみにケーディスやのちに登場するリツォなども CAD のスタッフとして参加している。

　こうした軍政要員を養成するためのテキストとして「軍事マニュアル」「民事ハンドブック」「民政ガイド」が作られた。「民事ハンドブック」は日本の政治、経済、社会全般について紹介したものであるが、その第1章「地理的および社会的背景」のなかに「社会階層」があり、「部落民」が「農民」「都市プロレタリアート」の下の最下層として位置づけられて、簡単ではあるが紹介されている。

　二つ目は、占領期において GHQ 関係者と当時の解放運動関係者や部落住民が様々な機会を通じて関係を持っていることである。これを示す資料は多数あり、全部を紹介することはできないが、一つは、松本治一郎の公職追放をめぐって、解放運動関係者が盛んに GHQ 関係者への接触を行っていることである。たとえば、1946年3月26日に井元麟之をはじめとする「水平社の代表団」が民政局のピーター・K・ロウスト、ベアテ・シロタ、ハリー・エマーソン・ワイルズに面会し、部落差別や水平社が何であるかを説明し、松本を追放対象から除外するよう訴えている［120］。その後、参議院副議長

である松本の追放は政治問題化し、1949年4月11日には、対日理事会のソ連代表部のK・デレビヤンコがマッカーサーに対して書簡で松本の追放決定の取消を求めている[14][31]。このような状況はGHQ関係者が部落問題に対して関心を向ける動機になり得たと考えられる。

　民間情報教育局では、「世論・社会学的現地調査週末活動週報」（1946年11月18日）の社会学的調査の「進行中の作業」として、部落問題をあげている。

　　「水平社の代表が近代日本の部落民の地位に関する膨大な資料を持って来た。この資料の中には、差別やグループ間に違いがあることに気がつく年頃の子どもたちを対象としていくつかの学校で行なわれた最近の調査をもとにした興味深い報告が含まれている。この問題の十分に包括的な全体像がこの資料から得られた時、特定研究への提案が我が班で用意できるであろう」[92]

　そのほか、同じく民間情報教育局の調査・分析課が「公職における部落民」という報告書を作成し、1947年当時の国会および地方議会や農地委員会の中に占める部落民の数から、部落民の政治参加の度合に関する分析を行っている[133][134][135]。また後述するように、解放運動関係者も、GHQ関係者がしきりに活動家たちに部落問題について尋ねにきたことをのちに語っている（本章15〜16頁参照）。

　三つ目に、地方軍政部と各地の部落解放運動家との接触である。各地に配属された地方軍政部の役割はGHQの指示が地方行政機関で正しく実施されているかを監視することであり、直接に地方行政機関に指示命令することはできず、監視任務を通じて得られた情報を上級軍政本部に報告するという建前になっている。ただ実際には「この建前は、府県軍政部のスタッフが、その分限をこえて、直接、地方庁や日本国民に介入するというように、しばしば破られることがあった[15]」。いずれにしろ地方軍政部は占領行政の第一線にあって多くの日本国民と直接接触をもち、その情報は様々なルートを通じ

てGHQ上層部にもたらされたと考えられる。

『資料』でも、たとえば埼玉の軍政チームが埼玉県の部落民グループの代表者から送られてきた請願書を民政局に伝達し、事態の処理方法を問うてきている資料［125］や、京都市三条地区改善事業の第一期完成を祝う式典に軍政チームが参加している資料［99］が紹介されている。

その後、地方軍政部は1949年7月に廃止され、「地方軍政部本部レベルに地方民事部がおかれたとき、スタッフは文官とされ、第8軍の管轄を離れて、直接GHQ内に新設された民事局（CAS）の所管となった」が、その頃のものとして、兵庫県地方民事部の民間情報教育担当官であるコレティ女史と神戸市長田区の部落との関わり[17]［106］や、京都市長・神戸正雄から京都市同和問題協議会の設立等に関して京都民事チーム民間教育官マークスに宛てられた書簡を紹介している[18]［101］。

最後に、GHQが部落問題に無関心ではなかったことを示す重要な理由として、日本国憲法14条の存在をあげることができる。周知のように14条1項の文言はマッカーサー草案から最終案に至るまで様ざまに変遷しており、その意味するところについては検討を必要とするが、差別事由の具体的列挙として人種、信条、性別に加えて「社会的身分又は門地」という文言が入れられたことは、GHQが部落問題を念頭に置いていたと考えられる（第2章参照）。そのことはマッカーサー草案作成から新憲法の成立に至るまでその中心的役割を果たしたケーディスの次のような言葉からも窺えよう。

「**渡辺** 日本の部落差別をなくすことはどうでしたか。それは、根本原則に含まれていましたか。
ケーディス はい、確かです。日本国民ですし、すべての国民は平等であるべきだったからです。
……私たちは部落の人たちは日本人と平等であるべきだと考えていました。部落は部落でない人と同じであるべきでした。それは根本原則です。部落を含めて、人々の間に差別があってはならないと、私たちは考えていました。すべての人は法のもとに平等なのです[19]」

以上を見るかぎり、GHQ が部落問題をまったく知らなかったとする考え方は、もはや成り立たないというべきであろうし、むしろ関心を示していたと思われる資料・証言も多くある。ただ、GHQ 内でも各部局の職務と部落問題との関連性によって関心の温度差は当然違ってくるであろうし、担当官の立場や経歴によっても異なってくるのは当然のことである。

　多くの GHQ 関係者に聞き取り取材を行った渡辺俊雄は、のちに全体的な印象を次のように語っている。「総司令部の職員だった何人かの方に部落問題をいつ、どのように知ったのか手紙でお聞きしたところ、日本に来る前から部落問題を知った人は少数だったものの、日本に来て実際に部落を見るなり話を聞くなりして部落問題を知った人が大多数で、アメリカに帰るまで知らないでいたという人は、私がお聞きした限りではおられませんでした[20]」

GHQ は部落問題の解決をどのように考えていたか？

　ただ、「無認識」であったとする従来の考え方も、当然のことながら、だからといって GHQ が部落差別を肯定したとするわけではなく、あくまで部落問題の解決は「法の下の平等の問題として取り上げ」れば十分と考えたのだとしている。この考え方にはまったく根拠がないわけではなく、さきに示した解放運動家は当時を振り返って、GHQ が部落問題を具体的な課題として取り上げることに消極的であったとする印象を証言している。

・田中松月

「――　GHQ のどういう人にお会いになりましたか。

　田中　詳しくはわかりません。GHQ に連れて行かれても、まあタバコを一本出されて、通訳がいろいろなことを聞く、聞かれることは差別の実状についてですね、それに対して答えるだけですから。

　――　そのときの GHQ 関係者の部落問題に対する理解の水準はどの程度でしたか。

　田中　全然わかっていなかったですね。こちらの話を聞いて、「ああ、そうですか」とうなずくばかりで、「そんな間違ったことがありますか」

というような意味のことは言いよったですが、「事実はこういう具合だ」というと、「ああ、そうですか」という程度のことでした」[21]

・朝田善之助

「──　そうしますと、GHQ が明確な部落問題についての方針を持っていたというようなことはなかったことになりますね。

朝田　ないね。ずるずると引っ張ってきただけやな。部落の話をすれば、重要な問題だと言うわけよ。日本の政府とおんなじだ。だけど、それだけだ。……

──　朝田さんなんかは、具体的なかたちで、京都なら京都で、地方民政局の人たちと接触なさったわけですが、どういうかたちで……。

朝田　部落問題についてわしらに聞きたがるわけ。聞くことは聞くんやが、具体的に何もやろうとはせえへんわけね。……

──　GHQ は全体としてみると、部落問題はそのままにしておけということ……。

朝田　そう、そう。一般的な社会事業の中に入れたらええということや。特別にやらんでもよろしいというわけだ」[22]

　ただ彼らの証言は、「GHQ 同和行政禁止論」が定着した以降であり、彼らの運動的な立場も考慮して評価されるべきだろう。これに対して今日、三重県朝熊事件をめぐって松本治一郎が民政局 A・ハッシーに相談に行った際にハッシーが語ったとされる発言などを根拠に、限定的ながら GHQ は部落差別撤廃に積極的であったとする意見が出されている[23]。また、GHQ 関係者の証言にも、部落差別の状況を改善・是正するべきだとするものが見える。

・A・ハッシー[24]（民政局）　「松本氏は、これは国会自身が十分関心を示すかもしれない問題だと助言され、こうした状況を調査するために各院に特別委員会が設置されるよう勧告された（recommended──原文）。同時に、各院が常設の人権委員会を設置すればいいのではないかと示唆された」[131]（この証言は、松本治一郎＝ハッシー会談の内容を「記録用覚書」として第三者が書き残したものと思われる──筆者注）

・B・S・ゴードン[25]（民政局）「私は部落民の指導者である松本治一郎氏と知りあい、彼と長く話し合ったことがあります。私は部落民の地位を改善するために何かなされるべきだと理解しました」
・F・リツォ[26]（民政局）「1. 部落民が依然として法的に、あるいは慣習として差別され続けているとすれば、日本の行政当局は、そのような差別の禁止を命じた最高司令官の指示の遂行を怠っているのであり、できうるかぎり速やかにこの状態を是正するべきである」[128]

　この「差別行為の禁止を命じた最高司令官の指示」とは、「降伏後ニ於ケル米国ノ初期ノ対日方針」（1945年9月6日）のなかの「第3部　政治」「三　個人ノ自由及民主主義過程ヘノ冀求ノ奨励」「人種、国籍、信教又ハ政治的見解ヲ理由ニ差別待遇ヲ規定スル法律、命令及規則ハ廃止セラルベシ（抜粋）」や、「日本教育制度に対する管理政策」（連合国軍最高司令官覚書SCAPIN 1945年10月22日）のなかの「1、教育に関しては占領の目的及び方針を日本政府の新内閣に知悉せしめるため此に次の指令を発するものなり……b（3）人種、国籍、信条、政治的意見、社会的地位を理由とする生徒、教師、又は教育職員に対する差別的待遇は之を禁止せらるべし斯る差別待遇より生ずる不均衡を是正するため直ちに必要なる措置を採るべし」[116]などが上げられるであろう。これらはGHQの日本社会の差別に対する基本的な考え方を示すものであり、そうであるとすれば、部落差別撤廃に積極的であったか消極的であったかはともかく、GHQにとって封建的身分制に基づく部落差別を肯定する理由はなかったし、差別撤廃は既定の基本方針にも沿うものであった。ただ、「部落差別は撤廃されるべき」という点に限って言えば、少なくとも表向きには日本政府も同様の立場にあったと思う。したがって焦点はそのための具体的施策である。

GHQは同和行政をどのように考えていたか？

　今日においてもそうであるが、差別撤廃を同じように主張しながら、そのために何を行うべきかということになると意見は様ざまに分かれる。当時において、日本の占領統治が間接統治の方式を原則にした以上、占領政策の

基本方針に反しないかぎりたとえ GHQ が「部落差別は撤廃されるべき」と考えたとしても、その解決のために具体的にどのような政策を選択するかは日本政府に委ねられていた。そして日本政府は後述するように 1946 年に、1920 年（大正 9）より続けてきた同和（融和）事業を終了すると決めた。

これに対して、これまで見てきたように、GHQ が同和行政を禁止したり、反対したということを示す資料は何もない。別の言い方をすれば、GHQ は同和行政に関して何ら見解を表明していないということになる。たしかに前述したハッシーのように、一部には同和行政を含む特別対策に対して積極的ともとれる発言も見られるが、同時に消極的または否定的とも受けとれる資料・発言・証言もある。

・「部落民—日本の被差別集団」国務省情報調整局 1942 年 「12. 本文書の利用者に対する留意点…… （4）日本政府は、アメリカ政府が人種や社会的背景を異にするアメリカ市民を法的には区別していないのと同じように、部落民と非部落民を公式には区別していない。それ故、日本政府に部落の状態に対する責任をとらせることはできない」[112]
・F・リツォ （前記 17 頁のリツォの発言に続けて）「2. しかしながら、平等とは政治的、社会的、経済的な機会の均等を意味しているのであって、部落民に階層としての特権を与える義務を行政の側に負わせるものでは決してない。それ故に、彼らの屠殺業、皮革業における排他的な基礎を復活してほしいとの請願は彼らの平等を求める請願と矛盾する」[128]
・H・パッシン
「——　GHQ が部落問題、同和問題というものをどういうふうに考えたのか、政策的な何かを考えたことがあるのかないのか。お聞かせください。
パッシン　私が知っているところでは、部落とか同和問題に対して対策はなかった。まず、その問題についてあまり意識しなかった。昔の封建時代から残っているようなものだから、自然になくなってしまうのではないか、と考えていた。……」
「総司令部で考えていることは、もしかしてこういう問題があるとしても、直接的に取り上げるよりは間接的な措置でもってなくなると、良

くなると。いちばん重要なことは、憲法14条、それだけで差別をおさえる基礎になると、それだけでいいんじゃないか、いちばん最初そういうように考えてきた。……」

「総司令部の方では、「14条にははっきりと差別はいけないとか、いろんな理由で差別は違反だと書いてある。それだけで十分に法律の道具があるじゃないか」というふうに解釈しましてね。しかし私は「特殊な措置が必要だ」と言いましたら、納得しない。「そんな必要はない。アメリカでもない」と。この時期は黒人運動の前だったんです。つまり、公民権運動の前だったものですから、アメリカにも歴史的経験がなかった[27]」

・C・ケーディス

「**渡辺** 第二次世界大戦後、部落差別を撤廃できなかったのはなぜでしょうか。

ケーディス なくしたと思いますよ。部落に対する差別はなくなった。外国人に対する差別はなくならなかったが、部落に対してはなくなった。もし福島（慎太郎　幣原内閣の総理大臣秘書官——筆者注）が、ノーマン（E・H・ノーマン　カナダ人、外交官、対敵諜報部——筆者注）が、そしてもしホイットニーやマッカーサーが生きていたら、彼らもそれはもうなくなったと言うでしょう。私もあなたから手紙をもらうまでは、それはもうなくなったと思っていました。私はたいへん驚いたのです。

　今日では、何が差別の根拠ですか。法的なあるいは憲法上の根拠ですか。

渡辺 法的にも、憲法上の根拠もありません。

ケーディス 憲法は、社会的身分や門地による差別の禁止をうたっています。憲法のなかにまだあるのでしょう。

渡辺 もちろんあります。

ケーディス それでは、差別の理由はありませんね。

渡辺 その通りです。でも、たとえ憲法のなかにはそう書いてあっても、国民は心の中で、部落差別はあると思っています。

ケーディス それでは、それは文化の問題ですね。時間がかかるでしょう。文化を変えるには、時間がかかります[28]」

F・リツォの発言は、法的のみならず「慣習として差別」されている場合であっても行政当局は「速やかにこの状態を是正するべき」であるが、彼にとっての平等とは入り口における平等、すなわち機会均等の平等＝形式的平等にとどまる。さらに戦前に作成された国務省の報告書(前記 18 頁参照)では、部落民に対する社会の偏見・差別を詳細に紹介しながらも、法的にさえ差別がなければ政府の責任はないとする。この考え方は、パッシンやケーディスの証言のなかにも見てとれる。日本国憲法 14 条の存在によって、基本的にこの問題は解決に向かい、いずれ消滅するか、あとは文化の問題だとする。

　このような GHQ の考え方には、パッシンが指摘するように本国アメリカのマイノリティ政策に関する歴史的限界が背景にある。たとえば、1934 年よりアメリカ本国で行われたニューディール政策のなかで、マイノリティ問題、とくにこの場合、黒人問題をどのように位置づけ、どのような政策を実施したかが、この問題を考える大きなヒントになる。

　アメリカでは、19 世紀後半、リンカーン大統領による奴隷解放宣言以降、法の下の平等を定めた修正憲法 14 条（1868 年）や投票権の平等を定めた同 15 条（1869 年）、さらには様ざまな連邦公民権法（1866 年〜）の制定など、人種差別解消のための法制度に一定の前進が見られたものの、その後、連邦最高裁や州裁判所、議会保守派、州憲法などによってその内容は骨抜きにされ、たとえば投票権も投票税や財産・教育などの資格要件を設けることによって、事実上、黒人を政治の場から排除し、また、公正な裁判を受ける権利すら奪っていた。

　このようななかで 1929 年の世界恐慌をきっかけに 1930 年代に F・D・ルーズベルトによって進められたニューディール政策は、それまで貧困問題を個人の人格や能力の欠陥としてとらえて私的な慈善事業にまかせていたのに対して、国家の責任に基づいて社会保障システムにより解決しようとするアメリカ型社会保障の初めての試みであった。この政策は黒人に対して黒人向け住宅や連邦政府機関への登用など一部に積極政策も見られるものの、基本的には低所得者一般を対象としていた。それらの援助は、様ざまな問題や限界はあるにしても、結果として黒人にも向けられるようになり、その地位向上

に一定の役割を果たした。

　とは言っても、依然、さきに述べたような差別状況は続き、州によっては居住区、教育、公共施設、交通機関等において分離政策がとられ、南部ではリンチがなかば公然と行われていた。経済的にも白人に比べれば黒人は圧倒的に劣位におかれ、こうした状況にアメリカ政府が正面から取り組むのは、戦後1960年代後半の公民権運動を経て、1970年代の積極的差別解消政策＝アファーマティブ・アクションを待たなければならない。

　こうしたアメリカ国内の歴史と経験は、少なくとも民政局を中心にGHQ内部に多くいたニューディール派と呼ばれていた人たちが、日本のマイノリティ問題をどのように理解し、対処しようとしたかを考える際に手がかりを与えてくれるように思う[29]。

　それにしても、「総司令部はどちらかといいますと部落問題に関して差別撤廃に意欲的であり、同和行政に反対したり、禁止したわけではなく、する気もなかった[30]」（渡辺俊雄）とすれば、日本政府が同和行政を廃止したのはなぜか、はたして日本政府の同和行政廃止と占領政策＝GHQの方針とはまったく無関係であったのであろうか、という疑問は残る。

3　なぜ日本政府は同和行政を行わなかったのか？

　言うまでもなく本論の出発点である「GHQが同和行政を禁止した」という言説は、それまで行われてきた同和対策が戦後1946年になって廃止されたからであるが、廃止された理由は、次の厚生省からの通達から読み取ることができる。

「同和事業ニ関スル件」（厚生次官ヨリ関係地方長官宛）1946年3月20日
「旧来ノ陋習ヲ改メ国民偕和ノ実ヲ挙グル為、多年ニ亘リ実施シ来レル同和事業ハ其ノ十ヶ年計画モ昭和二十年度ヲ以テ終了シ、国民同和ノ途況相当観ルベキモノアリト認メラルルニ至リタルト、現下諸般ノ状勢トニ鑑ミ昭和二十一年度ニ於ケル同和事業費補助ハ若干ノ府県及町村同和促進運動協議会費補助（本件府県補助額ハ追テ内示ノ筈）ノミニ止メ、他日若シ必要

アルトキハ新事態ニ即スル新ナル施策ニ出ヅルコトト為リタルニ付、右事情御承知ノ上遺憾ナキ様御処置相成度」[31]

　1945年度をもって基本的には同和事業を終了する、その理由は1936年（昭和11）から開始した融和事業十カ年計画が終了すること、その結果、「国民同和ノ途況相当観ルベキモノ」があること、また「現下諸般ノ状勢」とは必ずしも明らかではないが、ひと言で言えば敗戦による混乱だと言えよう。戦争により生産手段は破壊され、国土は疲弊し、アジア各地からの復員・引き揚げ者は600万人を超え、都市には失業者と飢えに苦しむ人で溢れていた。しかし、政府にとっての戦後の復興は何より基幹産業の立て直しこそがもっとも急がれる最重点課題であり、飢餓的状況にある市民への援助は限られた予算の中で限定的なものにならざるを得ない。当時、部落の実態調査をめぐってGHQ民間情報教育局（パッシン、シルズ）と厚生省担当官とが会議（1949年11月14日）を行っている。

　　「森氏（厚生省生活課課）と越田氏（同前）は、部落民の全国的な調査は賢明だとは思えない、なぜなら、そうした調査は彼らを［他の日本国民から］尚いっそう分け隔てする傾向があるし、かなり財源と人手を必要とするからだ、と述べた。さらに、生計や住宅など、［日常］生起している、あるいは顕在化した問題を解決するだけの資金は現在のところ無いとも述べた」［104］

　部落住民の生計や住宅に問題があることを認識しながら、しかしそのための予算措置を行う財政的余裕はないということだろう。この越田氏は、同年10月に岡山市で開催された西日本同和事業協議会に出席し、「政府に予算の要求をするには最も効力のある具体的な説明をしなければならないが、それにしても種々困難な場合がある」[32]として、同和予算の国費計上に否定的な発言をしている。
　ただ、前掲「通達」によれば、いっさいの同和事業をやめるということではなく、若干の府県および市町村に対する同和促進運動協議会費の補助は行

うとしている。事実、厚生省社会局福利課が作成した「同和事業彙報（昭和21年10月[33]）」のなかに「昭和二十一年度同和事業費国庫補助」として、

　　「昭和十一年度以来実施して来た同和事業完成十ヶ年計画は昨二十年度を以て一先づ終了。本二十一年度には唯若干の都府県及市町村同和促進運動協議会費補助のみ交付されることに決定してゐるが、右補助金は既に各都府県よりの申請に応じ夫々交付中である。……」

としている。同和促進運動協議会費とは戦前に「同和促進運動費補助」として「本問題を中心とする協議会、懇談会、講演会、講習会等を開催し本問題に対する誤れる認識を匡正し……一般社会の啓蒙を図り同和観念の徹底に努め以て同和の促進を図る[34]」ことを目的とし、同和奉公会、府県同和団体、市町村実行委員会への補助にあてられたものである。ただ、その額は1941年の段階でも同和予算150万5460円のうち11万2400円であり、全体の7.4パーセントに過ぎない[35]。
　　1946年の段階でも、多くは学校での同和教育や市民向けの啓発活動に対する補助にあてられている。その額は不明であるが、1946年3月に同和奉公会は解散し、同会地方本部も廃止や廃止予定のところが多く、さらに減額されているものと予想される。
　　ただ、同和事業は基本的に終了するものの、その後も依然部落の動きに対して厚生省は強い関心を示している。このことは何を意味しているのであろうか。前掲「通達」は続けて次のように述べている。

　　「尚民主的新日本ノ建設ニ伴フ地区ノ諸活動ニ関シテハ同和促進上万全ヲ期シ度、同和促進其ノ他諸般ノ地区ノ動向ニ付テハ細心ノ注意ヲ払ヒ、貴官ニ於テ夫々措置セラルヽト共ニ本省トシテモ各地ノ情報ヲ得テ今後ノ措置ニ遺憾ナキヲ期シ度ニ付、貴官下ニ於ケル之等状況概要其ノ都度速ニ御報告相成度此段及申述候」

また、さきほどの「同和事業彙報（昭和21年10月）」にも、厚生省福利課

が各都府県に対して「同和事業関係地区の調査に関する件」などを報告するよう再三にわたり指示を行っていることが示されているとともに、厚生省のこの問題に対する当面の姿勢が窺える。

　「厚生省としては現下急激な社会情勢の推移に伴ふ地方同和事業関係の実情を明にしつゝ、かねて腐心中であるが実際問題として全国隅々の事情まで通じることは到底不可能であるかト、都府県、関係団体等に於かれては事の大小軽重や文書々類の形式等に拘泥せず、又たひ断片的なものでも差支ないかト、苟も同和事業に関連した事項は通報下さる様希望する。そうした資料は当課で交々活用するの外、内容に依っては今後時々斯うした形式で関係方面にも配布して参考に供したいと考えてゐる。(竹田)」

　いずれの日か同和事業が復活するまでのあいだ、部落の現状についての情報を収集しておこうという意図とも受け取ることもできるが、はたしてそれだけであろうか。

　その後、1947年度以降もこの予算が継続されたかどうかは明らかではないが、法務府人権擁護部が作成した「日本における差別防止とマイノリティー保護に関する報告書」のなかに、「政府はこの事業を1947年以降は国家行政の特別な部門としては取り上げず、その遂行を地方公共団体に依託することに決定した」(1951年9月19日)[141]とあるので中止された可能性がある。

　しかしたとえ一部とはいえ、戦後もなお政府が同和予算を組んでいたのであれば、GHQが同和行政を禁止したと考えることは、ますます難しいことになる。だとすれば、日本政府は前掲「通達」にあるように主には財政上の理由から同和行政を廃止したにすぎないのであろうか。しかし、それならなぜ当時の運動関係者は一様に「特別行政をGHQが禁止した」と思ったのか。当時、マッカーサーこそが日本の最高権力者と思われていたことから生ずる単なる誤解であったのか。

　戦後の社会福祉行政の方向性を示すものとして、前掲「通達」の1カ月前の1946年2月27日に発せられた「社会救済」と呼ばれるGHQ覚書SCAPIN775がある。それまでの軍事援護に対する優先的取り扱いを禁止し、

①無差別平等の原則、②公的責任の原則、③必要充足の原則を明らかにした。「無差別平等の原則」の影響は、たとえば1947年に政府が「傷痍者の保護に関する件」をGHQに提出し許可を求めたところ、GHQは「無差別平等の原則」あるいは「恩給停止の代替措置」になるとの理由から不許可にするというような事態になって表れている[38]。この間の状況を葛西嘉資（前掲9頁参照）は次のように語っている。

　「身体障害者福祉法の制定というのは、私どもが非常に苦労した問題なんですよ。なぜならば、ネフさん（1946年にGHQ公衆衛生福祉局福祉課長就任──筆者注）のところに身障者問題を持っていくと、いつもそれはだめだ、生活保護で無差別平等にやれ、傷痍者でも何でも生活保護でたくさんだ、こう言って聞かないんですよ」[39]

　戦前のような同和事業を行う財政的余力も意思もない日本政府にとっては、GHQの「無差別平等の原則」は同和行政中断の一つの口実を与える結果となったのかもしれない。もしGHQのこの指令がそのような影響を与えたとすれば、前述の運動家たちの証言や、占領体制が終結した翌1953年より同和予算が復活することとも符合する。また1946年10月30日にGHQより指示された「政府ノ私設社会事業団体ニ対スル補助ニ関スル件」が1947年度のわずかに残された同和予算に影響を与えたのかも含めて、今後の研究を待ちたい[40]。

4　部落解放運動はGHQの占領政策をどのようにとらえていたか？

　当時の解放運動関係者が、GHQの同和行政への対応を否定的にとらえていたことはすでに紹介しているが、このような評価はいつ頃から始まったのだろうか。少なくとも戦後当初は、彼らもGHQの進める改革に多くの希望と期待を寄せていたはずである。

・解放新聞　「かねて連合軍総司令部では、部落問題に対して深い認識と

理解を寄せられていた[41]」(1947年)

・松本治一郎　「昭和20年8月15日、封建的な絶対専制主義の天皇政治も、
日本帝国主義戦争の敗北によって終焉を告げねばならなくなった。ポツ
ダム宣言の受諾によって、日本人民の解放のれい明が訪れたのであった。
いまや、われら日本は民主国家として再生せんとしている。部落民衆の
上にも完全解放の絶好の機会がもたらされたのである[42]」(1948年)

・北原泰作　「敗戦後の1、2年のあいだに、日本の民主的改革は急速にす
すめられた。……もし、世界の民主々義諸国の外からの圧力と日本国内
の民主勢力のたたかいがなければ、敗戦日本の民主的改革はけっしてお
こなわれず、戦前とおなじ状態がつづいたにちがいない。……

　　　以上のべたような諸改革は、一応日本の民主化をおしすすめる道をき
りひらいた。このことは日本の社会に残存している封建主義をとりのぞ
くために直接、間接のふかいつながりをもっており、したがって、部落
民を封建的身分関係の圧迫から解放する客観的条件がしだいに成熟しつ
つあるという希望をあたえるものである[43]」(1950年)

　このような評価から、「GHQ＝無認識、無理解」に変わるのはどうしてで
あろうか。以下に戦後の部落解放全国委員会の第1回大会から、1955年（第
11回大会）の部落解放同盟への名称変更を経て、1960年（第15回大会）まで
の全国大会運動方針案や綱領などより戦後改革の評価にかかわる部分を取り
出してみた。

・第1回大会宣言（1946年2月）「今や暴圧の嵐は永久に去った。すべて
の人民に人格の尊厳と自由を保障する民主主義日本建設の大事業は、人
民自身の手によって開始されたのである」

・第3回大会（1948年5月）「今日古い日本と新しい日本とが戦っている。
古い日本は半封建的地主、独占的な財閥、そして又官僚的軍国主義的な
日本であり、新しい日本とは労働組合、農民組合の勤労階級を中軸とす
る民主主義諸勢力である。日本帝国主義の敗北により8・15を転機とし
て新しい日本は民主主義諸勢力を結集しその固い同盟によってブルジョ

ア民主主義革命を遂行する自由を獲得した」

・**第 4 回大会**（1949 年 4 月）「部落民は、今日なお封建時代から残されている身分の差別と、現在の独占資本による搾取圧迫のもとに、植民地の民衆と同様の悲惨な状態におかれている。それにもかかわらず保守反動政府は部落問題を解決するための政策を行わず、また対策を立てようともしない。それどころか戦前にわれわれが大きな犠牲をはらって闘いとった部落民の生活安定のための経費を国家予算からけずってしまった」

・**第 5 回大会**（1950 年 4 月）「（松本追放は）ポツダム宣言を無視して日本を植民地化し、日本人を奴隷化しようとする国際独占資本の手先吉田内閣の反動的陰謀であり、……（松本追放取り消しのために）連合国総司令部および、対日理事会、各国代表団に対して懇請し、公正な国際的与論に訴えること」

・**第 6 回大会**（1951 年 3 月）「［戦後のギマン的民主化政策］わが国、戦後におこなわれた「民主化政策」は未解放部落民をして、その半封建的な身分差別から解放させるために、わが国に根強く残る半封建的な残りカスを一掃して、その基本的人権を名実ともに確実（ママ）し、政治的・経済的・文化的水準を向上させることをしなかった。それはただ民主主義に対する全人民の歴史的要求をギマン的な民主化政策でゴマ化して、人民の革命化を防ぎ、同時に戦後における資本主義の決定的危機を切り抜けるために反動勢力はその負担を人民の上に課し、軍事基地化・植民地化のための一貫した収奪政策をやり易い程度に、天皇制の影響を弱めたにすぎなかった」

・**第 7 回大会**（1951 年 10 月）「日本は敗戦以来外国の占領下にあり、日本人は民族としての独立自主の権利をもたず、植民地的に従属させられている。このことは直接に、部落民衆にたいする差別を温存し、激化させ、日本民族の正当な民族的自尊心をうばい、人間は民族や人種の差別なく、すべて平等であるという思想感情を破壊し、他国人に対する卑屈な劣等感を、日本人の間に養成している。その結果は、劣等感の代償として、朝鮮民族やまた同じ日本民族の一部分にたいする差別、優越感を

助長させるのである。逆の方面からいえば、差別を助長することによっ
て、人民の外国にたいする卑屈と劣等感を支えることをねらっている」
・第10回大会　1955年綱領（1955年8月）「全国に散在する六千部落、
　三百万の部落民は長い間の封建的身分差別と、戦後アメリカ帝国主義者
　による植民地支配・搾取によって、失業と貧乏のどん底に追いこまれて
　いる。……戦前ごまかしではあったが、部落民の生活環境を改善するた
　<u>め支出されていた僅かの国家予算すらも、アメリカの占領政策によって</u>
　<u>廃止され、再軍備のための重い税金に苦しめられている</u>」（下線は筆者）
・第15回大会　1960年綱領（1960年9月）「第二次世界大戦後の改革によっ
　て、日本の民主化はいちじるしく前進した。しかし事情は本質的に変わっ
　ていない。アメリカ帝国主義に従属する日本の独占資本は、日本の民主
　化をくいとめる反動的意図のもとに部落にたいする差別を利用している。
　それゆえに現在では独占資本とその政治的代弁者こそ部落を差別し圧迫
　する元凶である[44]」

　周知のように、当初、占領軍は日本軍国主義による圧政から解放してくれ
る存在として多くの国民の目には映った。GHQ によってもたらされた様ざ
まな民主的諸改革は民主勢力の成長を促すとともに、一方で日本の保守勢力
との対立を深めていった。しかし、1950年ぐらいまでは民主革命の不徹底
や失業・貧困問題に対する攻撃の矛先は日本帝国主義や保守反動政府に向け
られた。
　この流れが大きく変わるのが1951年10月の第7回大会である。日本は外
国によって植民地的に従属させられていて、正当な民族的自尊心まで奪われ
ているとした。GHQ ＝占領軍の名こそ出されていないが、その占領統治に
対する評価の転換である。
　この時期は、大戦以前からあった米ソ対立が、東アジアにおいて東西冷戦
構造となって一気に顕在化し、国際的緊張が高まる時期でもあった。1948
年に朝鮮半島が南北に分断され、翌49年には中華人民共和国が樹立され、
50年6月には朝鮮戦争が勃発し、51年には38度線を挟んで戦線が膠着して
いる時期である。

その1951年の1月、コミンフォルム（共産党・労働者党情報局）の機関紙「恒久平和と人民民主主義のために」に、日本共産党・野坂参三が主張していた占領下における平和革命路線を批判する「日本の情勢について」という論文が発表された。論文はまず「日本の政治経済は、一切アメリカの侵略政策とその侵略政策にもとずく行動によって左右されているのである」としたうえで、「日本におけるアメリカ占領軍が、あたかも進歩的役割を演じ、日本を社会主義への発展にみちびく「平和革命」に寄与しているかのごとき野坂の見解は、日本人民をこん乱におちいらしめ、外国帝国主義者が日本を外国帝国主義の植民地的付加物に、東洋における新戦争の根源地にかえんとするのを助けるものである」と断じた。日本共産党はこの論文をめぐって、コミンフォルムの主張に反発する党内主流派である「所感派」と、これに同調し支持する「国際派」に分かれ対立する。

　結局、日本共産党はソビエト共産党の指示を受けて、1951年8月、「日本共産党の当面の要求——新しい綱領」を提示、決着を図った。この「新綱領」では、最初に占領軍と占領政策を次のように位置づけた。「アメリカ帝国主義者が、われわれにもたらしたものは、圧迫と奴隷化だけではない。彼らは占領制度を利用して、日本国民を搾取し、わが国から利益を搾りとっている。それがために、彼らは、自分たちの利益のために、わが工業、農業、商業——わが全生活を管理し、計画するいっさいの権利をさえ奪いとってしまった[46]」。

　この1951年に開かれた解放委員会第6回全国大会（3月）では戦後の民主化政策を「ギマン的」とし、第7回大会（10月）でも占領政策を植民地支配だと決めつけ、さらに4年後に出た部落解放同盟の改正綱領（1955年綱領）では、部落差別が戦後も温存されているのは「戦後アメリカ帝国主義者による植民地支配・搾取」にあり、「僅かの国家予算すらも、アメリカの占領政策によって廃止され」たとする記述が登場する。さすがに60年綱領になると、後段の部分は消され、それ以後の大会方針案でも同様の記述はなくなるものの、アメリカ帝国主義とそれに従属する日本の独占資本を主敵とする見方は維持され、「同和行政はアメリカの占領政策によって廃止された」という評価も、同対審答申や活動家の言説によって受け継がれていくことになった[47]。

おわりに

　誤解のないようにひと言付け加えれば、1946年より国の同和行政が中断されたといっても、生活保護や不良住宅の改良事業などのように一般施策のなかで部落や部落大衆がその対象になることは、当然のことながらその間にもあった。また最初に述べたように、地方自治体では戦後の早い時期から独自に同和予算を組んでいる。ただ国が部落問題の解決あるいは部落の地区改善を目的に予算が割り当てられるということはなくなった。こうした政策の中断の理由が何であったのかを見てきた。

　これまで見てきたようにGHQが同和行政を禁止したという事実はなかったものの、かと言って部落差別をなくすために積極的な政策を日本政府に指示することもなかった。日本政府にしても、敗戦後の混乱期の中で戦前からの同和行政を継続する財政的余力もなく、融和事業十カ年計画の終了やGHQの消極的姿勢を口実に同和行政を中断する道を選んだ。一方、解放運動の側も、当初はGHQや国際世論を背景として民主統一戦線による政治改革の中に解放の希望を見出していた。しかし冷戦がはじまると、一転してアメリカ帝国主義とそれに追随する日本の独占資本こそが部落差別の元凶であるという見方に変わってしまう。

　たしかに戦後の早い時期から国策樹立を求める動きが解放委員会の中にもあったが、当時は活動家自身が生活することもままならず、解放委員会も機関紙『解放新聞』の発刊さえむずかしい時期であり、全国的に運動を展開する態勢にはなかった。結局、こうした状況を打開するには、解放運動にとっては、全国の部落民を結集するための新たな解放理論の構築と体制づくり、組織づくりが求められた。しかし、戦後解放運動が新たなステージに入るには、しばらくの模索の時期が続く。

注

（１）『戦後部落問題の研究　第１巻　戦後部落問題年表』部落問題研究所、1979年、7頁。

（2）「部落解放運動と占領　朝田善之助」『共同研究　日本占領軍　その光と影（上）』思想の科学研究会編、徳間書店、1978 年、466 頁〜。

（3）北原泰作・山本政夫「対談・当事者が語る　同和立法のうらおもて」『部落』382 号、1979 年 8 月。

（4）渡辺俊雄『現代史のなかの部落問題』解放出版社、1988 年、9 頁。

（5）K・スタイナー　K.Steiner　シュタイナーとも。「ウィーン生まれ、ウィーン大学法学部卒。弁護士をしていたが、ナチスの迫害を逃れて 1939 年アメリカに亡命、帰化した。1946 年、GHQ 国際検事局の検事。1949 年から 51 年まで法務局のオプラーの下で民事・人権係長として人権擁護に活躍した」（竹前栄治『GHQ』岩波新書、1983 年、136 頁）。

　　証言は、前掲注（4）『現代史のなかの部落問題』9 〜 10 頁。

（6）C・F・サムス　Crawford F.Sams　「イリノイ州に生まれ、カリフォルニア大学などで医学を学び、医学博士号を取得後、軍医として第二次世界大戦に参加した。中近東、アフリカ、イタリア戦線に加わり、いったんワシントンに帰り、陸軍省民事部のスタッフとして、対日政策の公衆衛生・福祉、難民対策などについての政策立案を担当した」（前掲注（5）『GHQ』131 〜 132 頁）。

　　証言は、前掲注（4）『現代史のなかの部落問題』10 頁。

（7）C・ケーディス　Charles L.Kades　ニューヨーク州生まれ。「ハーバード大学ロー・スクール卒業。1930 年代、ルーズベルト大統領のニューディール行政下で、イッキー内務長官、モーゲンソー財務長官に仕える。……1945 年の日本占領開始から 48 年まで政治の民主化に尽力、とくに憲法改正、内務省解体、公職追放などで重要な役割を果たした」（竹前栄治『日本占領　GHQ 高官の証言』中央公論社、1988 年、23 頁）。

　　証言は、前掲注（4）『現代史のなかの部落問題』9 頁。

（8）H・パッシン　Herbert Passin　「シカゴ生まれ。シカゴ大学人類学部卒、ユダヤ系ロシア人であった両親は日露戦争がきっかけでアメリカに移住した。1941 年ノースウェスタン大学社会人類学部講師、まもなく農務省農業経済局計画調査部勤務、ミシガン大学陸軍日本語学校を経て、1946 年 GHQ 民間情報教育局に入り、調査・分析課に配属された。世論調査や社会学的分析方法を日本に積極的に導入した功労者である」（前掲注（5）『GHQ』127 頁）。

証言は、渡辺俊雄「聞き取り　占領期の部落問題について――ハーバート・パッシンさんに聞く」『部落解放研究』56 号、1987 年 6 月。

(9) 前掲注 (5)『GHQ』53 頁。

(10) 原田伴彦『被差別部落の歴史』朝日新聞社、1975 年、345 頁。

(11) 前掲注 (4)『現代史のなかの部落問題』9 頁。

(12) 『民事ハンドブック』の存在については、早くより赤塚康雄が指摘していた（赤塚康雄『研究紀要　第 1 号　戦後大阪市教育史〔Ⅰ〕』大阪市教育センター、1985 年 3 月）。その他、同「資料紹介　アメリカの戦時資料―『部落民―日本の被差別集団』」『部落解放研究』60 号、1988 年 2 月。同「資料紹介・アメリカの戦時資料 (2)――『ニューヨーク・タイムズ』記事 1928 年 1 月 1 日号「平等を求めて」――」『部落解放研究』62 号、1988 年 7 月、参照。

(13) このときのことを示すと思われる会談の様子を井元が証言している。「土方鉄・対談シリーズ 3　井元麟之　部落解放運動の戦後の出発」『解放教育』明治図書、179 号、1984 年 5 月。

(14) 『解放新聞』16 号、1949 年 4 月 1 日付、参照。

(15) 前掲注 (5)『GHQ』56 頁。

(16) 前掲注 (5)『GHQ』56 頁。

(17) 「1949 年 9 月 30 日　連合軍民事部コレティ女史の提唱により、神戸市長田区番町に県・市・地元の三者からなる「番町地区改善対策委員会」結成」（前掲注 (1)『戦後部落問題の研究　第 1 巻　戦後部落問題年表』31 頁）。

(18) 赤塚康雄は「地方軍政部が、部落問題に取り組もうとした形跡が認められる」例を紹介している（前掲注 (12)『研究紀要　第 1 号』189 頁、190 頁、参照）。

(19) 「占領政策の根本原則と部落問題――元民政局次長ケーディス氏に聞く」『部落解放研究』69 号、1989 年 9 月。この他にもたとえば、民政局行政課（マッカーサー草案を担当）に属し、のちに国会担当となるジャスティン・ウィリアムズも、1945 年 12 月の段階において、日本社会にある差別法規の研究の一つとして「エタ（社会的被差別民）」もその対象に入っていたことを後年自らの回想記に記している（ジャスティン・ウィリアムズ『マッカーサーの政治改革』朝日新聞社、1989 年、18 〜 19 頁、参照）。

(20) 渡辺俊雄「現代史のなかの部落問題～戦後の民主的改革をめぐって」『部落解

放』286 号、1988 年 12 月。

(21)「連載　戦後「同和行政」史を行く　日本国憲法の成立と部落問題　田中松月」
『部落解放』219 号、1984 年 10 月。

(22) 前掲注 (2)「部落解放運動と占領　朝田善之助」466 頁〜。

(23)「総司令部、とくに日本の民主化を推進した民政局という部局には、少なくと
も 1947 年ころまでは部落差別は撤廃されるべきだという強い意志があり、……
そのために法的だけでなく慣行上の平等を保障しなければならないという姿勢
がみられました」(前掲注 (20)「現代史のなかの部落問題」)。

(24)　A・ハッシー　Alfred R.Hussey　入隊以前は米国で弁護士や裁判官として活
動しており、マッカーサー草案の作成時には運営委員として中心的な役割を果
たした。松本との面談の際のハッシーの発言内容については、『解放新聞』3 号、
1947 年 8 月 1 日付にも掲載されている。

(25)　ベアテ・シロタ・ゴードン　Beate Sirota Gordon 「1923 年、リストの再
来と謳われたロシアのピアニスト、レオ・シロタの娘として、ウィーンに生
まれる。5 歳の時、山田耕筰の招聘で東京音楽学院に赴任する父に伴い、来日。
……1939 年、単身渡米。大学卒業後、戦争情報局やタイム誌で働く。1945 年、
GHQ 民政局のスタッフとして再来日」「1948 年ジョセフ・ゴードンと結婚」(ベ
アテ・シロタ・ゴードン『1945 年のクリスマス　日本国憲法に「男女平等」を
書いた女性の自伝』柏書房、1995 年、「著者略歴」「年譜」より)。

証言は、「部落問題と日本占領文書研究ニュース　№ 1 〜 33 (合本)」部落解
放・人権研究所、1999 年 3 月、20 頁。

(26)　F・リツォ　Frank Rizzo　リゾとも。マッカーサー草案では「財政」を担当。
ホイットニーのあと民政局長に就任。この覚書では肩書きが特別補佐官になっ
ている。

(27)「連載　戦後「同和行政」史を行く　占領行政下の部落問題　ハーバート・パッ
シン」『部落解放』211 号、1984 年 4 月。

(28) 前掲注 (19)「占領政策の根本原則と部落問題」。

(29) トーマス・F・ペティグリュー他『現代アメリカの偏見と差別』明石書店、1985 年、
大谷康夫『アメリカの黒人と公民権法の歴史』明石書店、2002 年、など。

(30) 前掲注 (20)「現代史のなかの部落問題」。

(31) 日本社会事業協会社会事業研究所『日本社会事業年鑑 昭和22年版』。なお 融和事業完成10カ年計画では、冒頭の「緒言」において本計画の趣旨を述べた あとに「本計画は今後十箇年間に融和事業の完成を期するを以て其の目的とす。 但し萬一其の後に於て尚本事業の必要を生ずることありと雖も、其の際は社会 事業教化事業等の一般施設に依ること、し融和事業としての特別施設は一切之 を為さざること」と断っている。

(32) 『解放新聞』20号、1949年11月10日付。

(33) 大阪人権博物館所蔵。

(34) 『同和事業年鑑 昭和16年版』部落解放研究所発行（復刻版）16巻、1970年、 49～50頁。

(35) 同前。

(36) 1956年度より発刊された『厚生白書』は、59年度より「不良環境地区の改善」 のなかで「同和問題」を取り上げたものの、そのなかで「戦後、新憲法の制定によっ て、国民がすべて法のもとに平等であり、人種、信条、性別あるいは社会的身 分などによっていかなる差別も受けないことが宣言され、それまで存在してい た華族の制度なども撤廃されたが、それとともにかかる地区を対象とする特別 な行政も当然解消されるべきだとして、一般行政施策としてのこの問題の解決 を図ることになったのである」と記述するにとどまる。

(37) SCAPIN775「社会救済」（抜粋）、社会保障研究会編『日本社会保障資料Ⅰ』 至誠堂、1981年、参照。

（1）「救済福祉計画」ニ関スル件 1945年12月31日付。C・L・O（日本政府 中央連絡事務局）覚書1484ニ関シテハ提出計画案ヲ次ノ条件ニ合スル様変 更ノ処置ヲトラバ日本帝国政府ニ対シ何等異議アルモノニ非ズ

（イ）日本帝国政府ハ都道府県並ニ地方政府機関ヲ通ジ差別又ハ優先的ニ取扱ヲ スルコトナク平等ニ困窮者ニ対シテ適当ナル食糧、衣料、住宅並ニ医療措置 ヲ与エルベキ単一ノ全国的政府機関ヲ設立スベキコト

（ロ）日本帝国政府ハ1946年4月30日マデニ本計画ニ対スル財政的援助並ニ実 施ノ責任態勢ヲ確立スベキコト

従ッテ私的又ハ準政府機関ニ対シ委譲サレ委任サルベカラザルコト

（ハ）困窮ヲ防止スルニ必要ナル総額ノ範囲内ニオイテ与エラレル救済ノ総額ニ

何等ノ制限ヲ設ケザルコト

(38)　『厚生省五十年史（記述篇）』同編集委員会編、中央法規出版、1988 年、583 頁～。

(39)　吉田久一編『昭和社会事業史への証言』ドメス出版、1982 年、355 頁。

(40)　杉之原寿一『これからの同和行政』兵庫部落問題研究所、1978 年、15 頁。なお、
SCAPIN775 の形成過程に関しては、菅沼隆『被占領期社会福祉分析』ミネルヴァ
書房、2005 年、参照。

(41)　前掲注 (24)『解放新聞』3 号、1947 年 8 月 1 日付。

(42)　松本治一郎・部落解放全国委員会『部落解放への三十年』近代思想社、1948 年、
26 頁。本書は朝田の「代筆」と言われている（師岡佑行『戦後部落解放論争史』
第 1 巻、柘植書房、1980 年、121 頁）。

(43)　北原泰作『屈辱と解放の歴史』北大路書房、1950 年、185 ～ 188 頁。

(44)　部落解放研究所編『部落解放運動基礎資料集Ⅰ　全国大会運動方針　第 1 ～
20 回』部落解放同盟中央本部刊、1980 年。

(45)　神山茂夫編著『日本共産党戦後重要資料集』三一書房、1971 年、352 頁～。

(46)　同前、619 頁～。

(47)　前掲注 (42)『戦後部落解放論争史』286 頁～。

(48)　本書第 7 章を参照。

日本国憲法 14 条と部落差別

はじめに

1. すべて国民は、法の下に平等であって、人種、信条、性別、社会的身分又は門地により、政治的、経済的又は社会的関係において、差別されない。
2. 華族その他の貴族の制度は、これを認めない。
3. 栄誉、勲章その他の栄典の授与は、いかなる特権も伴はない。栄典の授与は、現にこれを有し、又は将来これを受ける者の一代に限り、その効力を有する。

言うまでもなく、これは日本国憲法14条の法文である。ちなみに1項の「すべて国民は、法の下に平等であって」までを前段と言い、以下を後段と言う。

明治憲法では19条によって公務の就任資格の平等は定められていたものの、明確な平等規定は設けられていなかった。そればかりか天皇、皇族、華族という特権階級が認められる一方、女性やアイヌ・沖縄そして旧植民地出身者などは市民の中でも劣位に置かれていた。その意味で明治国家も明らかな身分社会、差別社会であった。日本国憲法はこれを否定し、国民は均しく平等であると宣言した。もちろん平等規定が設けられたからと言って、ただちに平等社会が実現できるわけではないが、国の最高規範である憲法が平等権を認めたことの意義はきわめて大きく、戦後の解放運動に与えた影響も計り知れない。

ところでこの14条1項をめぐっては、部落問題との関係でずいぶん以前より二つの問題が提起されている。一つ目は、被差別部落出身という立場は「社会的身分」にあたるのか、それとも「門地」にあたるのかという問題、二つ目は、「社会的身分」という文言は当時結成されたばかりの部落解放全国委員会の働きかけによって入れられた、という言説である。二つ目の論点に関しては、派生する問題点もいくつかあるので、あわせて論じたいと思う。一つ目も二つ目も、これまであまり考えられてこなかった視点からの報告になるので、読者の皆さんにもご一緒に考えていただければと思う。

1 部落出身者は「社会的身分」か「門地」か

立法意思の判断

　法文を解釈する際に憲法の制定権者である国会の意思（いわゆる立法〈者〉意思）は重要な要素となるが、それに必ずしも拘束されるわけではない。立法趣旨や用語の原義を逸脱することは許されないが、時代状況の変化のなかで日々生起する社会の様ざまな問題をどのように正しく解決に導くかという合目的的な観点から解釈されることもある。立場の違いはあるものの、憲法13条の幸福追求権や21条の表現の自由、さらには9条の戦争の放棄も政府による解釈変更の対象となっている。また、とくに日本国憲法が占領下においてGHQの主導のもとに短期間で作られたという特殊な事情もある。そうしたことも考慮しながら解釈がなされるべきであろう。

　1946年5月16日、第90帝国議会（臨時国会）が召集され、6月20日には政府が衆議院に「帝国憲法改正案」を提出、この改正案をめぐって集中審議がなされている。そこで「社会的身分」とは何か、「門地」とは何かが議論されているので、まずその点から見ていくことにする。

　7月16日、衆院特別委員会で日本進歩党の山田悟六が「社会的身分並に門地」の意義について質問をしている。これに対して憲法問題を専管とする国務大臣・金森徳次郎は「社会的身分と申しまする言葉は、身分と云う言葉に依って、一時的な姿ではなく、稍々永続性を持って居る地位ということを予想致して居ります。……門地の方は……血統関係、家柄関係と云うような方面から来る所の特殊なる位地を指して言って居ります」と答えている。同じ日に田原春次（日本社会党）は「士族と云うのはどっちに入って居る」かを尋ね、金森は「強いて言えば社会的身分と云うことになろう」と答えている。つづいて9月16日、貴族院特別委員会において牧野英一（無所属）から同じく「社会的身分とは何か」と問われ、金森は「社会的身分と云うのは、社会的な事情に依って起って居る身分と云うようなことになろうと思います」と答え、さらに適切な例があるかと問われ、「貴族がこの社会的身分で

あると云うことは申しませぬ。寧ろ主たる関係は門地と云う方に属するもの
と思って居ります。社会的身分と申しまするのは……丁度人の上に貴族を考
えるのと同じような意味に於て、反対の側に今日考えられて居る或人々の集
団があるではないか。それがこの事例になり得るのだ」と答えている。はっ
きりは言わないが、「反対側の集団」が被差別部落を指していることは明ら
かである。[1]

　国会に先だち開かれた枢密院でも「帝国憲法改正案」に関する審議が行わ
れている。5月8日の第5回審査委員会で関屋貞三郎が「門地」の意義を質
したところ、入江俊郎・法制局長官は「家柄ト解ス、皇族タルノ身分モ門地
ナリ」と答えている。つづく5月10日の第6回審査委員会で美濃部達吉が
「第40条ノ社会的身分トハ何ゾヤ、公職追放令該当者、受刑者、前科者、官
吏等モ社会的身分ニ非ザルヤ」と質問、入江は「士族、華族、部落民等ノ如
キ社会生活上ノ階級観念ヲ伴フモノヲ指シ、例示ノ場合ハ個人的ノモノニシ
テ社会的身分ト称シ難シ」と答えている。[2]

　また憲法制定当時、法制局第1部長（その後、次長）としてGHQの憲法
改正草案（いわゆるマッカーサー草案）の翻訳作業やそれを受けて日本政府案
の起草など憲法制定に深くかかわった佐藤達夫も、のちに「「社会的身分」
ということばはちょっとむずかしい。学者によっては、大臣・重役・公務員
などというような社会的地位や職業に関するものはすべてこれに当たると見
る人もあるが、このことばは、生来の身分——たとえば、いわゆる部落出身
者とか、帰化人の子孫というような先天的な身分を指すものと解するのが正
しいと思う。「門地」は家柄の意味である」[3]と著わしている。

　3人の発言からわかることは、「門地」は家柄であるが、その中身は特別
な血筋にある者を言い、具体的に誰を指すかというと、金森は貴族だと言い、
入江は皇族だと言う。これに対して「社会的身分」は「稍々永続性を持って
居る地位」「社会的な事情に依って起って居る身分」（金森）、「社会生活上ノ
階級観念ヲ伴フモノ」（入江）、「生来の身分」（佐藤）と単なる社会上の地位
ではないとし、被差別部落出身はまさにこの「社会的身分」にあたるという
点では完全に一致している。

憲法学者の判断

　つぎに、戦後の憲法学者はこの問題をどのように理解していたのであろうか。まず、戦後の憲法学の第一人者であり、マッカーサー草案が出される直前の松本私案（後述）の作成にも関わった**宮沢俊義**は次のように説明をしている。「「社会的身分」とは、出生によって決定される社会的地位または身分をいう。「社会的身分」の意味は明確を欠く。ひろく人が社会で占めている地位を「社会的身分」と解する説もある。これによれば帰化人、破産者、刑罰を科された者、公務員、その他職業などがすべて「社会的身分」に属することになるが、そういう「社会的身分」による差別を本条で一般的に禁ずべき理由はない。たとえば、公務員に対してのみ特殊な懲戒ないし服務の規律を定めることは、あえて法の下の平等に反すると見るべきではない。ここに「社会的身分」とは、生来の身分を指すと見るのが、妥当であろう。たとえば、いわゆる部落出身者とか、帰化人の子孫とかいうのが、これである。「社会的身分」をかように解すると、「門地」とはほとんど重複することになる。……「門地」とは、「うまれ」あるいは「家柄」の意味で、正確に言えば、出生によって決定される社会的な地位または条件をいう。かように解された「門地」は、「社会的身分」と一致する。ある身分をもった人の子孫に生まれたという条件は、「門地」でもあるし、また「社会的身分」でもある。ただ、「社会的身分」と「門地」とでは、言葉としてのニュアンスに多少のちがいがある。「門地」には、封建的なにおいが伴うが、「社会的身分」には、それはない。皇族や、公卿諸侯の子孫だという地位は、むしろ「門地」であろうし、帰化人や犯罪人の子孫だという地位は、むしろ「社会的身分」であろう[4]」

　宮沢は「社会的身分」を狭義に解釈し、その代表例として部落出身者や帰化人の子孫がそれにあたると考えている。ただ、「社会的身分」と「門地」のあいだに違いはなく、ただ「封建的なにおい」を伴うものが「門地」だとしているが、それなら部落出身者は「門地」に含めたほうがすっきりするのではないか。

　これに対して、宮沢とともに憲法草案の作成にも関わり、戦後の憲法学を牽引してきた**佐藤功**は、同じく「社会的身分の意味は必ずしも明確ではない」としたうえで、宮沢とは反対に「広く人が社会において占める地位を指す」

とし、「封建的な身分にみられたような本人の意思を以ては如何ともしがたい永続的・固定的な身分に限るべき理由はない。ただ、ある程度継続的なもので、単なる一時的なものでは足りない」と広義説をとった。一方、「門地」とは「家族的起源、すなわち家柄」をいい、華族・士族・平民がそれにあたるが、これらはすでに廃止されているから、「現在において門地による差別の禁止とは、元華族・元士族たる故を以てなされる差別の禁止を意味する」と解する。

　ここでも「社会的身分」の解釈をめぐって広狭の違いはあれ、被差別部落出身者こそ「社会的身分」の代表例にあたるとしていることについては異論をはさむ余地はない。

　ところが、これ以後、私が見た代表的な憲法学の多くの教科書では、部落出身者が「社会的身分」にあたるか「門地」に当たるかについて積極的に触れているものは少ない。以下、いくつかの例を挙げる。

　小林直樹　「社会的身分（social status）と門地（family origin）は、いずれも主として出生や職業・階層などによって決定される地位を指すが、前者はやや広く、多少とも永続性をもつ地位（制憲時の政府見解によれば、各人が「努力して其の特色を洗い清めようと思っても、種々なる形において固定して動かない」ようなもの）を意味し、後者は家柄や生まれに基づく地位または身分を指す、と解される」。

　佐藤幸治　「社会的身分の概念は明確性を欠くことから、これを広く解する立場から狭く解する立場まで解釈の対立が存在するが、これは最広義に解すべきである。最広義に解した社会的身分とは、社会生活上形成される一切のグループ概念から、人種、信条、性別、門地を除外したものということであろう。……非嫡出子、外国人、サラリーマン、学生、公務員というような集団概念によってその構成員を一律に判定することがいかに不正確で専断的な公的判断を形成するかを考えてみる必要がある。このような集団概念は現代社会の中で個人を社会的に価値づける機能を果たすことから、これを社会的身分と呼んでいるのである。封建的身分が果たしたのと類似の機能を果たす面を有していると言えるからである。憲法はこのような社会生活において形成される集団概念で、その構成員に対する優劣の価値評価を自動的に行

う機能を果たすものを社会的身分と規定し、その使用を禁止したのである」、いわば、「社会的身分」を包括的概念ととらえる。一方、「門地とは封建社会の身分制に起源をもつ家柄を言う。社会的に作り出された身分制との関係によって家に対し与えられる優劣の評価を意味する。家に対するこのような固定した評価をその構成員である個人に対する評価とするところに門地による判断形成の特徴がある[7]」としている。

　小林や佐藤のような理解に従えば、被差別部落出身という立場は、どちらかと言えば「門地」にあたるとも考えられるが、それについての判断はしていない。

　芦部信喜　これまでの「社会的身分」に関する学説を紹介したのち、「社会的身分」とは「人が社会において一時的ではなく占めている地位で、自分の力ではそれから脱却できず、それについて事実上ある種の社会的評価が伴っているもの」と解する中間説を妥当とした。また、「門地とは家柄を意味する。その最も顕著なものは従来の華族であるが、憲法の明文で廃止された[8]」とする。

特別意義説と例示説

　以上のように、金森国務大臣や宮沢俊義などは「社会的身分」を狭くとらえているが、その後の憲法学者は概していわゆる広義説をとる。「社会的身分」をどのように理解するかは語句の原義や立法趣旨からも判断されるが、この場合、「社会的身分」を含めて憲法14条1項後段の「人種」から「門地」までの五つのカテゴリー（後段列挙事由）の意味に特別な意義を認めるか、あるいはたんなる例示にすぎないと解するか、その議論が背景にある。後段列挙事由に特別な意味を認める立場は、その解釈においても厳格性を求め、結果、狭義説ないし中間説の解釈と結びつく。

　たとえば、宮沢は「ここに列挙された理由による差別は、原則として、不合理なものであり、したがって、それらを理由とする差別は、原則として、法の下の平等に反する[9]」と考える。中間説をとる芦部も、「後段に列挙された事由による差別は、民主主義の理念に照らし、原則として不合理なものであるから、それによる差別の合憲性が争われた場合には、……立法目的が「や

むにやまれぬ」必要不可欠なものであることを要求する「厳格審査」基準または立法目的が重要なものであることを要求する「厳格な合理性」の基準を適用するのが妥当であると解される。前者の例として人種、信条による差別、後者の例として性別、社会的身分による差別が考えられる。また、これらの場合は、公権力の側で合憲である理由を論証しなければならない（挙証責任の転換——筆者注）、と理解するのが妥当であろう」としている[10]。

　これに対して、奥平康弘は後段列挙事由を「許容し得ない「差別」根拠の典型を例示したものに過ぎない」（例示説）と解する。その理由として、「ここにあがっている五つの範疇は、歴史経験的に言ってひとに対する「差別」標識の悪しき典型例として容易に思い当たるところであるかもしれない。けれども、熟慮され明確に精査されたうえでの五つの選別であったろうか。もしそうだとしても、所詮この五つは典型例であるにすぎないのではあるまいか。それとも、この五つだけは、それ以外の標識と違って、悪性の質において画然と区別すべきものがあるのだろうか。……実際、憲法14条1項の列挙から外されている「趣味」「学歴」「犯罪歴」「出身地」あるいは「国籍」のようなものであってさえも、文脈のいかんによっては、一見明らかに許容し得ない「差別」標識である場合があるのである[11]」とする。

　もちろん、宮沢や芦部のように14条後段の列挙事由に特別な意味を認める立場に立っても、「憲法14条1項後段の規定は、前段の平等原則を例示的に（限定的ではない）説明したものと解するのが正しい。それらの列挙に該当しない場合でも、不合理な差別的取り扱いは前段の原則によってすべて禁止される[12]」。すなわち、たとえ後段の列挙事由に洩れたとしても、前段規定により、当然、合理的な理由がないかぎり差別は憲法上許されないものと解される。

　戦後に社会的な差別問題として注目されている障害者や在日韓国・朝鮮人、ハンセン病者、被爆者、婚外子、性的少数者などは、そのどれをとっても、それぞれの当事者が生きてきた人生は差別と苦難の歴史であった。本来、人への差別に軽重などあってよいはずがなく、とくに政治権力による差別的な取り扱いは基本的に許されるべきではない。ただ合理的理由があるときにか

ぎりにおいて認められるのであり、したがって奥平説が支持されるべきであろう。判例も同様に例示説をとる。

　もし、後段列挙事由を単なる例示列挙だとすれば、「社会的身分」も厳格に解釈する必要はなく、今日の学説は広義説をとる。ただ広義説であれ狭義説であれ、どのような立場でも被差別部落出身という立場が「社会的身分」または「門地」のいずれかに当たることは疑いようもなく、宮沢ほか多くの学者が認めているように、そもそも境界が不明瞭なこの二つの概念をさらに明確にして、そのいずれに当たるかを議論する法学的な実践的意義は、例示説に立つかぎりもはやない。その後の学者が、それについて論議を避けているのもそういう理由からだと思われる。

　以上、この問題に関する私の解説は終わりである。ただ、それでも腑に落ちないもの、どうにもすっきりしない感情が私の心の中に残る。それは「人種」「信条」「性別」はいいとしても、憲法学者も認めているように「社会的身分」「門地」という判別が難しくときに重複するような概念をなぜ最後に二つ並べることになったのであろうか、という点である。それに「人種」「信条」「性別」「社会的身分」が有色人種と非有色人種、宗教者と無神論者、保守と革新、女と男というように本来対極にある概念や社会的評価の異なる様々な地位を挙げているのに、金森たちが言うように「門地」が家柄であるならば、なぜそこに貴族や皇族だけが割り当てられるのであろうか。松本治一郎が言っていたように「貴族あれば賤族あり[13]」と考えれば、むしろ金森も認めるように貴族や皇族の対極としての存在、被差別部落出身者がそこに考えられるべきではないか。さらに言えば、「門地」が貴族や皇族であるとすれば、「貴族や皇族が差別されない」とはどういう意味になるのか。

　ただ、これは次の問題点、すなわち「社会的身分」や「門地」が日本国憲法の制定過程のなかでどのように決められていったかという問題と深く関わることのように思われるので、議論をさきに進めたいと思う。

2 「社会的身分」と解放委員会

言説の始まり

　戦後直後に結成された部落解放全国委員会が、日本国憲法の制定過程で憲法草案13条にあった「社会的地位」を「社会的身分」に変更させたという言説が一般的に流布されているが、はたして本当か、という点について検討する。

　このような言説が現れてきたのは、私の知るかぎり1970年代になってからである。まず1971年に出版された『部落解放運動五十年史年表（草稿）[14]』の1946年の項の上段に「3. 憲法草案の「社会的地位」を「社会的身分」と改めさせるため、解放委員会は田中松月代議士を通じて国会で質問」という記述が現れる。この本の出版年は松本治一郎の没後5年であった。その後、『解放の父　松本治一郎[15]』（1972年）、『松本治一郎対談集　不可侵不可被侵[16]』（1977年）にさきの『年表（草稿）』と同文の記述が出てくる（ただし『不可侵不可被侵』では国会質問が5月となっている）。3冊とも同時期に部落解放同盟中央本部にいた谷口修太郎の編集によって作られているが、どうもそれがもとになっているようである。

　なにしろ部落解放同盟中央本部や部落解放の父・松本治一郎の名を冠した著作であるから、その影響は大きかったと思う。しかし、この表現にはいくつもの間違いがある。さきほども述べたが、第90帝国議会が召集されるのは1946年5月、翌6月に「帝国憲法改正案」が衆議院に提出される。しかもすでに4月17日に公表されていた「憲法改正草案」13条には「社会的身分」と表記され、もはや改める必要はなかった。また、この国会で13条に関して質問に立ったのは田中松月ではなく田原春次で、時期も3月ではなく7月である。この頃、田中は病気のために郷里に戻っていた。

　しかしその後もこの言説は引き継がれる。憲法学者の高野真澄が「事実関係は必ずしも明らかでないが、要するに公式の形でなくとも、個々の人々の働きかけで、解放運動の要求が伝わったものと考えられる[17]」、さらに『部落問題事典[18]』でも「〈社会的身分〉の語は、マッカーサー草案で"social status"

とあったものを、1946年（昭和21）3月6日の憲法改正草案要綱で〈社会的地位〉と訳出し、のちに内閣の改正草案で〈社会的身分〉に改めて帝国議会の審議に付された。これは、当時の部落解放団体の要請に基づくものといわれており、そこに身分差別の撤廃が立法理由として含意されている」（高野真澄）と、断定はしていないものの言説を肯定的にとらえた。

　また、戦後の部落解放運動論や運動史について発言をしてきた渡辺俊雄も、「この憲法第14条に部落差別撤廃を盛り込ませたのは部落解放運動だと、従来から言われてきました。……3月6日に発表された「憲法改正草案要綱」には「社会的地位」とあったのを、解放運動が働きかけて「社会的身分」に変えさせ、これによって差別撤廃がハッキリと盛りこまれるようになった、というのがほぼ共通した認識」であったが、「具体的にどのように働きかけ、どう盛り込ませたのかは、必ずしも明らかではありませんでした」としているものの、その後の占領期のGHQ文書やGHQ関係者への聞き取りの結果から、「憲法草案の起草者たちにその必要性を認識させたのは、松本治一郎など部落解放運動、そして差別の撤廃を求める国内外の世論であった」と全体的には肯定的にとらえている[19]。

　ここでは国会での質問ではなく、変えたのは「個々の人々の働きかけ」「当時の部落解放団体の要請」（高野）、「松本治一郎など部落解放運動、そして差別の撤廃を求める国内外の世論」（渡辺）に変わる。たしかに当時、GHQ関係者からも解放運動関係者からもたがいに様ざまなレベルで接触を持とうとしていたのはその通りであるが、それらが文言の変更に影響を与えたのであろうか。

日本国憲法の制定過程

　そこで現行日本国憲法14条――ここでわざわざ「現行」と書いているのは、マッカーサー草案を含めて憲法改定作業当初は13条として扱われていて、最終的に14条になったからである。したがって、本章ではとくに断りがないかぎり13条とある場合は現行憲法14条のことである――が具体的にどのような過程を経て成立したかを検証してみる（章末表1を参照）。

① GHQ 草案（総司令部案）の作成

政府も戦後直後から憲法の改正作業を進めていた。幣原内閣は 1945 年 10 月 25 日に松本烝治国務大臣を主任とする憲法問題調査委員会の設置を発表し改正作業に着手。一方、各政党や民間団体も新憲法草案を公表するなど、この問題に対する関心は国民のあいだでも高まっていた。戦前の全国水平社の幹部も 1945 年 8 月には志摩会談を開き、戦後の解放運動の再建を話し合っていた。翌 1946 年 2 月 19 日にはかつての全水メンバーや融和運動家たちが結集して全国部落代表者会議・部落解放人民大会が開かれている。3 月 1 日の行動綱領には「五、華族制度及び貴族院・枢密院その他一切の封建的特権制度の即時撤廃」「六、一切の身分的差別の徹底的排除と人種・民族・国籍による差別待遇絶対反対」、決議でも「一.　我等は華族制度・貴族院・枢密院その他一切の封建的特権制度を廃止して身分的差別の撤廃を期す[20]」とあるから、憲法改正問題に無関心でいたはずがない。

1946 年に入って GHQ マッカーサーは焦っていた。これまで日本占領政策を彼自身の主導のもとで行ってきたが、前年 12 月 27 日にモスクワで開かれた米英ソ外相会談で 1946 年 2 月末に極東委員会をワシントンに設置することが決められた。設置されれば、彼はその管理のもとに置かれる。極東委員会の参加国のなかにはソビエトやオーストラリアのように天皇制に反対の国もいる。天皇の戦争責任を免責するとともに天皇制を維持しながら日本改革を行うというのがマッカーサーの構想であったし、何より彼は他国の指示を受ける性格ではなかった[21]。しかも、2 月 1 日、『毎日新聞』に実質上の日本政府案（松本〈烝治〉試案）がスクープ記事として掲載されたが、その内容は、明治憲法の枠を大きく変えるものではなく、マッカーサーの期待を大きく裏切り失望させるものであった。

ここに至ってマッカーサーは総司令部だけで憲法草案を作ることを決断、まず 2 月 3 日にホイットニー民政局長を呼び、憲法の基本原則とも言うべきマッカーサー・ノート（3 原則）を示した。三つ目の原則には、「日本の封建的制度は、終りを告げる。貴族の権利は、皇族を除き、現在生存する者一代以上には及ばない。華族の地位は、今後どのような国民的または市民的な政

治権力も伴うものではない[22]」とあり、ここには現行憲法14条2項と3項の骨格がすでに示されていたと言ってよい。

これを受けて翌4日、ホイットニーはこの3原則を基本として憲法草案の作成作業を極秘裏に行うよう民政局行政部の全職員に指示した。極東委員会に気づかれないよう、またこの草案がGHQによって作られたものであることを日本国民に知られないためである。しかし期間は1週間しかない。極東委員会が乗り込んでくる前に既成事実を作っておく必要がある。だからこそマッカーサーは焦っていたのである。

まずは、人権、立法権、行政権、司法権、財政、地方行政、天皇・授権規定に関する各小委員会とそれらを調整・統括する運営委員会の八つの作業部会を作り、草案作成作業に着手した。頂点に立つ運営委員会にはC・L・ケーディス、A・R・ハッシー、M・E・ラウエル、R・エラマンが担当し、人権に関する委員会はP・K・ロウスト、H・E・ワイルズ、B・S・シロタがあたった。

2月7日から担当の小委員会によって起草された各章ごとの第1次試案が、次つぎに運営委員会とそれぞれの小委員会との合同会議の検討に付され、その結果に基づいて第2次試案が作成された。まず7日に運営委員会と国会に関する小委員会とのあいだで会合がもたれた。8日と9日には人権小委員会と運営委員会のあいだでも会合がもたれ、そのときの**第2次試案**が記録に残されている[23.24]。それ以外の小委員会も運営委員会との会合が積み重ねられ、10日には**総司令部案**（いわゆるマッカーサー草案）が作られている。わずか1週間である。一国の憲法をしかも外国人がわずか1週間で作るというのは、様ざまな事情があったとはいえやはり異例というほかない。13日、GHQはすでに8日に松本国務大臣より提出されていた日本政府案（松本試案）の受け取りを拒否、かわりに総司令部案を日本政府に手渡し、これをもとに日本政府案を作るよう促した。

②日本政府案の作成[25]

総司令部案の処理に迷い、判断をためらっていた幣原首相は、19日になって閣議でこれまでの経過を報告、しかしここでも結論は出なかった。21日、首相はマッカーサーを訪問し会談をもった結果、今日の情勢のもとでは総司

令部案を拒否すれば天皇制の維持も難しくなり、もはや総司令部案を受け入れるしか道はないと判断、翌22日の閣議で松本の反対意見もあったが最終的には受け入れを了承、今後、総司令部案をもとに日本側の意向も取り入れた日本政府案を作ることを決定。ただ、この時点では、総司令部案の翻訳の一部しか閣僚に示されておらず、外務省の全訳ができたのは26日になってからである。この**外務省訳**は総司令部案をほぼ直訳したものに近い。

翌27日からは、外務省訳をもとに松本国務大臣、入江俊郎法制局次長、佐藤達夫法制局第1部長の3人による日本政府案の作成作業が始まる。松本の言葉を借りれば、「栗のいがのあるアメリカ側交付案を、一応いがの大きいとげをとり去り、皮をむいて、辛うじてわれわれの呑み得る案」[25]にする作業であり、しかし見方を変えれば、それは総司令部案の「法制官僚の巧みな「日本化」」[26]の作業の始まりでもあった。入江と佐藤は一室に閉じこもり、秘密厳守のため他の助力を仰ぐこともできず、限られた資料のなかで作業は進められた。最初は3月11日を目途にしていたが、GHQからの再三の督促があり、ともかくも土曜日の3月2日には草案を完成（いわゆる〈3月2日案〉）、これを月曜の4日に、英訳案のないままGHQに提出することになった。

3月4日午前10時、松本は佐藤を伴って民政局に政府案を届けた。しかし、この政府案は総司令部案を変質させてしまっていることにケーディスが激怒、松本と激しくやり合った。二人は対立したまま、昼過ぎついに松本は席を蹴るように退席し二度とこの場に現われることはなかった。翻訳の手伝いだけと思って同行した佐藤は、ケーディスから「今から日本政府案を確定するので手伝ってくれ」と指示を受ける。ここからケーディスやハッシーなど総司令部案を作った民政局の主要なメンバーを相手に佐藤の孤立無援の闘いが始まる。佐藤は政府案の趣旨を説明し、日本語として自然な法文になるようできるだけの抗弁をしたものの、全体としては総司令部案に押し戻された格好となった。このとき翻訳に当たったのがベアテ・シロタであり、その翻訳が非常に優秀であったと佐藤はのちに書き残している。作業が終了したのは、翌5日の午後4時であった。前日の午前10時からじつに30時間が過ぎていた。

しかし、佐藤の激闘はまだ終わらなかった。3月5日、総理官邸で行われていた閣議に総司令部から総司令部と佐藤のあいだで検証の終わった案文が次々にもたらされ、これをまとめる作業と検討を行うとともに、本案を今後どのように取り扱うかが話し合われた。GHQは5日中に公表することを求めたが、成文として形を整える必要があるので、6日に国民に発表することとした。5日の夕方、官邸に戻ってきた佐藤を含め、何人かでその成文化の作業を始め、徹夜の作業が終わったのが翌6日の朝6時頃であった。これがいわゆる〈3月5日案〉である。佐藤の家族の話では、家までの坂道を疲労困憊のようすで佐藤がはい上がってきたという。

　さらに闘いは続く。佐藤によれば、「6日の午後ふたたび総理官邸に出向いたが、たしか、私の帰宅中に、ハッシー中佐が13部の英文プリントを楢橋書記官長のところに持参してその署名を求め、一部を残して帰ったということであった。私はさっそくそれを借りて、3月5日の整理英文と対照したが数カ所にわたる字句のちがいを発見し、その差異の部分を5日の英文に書き込んでおいた」「なお、私が5日の夕方司令部から総理官邸にもどった後、〈3月5日案〉第13条の「国籍」及び「日本国民タルト否トヲ問ハズ」について、白洲（次郎——筆者注）氏から司令部に交渉してもらい、これを削ることの了解を得[26]」たといい、その他いくつかの部分についてさらなる修正を総司令部に交渉したという。このように6日になっても、なお字句の調整や日本政府、GHQ双方からの意見に基づく調整がギリギリまで続いていたと思われる。

　結局、3月6日の午後5時になって政府はこれを「憲法改正草案要綱」として発表、翌7日の新聞で報道される。法文の形をとっていないために「草案要綱」とした。ここに至って初めて国民は新しい日本国憲法のかたちを知ることになるのである。

　この改正案は国民に驚きをもって迎えられたが、その驚きは政府部局内でも同様であった。内閣法制局には各省から問い合わせが殺到したという。そこで関係各省庁との打ち合わせを行い、「要綱」の問題点を洗い出す作業を進めた。同時に法制局は新たな課題に取り組むことになる。それは法文表現

の口語化と平仮名化である。「要綱」の問題点の検討と整理が一応終了すると、今度は必要最小限度の訂正を行うために総司令部と交渉しなければならなかった。佐藤の年表によれば、4月2日、4月9日、4月12日、4月15日の4次にわたり総司令部と一部訂正につき交渉したとある。こうした作業を経てようやく4月17日に「憲法改正草案」を発表することになる。

③国会での議論

　4月17日に公表された「憲法改正草案」は即日枢密院に下付、11回の審議を経て6月3日に可決。続いて6月20日に吉田茂第1次内閣のもとで第90帝国議会が開会、6月25日に衆議院本会議に「帝国憲法改正案」が上程され、本会議のあと芦田均を委員長とする帝国憲法改正案委員会（特別委員会）に付託される。すでに述べたようにここで7月16日に田原春次が質問に立っている。8月24日に本会議で修正可決し貴族院に送付、貴族院は10月6日にこれを修正可決、衆議院に回付、10月7日、衆議院本会議でこれを可決成立、枢密院への諮詢を経て「日本国憲法」として11月3日に公布したのである。

13条の変遷と解放委員会の働きかけ

　さて日本国憲法の制定過程を早足で見てきた。これを踏まえて、本題の解放委員会が13条の「社会的地位」を「社会的身分」に変えるよう働きかけたという問題を考えてみよう。

　表2を見ればわかるように、「社会的身分」という言葉はマッカーサー草案の "social status" という言葉に由来する。日本政府はこれを一貫して「社会的身分」と訳しているが、ただ1回これを「社会的地位」と訳したことがある。3月5日案から半日後の3月6日、政府によって公表された「憲法改正草案要綱」である。しかし、その約1か月後の4月17日に公表された「憲法改正草案」では再び「地位」が「身分」に戻っている。なぜ、「身分」を急遽「地位」に変更したのか、またなぜ約1か月後に「地位」から「身分」に戻されたのかはあらためて考えることにして、言説にあるように、「地位」を「身分」に変更するように働きかけることが可能だとすれば、「憲法改正草案要綱」を国民が知った3月7日以降、「憲法改正草案」が公表される4

月17日までの約1カ月のあいだでなければならない。それ以前は、総司令部案をもとにした憲法改正作業は極秘裏に進められていたから、その内容を国民が知ることはできなかったからである。

　ところで、3月7日に憲法改正草案要綱が新聞報道で公表されたとき、その内容のあまりの革新性ゆえに国民の驚きは半端ではなかった。とくに2月1日に『毎日新聞』でスクープされた松本試案が明治憲法の枠を大きく超えるものではなかっただけに余計である。しかし、国民の反応はおおむね良好であった。[28]そんなとき、部落解放のためには「社会的地位」という言葉の「地位」を「身分」に変更すべきだと考え、GHQか政府関係者に働きかけた人がいたという。どうもにわかには信じがたい。むしろ田中松月が言うように、「あの当時は、部落問題というのは、特異な問題のように考えられていたし……ぜひ部落問題をズバリ表現してもらいたいというのが、われわれの希望でしたね」という発言のほうがずっと自然であると思うし、そのような働きかけであれば理解できる。もしかりに解放委員会の誰かがそのような法文の字句の訂正をGHQか政府関係者に直接に働きかけたとすれば、当時の運動関係者の誰かの記憶に残るはずである。そこで当時の活動家の証言を見てみよう。

当時の関係者の証言
　そもそもこの問題の発端は、松本治一郎年譜などに「3. 憲法草案の「社会的地位」を「社会的身分」と改めさせるため、解放委員会は田中松月代議士を通じて国会で質問」と記述されたことにある。そこでまず田中松月の証言から見ていくことにする。

①田中松月[29]
――　1946年4月10日におこなわれた衆議院選挙の後、同年6月20日に第90回帝国議会が開かれていますね。その国会で、7月13日に社会党の田原春次氏が、憲法改正草案13条（現行憲法14条にあたる）について質問されていますが、田中先生も国会で同様の質問をされたのでしょうか。
田中　田原さんも部落出身ではあったけれど、水平社の運動に深くかかわった人ではなかったし、私と、山口県からでておった田村定一がはえぬ

きの全水関係者だった。だから、当然この問題に関しては、私が受けもたねばならなかったのです。ところが、私はその前から血管の先が破れて血が吹き出すという妙な病気にかかって、最初、東京で療養していたんですが、やはり家で養生した方がいいと言うので、あとのことはよろしく松本先生にお願いして郷里(くに)に帰っていました。そして、病気がやっとよくなって、いよいよ国会に出席できたという日は、衆議院で憲法改正草案が可決される日だったのですね。……

―― 病気になられたのは、いつ頃ですか。

田中　私が入院しておっても、「この問題に対して、ああしてもらいたい、こんなことを(国会で)言ってもらいたい」ということで、誰かれなしに言っておったから、ちょうど憲法の問題が(衆議院の)委員会で取りあげられておる時期じゃったと思います。

―― 当時、解放委員会の人たちの間では、憲法改正草案について、どのような考えをもたれていたのでしょう。

田中　草案では、民主主義のことは盛んにうたっておるけど、部落問題といういちばん大事なことについて何ら表現されてなかった。そのことをはっきり条文のなかで取り上げてくれというのが、みんなの意見でしたね。……

―― 草案13条の「社会的身分」とか「門地」についてはどうでしょうか。

田中　これらの言葉では、部落問題は必ずしもはっきりしないので、やっぱり明文で条文のなかに部落問題を取り上げてくれというのが、当時のみんなの希望やったですね。

(中略)

―― これは類推ですが、田原さんが国会で相当詳しく草案13条について質問されていますね。ある面では、田原質問に解放運動側の要求がはいっていて、部落問題についての日本国憲法上の大きな位置づけについては、田原質問により成立した、つまり、ずっと運動されてきたその成果が集約されて、田原質問という格好であらわれたのじゃないかと思うのですが、いかがでしょう。

田中　表向きにはそうかもしれません。私が考えるのは、当時今ほど国会

にウェートをおかずに、裏の裏でコトが運ばれていた時期だから、私や田村がGHQに行って工作したこと、また、松本先生が政府当局の要人に働きかけていたことが、公式の場ではなく、別の形で効果があったんじゃないかと思うんですが。

—— 井元（麟之——筆者注）さんは、日本国憲法14条の問題で「社会的身分」ということのなかには、部落差別という問題は大きく取り上げられていない、「門地」のところに問題があるということを言っておられますが、「社会的身分」というのはどういう解釈をしていたのでしょうか。

田中 「社会的身分」という文言のなかに部落問題を入れて入れられんことはないですね。ところが、「社会的身分」というと、ピーンとくるのは、世間で言ういわゆる「社会的身分」であって、部落問題というものをぬきにした「社会的身分」ととられがちですね。当時のわれわれの受けとめ方では、「社会的身分」というのは、"公侯伯子男"（華族）なんかがそれにあたり、"士農工商"というのはわれわれの頭になかった。今と違いますからね。あの頃はまだ天皇や華族がいばっていた時代ですからね。それにあの当時は、部落問題というのは、特異な問題のように考えられていたし、われわれも、「社会的身分」というもののウェートは、部落問題とは縁が遠いという気がしていたからね。だから前にも言ったように、ぜひ部落問題をズバリ表現してもらいたいというのが、われわれの希望でしたね。

—— 次に「門地」という言葉なんですが、前に述べた帝国議会で、金森大臣は答弁のなかで「門地」という言葉を貴族に相当する言葉として使っているようですが、その点はどうでしょうか。

田中 それは大臣自身がインドのカーストということがわからないから、そういうように言ったのでしょう。日本流で言えば、「門地」といえば"門閥"というように受け取りますから。しかしわれわれは、これはインドのカースト制度から来たなと思いましたね。（マッカーサー草案参照）

—— ちなみに1946年2月26日の臨時閣議で配布されたマッカーサー草案13条の日本語訳では、social status が「社会的身分」と訳されています。ところが、マッカーサー草案以後、3月6日に公表された内閣の憲法改正草案（憲法改正草案要綱のこと——筆者注）では、「社会的地位」とい

う表現にかわっています。そしてそれがさらに、6月20日に帝国議会に提出された憲法改正草案では、ふたたび「社会的身分」に修正されています。これは解放団体の要請の結果なんでしょうか。「社会的身分」とか「社会的地位」をめぐって解放委員会の方で大きく議論したということはありませんか。

田中　それは、私の記憶にはないですね。

田中は、3月に松本治一郎が公職追放の対象となったために、1946年4月に急遽福岡第1区から衆議院選挙に立候補し当選を果たしたものの、国会で憲法改正をめぐる論戦が始まる頃、病気のため郷里に帰っている。また当時「社会的地位」とか「社会的身分」について議論をしたという記憶はないという。さらに、「社会的身分」ではなくむしろ「門地」のほうに部落問題との関連性を感じているというのは興味深い。

②井元麟之[30]

同じく部落問題は「門地」だと考えるのが井元麟之である。井元は2月19日の部落解放全国委員会の結成に関わり、第1回大会で書記局長に選ばれている。この時期、松本の公職追放指定の取り消しを求め、GHQなどへの面会を含めて必死の活動をしていた。

──　話が少し元へもどりますが、憲法で、「社会的身分」というのを入れさせたと。

井元　「門地」です。

──　それは田中松月さんを通じて国会で要求させたのですね。これは解放委員会としてなのか、松本さんほか数人のものですか。

井元　これはもう「全国委員会」としての方針ですよ。たしか「門地」だったと思います。

解放委員会の方針で入れさせたが、それは「門地」だという。どうにも話がかみ合っていない。推測であるが、井元の言う解放委員会の方針とは、行

動綱領に掲げられた華族制度など封建的特権制度の撤廃や身分的差別の廃止のことであり、それが新憲法では「社会的身分」または「門地」という言葉で表現されたことを指摘しているのであろう。

③北原泰作[31]

　部落解放全国委員会結成から常任理事として活躍をしていた北原泰作に、融和運動家の山本政夫が対談でこの問題について質問をしている。なお、山本自身は敗戦直前すでに郷里広島に戻っているから、この頃の動きを基本的には知らないと考えられる。

　　山本　朝田善之助くんが、日本国憲法14条の「社会的身分」という文言はわれわれがGHQに要請して挿入させたんだ、といっているんだが、それはどうなの？
　　北原　私は全然そういうことは知らない。当時聞いたことはないな。
　　山本　ああそう。ぼくは朝田くんに聞いて、びっくりしているんですがね。
　　北原　14条の「人種、信条、性別、社会的身分又は門地により差別されない」という規定の「社会的身分」という文言でしょ。それをGHQに要請して入れさせたと朝田くんが言うのは、松本さんを通してのことかね。
　　山本　松本さんを通じてとは言わなかったのだが、部落解放全国委員会が要求して入れさせたんだ、と朝田くんは言うんだ。
　　北原　それはどうかなあ？

　北原もこの点について懐疑的である。

④朝田善之助[32]

　北原と同様、全水時代からの活動家で、部落解放全国委員会結成当時から常任理事にあった朝田善之助はつぎのように証言している。

　「この大会（部落解放全国委員会第1回大会——筆者注）での決議を受けて昭和21年（1946年）7月26日に華族制度の全廃に対する要請書を国会に提

出した。このときわたしは行くことは行ったが、これは申入れだけで、やっぱり松本さんに国会で話させるということに重点をおいていた。また法の下の平等、貴族の廃止、栄典の社会的身分による差別の撤廃をやかましくいって入れさせようということになり、これはどうやらこちらの実績がものをいったように思う。21年というと、もう憲法草案が発表されていたから、第14条の基本的人権のところへ入れさせようということになった。社会的身分というと、なかなかはっきりした説明をした本がないようだ。法例用語辞典によると「ある個人に境遇として固着していて、一生の間自らの力によって容易にそれから脱しえないような地位」ということになっている。

　門地は華族、士族、平民のように旧憲法下にあった制度で、これははっきりしている。しかし明治憲法でも法律的に部落という身分があったわけではない。明治4年の解放令で法律的にはなくなっているのだ。しかし事実として部落はあるわけだから、基本的人権の尊重ということで、これを条文のなかに入れるようにプッシュしたのである」

この証言はどのようにでも取れる内容であり、しかも時期が不明確で内容も漠然としており、裏づけとなるような証言とは言えない。

⑤松本治一郎
　最後に部落解放全国委員会中央委員長である松本治一郎である。解放委員会が実際に働きかけたとすれば、朝田の言うようにそれは衆議院議員であった松本自身か、または松本の指示により田中松月か井元麟之などが動いた可能性が強いと思われる。しかし残念ながらその松本自身はこの問題について何の証言もしていない。たとえば、法学者・末川博との対談でも、憲法14条の話は出てきても「社会的身分」についての話はでてこない。谷口修太郎[33]のインタビューに対しても、高松差別裁判の教訓から「新憲法をつくるとき「婚姻は両性の合意のみに基いて成立し……」という、この両性の合意のみということを強く主張したのは私ですよ」[34]と述べるにとどまる。

　ただ、この点についても、もともとベアテ・シロタが起草した23条案（現

58

行24条）は非常に長文であり、婚姻に関する部分だけを取り上げると「個人の尊厳と両性の本質的平等の見地に立って」（英文）とあったが、それが3月2日の日本政府案では「……婚姻ハ男女相互ノ合意ニ基キテノミ成立シ……」（37条）と簡略化され、3月6日の草案要綱でも「……婚姻ハ両性双方ノ合意ニ基キテノミ成立シ…」（下線は筆者）とすでに今日の形が作られている。松本＝シロタ会談で松本の部落差別撤廃への強い思いがシロタに伝わったことは十分あり得ても、松本の何らかの働きかけが個々の条文に影響しているとは考えにくい。

⑥解放委員会

　井元が言うように、もしこれが解放委員会の方針だったとすれば、それが成功したのであるから解放委員会全国大会の運動方針のなかにその痕跡が残っていてもよい。しかし11月3日に日本国憲法が公布された直後の1946年12月15日に開催された部落解放緊急第2回全国大会の「宣言」には「新憲法の制定によって封建的特権的身分たる貴族制度は廃止され、すべての国民は平等と権利と自由とを保障された[35]」と貴族制度の廃止は書かれていても、それ以上のことは触れられていない。

　このように、運動関係者から「社会的地位」を「社会的身分」に変えさせるべく何らかの働きかけをおこなったという具体的な証言は見つからない。解放委員会の働きかけを肯定的に見る論者はGHQへの働きかけを重く見ているが、この頃すでに憲法改正作業の中心は日本政府に移っているのだから、働きかけるとすれば日本政府に対してであろう。また、かりに新憲法に解放委員会の主張を反映させようとすれば、通常はまもなく開かれるであろう国会をその主戦場に選んだはずである。しかし、国会に上程された憲法改正草案にはすでに「身分」に書き換えられている。

　さらに言えば、この時期（3月7日から4月17日）は解放運動も別の大きな問題を抱えていた。一つは、2月25日に政府が総選挙の実施（4月10日）を決定したが、「憲法改正草案要綱」が新聞で報道された3日後の3月10日、松本治一郎が翼賛推薦議員であったことを理由に公職追放の対象とされた

ことである。当然、解放委員会はその対策に迫られていたであろうし、事実、井元は他の運動関係者とともに民政局を訪れ松本の追放除外を訴えており、その記録が占領文書に残っている[36]。ただ、このときに憲法について話し合われた記述はない。一方、同じ3月10日に衆議院議員選挙が公示され、ただちに選挙戦に突入、解放委員会も松本の選挙地盤を受け継いだ田中松月をはじめ、部落出身の候補者を何人か抱えており、選挙活動に精力を傾けなければならなかった。

　もちろん、「憲法草案要綱」の発表以後は、「各省からいろいろ詳細な意見の提出を求めて、法制局で検討を続け[37]」たり、宮沢俊義や佐藤功など憲法学者に意見を求めたりしているから、本題のようなことが絶対に起こりえないとは言わない。また、さきに見たように3月6日以降もGHQと政府のあいだで字句の調整などをめぐって何度も交渉を重ねていたので、GHQへの何らかの働きかけが功を奏した可能性はゼロではない。しかしそのような働きかけを行ったとすれば、さきほども言ったように誰かの記憶に残っているはずであるし、もしそのことが解放委員会の方針で進められていたとすれば運動にとって大きな成果であるはずだから記録に留められても良さそうだが、解放委員会全国大会でもそのことには一度も触れられていない。

　以上から、本題の「解放委員会の働きかけにより「社会的地位」が「社会的身分」に変わった」とする言説を裏づけるものは、現在のところ何もないと言わざるを得ない。

3　残る課題──13条の隠された争点

　さて、以上で本題に関する私の話は終わった。ただ、解放委員会の関与がないにしても、なぜ「社会的身分」→「社会的地位」→「社会的身分」と変遷したのか、また最初に私が述べた「なぜ「社会的身分」「門地」というわかりにくい事由を最後に二つ並べることになったのであろうか」という疑問点については答えられていない。その答えは憲法の制定過程をみることで見つかるのでは、と私は言った。たしかに総司令部案にしても日本政府案にしても、きわめて限定された時間のなかでまさに突貫工事のような作業のなか

で作られている。とても字句を精査し、整理統合する十分な時間があったとは思えない。しかも日本語訳と英語訳をまじえてやりとりが行われるのである。だから、少々不自然でも仕方がない……と言ってしまえば身もふたもない。そこで本題からは外れるものの、その点について考えてみることにする。

　疑問を三つに分けて見ていきたいと思う。①民政局の草案作成作業を行った人権小委員会の試案で、なぜ「social status」という字句を「sex」と「caste」のあいだに挿入したのか？　②日本政府はその「social status」を「社会的身分」（外務省訳）と訳し、その後も「社会上ノ身分」（〈3月2日案〉〈3月5日案〉）としていたのに、なぜ3月6日の「憲法改正草案要綱」で急に「社会的地位」に変えたのか？　③約1カ月後の4月17日になると再び「社会的身分」に戻ったのはなぜか？

　幸い、総司令部案ができるまでの過程は、占領期文書を解説した前掲『日本国憲法制定の過程Ⅰ』[38]によって、また日本政府案ができるまでの過程は、それにもっとも深く関わった二人の当事者、入江俊郎と佐藤達夫が大部の著書（『憲法成立の経過と憲法上の諸問題』[39]『日本国憲法成立史　第3巻』[40]）に記録を残してくれているので、かなりの部分を知ることができる。それでも「なぜ？」という疑問は残る。これを解決するには、たぶんにかなりの想像力に頼らざるを得ないので、ご容赦願いたい。

①人権に関する小委員会でなぜ「social status」が挿入されたか？

　こういう設問が研究者のなかで意識されるようになったのは、「社会的地位」が解放委員会の働きかけによって「社会的身分」に変わったという言説に由来する。解放委員会が「社会的身分」に変えたのだから、「社会的身分」は部落出身者に違いない。だったらその英文である「social status」は部落出身者のことを指すに違いない。しかし、はたしてそうであろうか。

　現行憲法のなかで「人種、信条、性別、社会的身分又は門地」という表現が13条以外にもう1カ所出てくることは皆さんもご存知であろう。現行憲法44条である。そこで、この44条がマッカーサー草案の作成過程でどのように扱われたかも並行して見ていく。以下、章末の表2を参照してほしい。

　すでに述べたように民政局による草案作成作業はまず七つの小委員会で試

案が起草され、試案ができた順に運営委員会とそれぞれの小委員会との合同会議が開かれ検討が加えられる。「人権に関する小委員会」は2月8日と9日に会合がもたれ、その第2次試案では現行憲法14条に当たる条項は「…race, creed, sex, caste or national origin」とあった。しかしその前日に「国会に関する小委員会」と運営委員会とのあいだで会合がもたれ、国会小委員会の試案には「…sex, race, creed, color or social status…」（第4章第3条）となっていた。当然、運営委員会は人権小委員会との会合で二つの条項の調整を図ったと思われる。13条に「social status」が「sex」と「caste」のあいだに挿入された直接の原因はそこにあると思われる。

　ただ「social status」をとくに部落差別を意識して入れられたのであれば、人権小委員会は2次試案の検討段階まで部落差別を見過ごしていたことになるが、第1章で見てきたように民政局のメンバーが部落問題を知らなかったとは考えられない。[41] さらに言えば、人権小委員会のメンバーであるH・E・ワイルズは1924年から慶應義塾大学で経済学を講じ日本関係の著書もある。[42] ベアテ・シロタはその後に「caste」こそ部落民を念頭に置いた言葉だと証言している。[43] つまり人権小委員会は、封建遺制としての部落差別を前近代的なインドのカースト制度と重ね合わせて見ていたと考えるほうが自然であろう。事実、占領文書でも、戦前のアメリカでの出版物や軍などによる日本研究では部落民を「アウトカースト」と表現する個所が多数でてくる。[44]

　ただ、運営委員会は「カーストといった明瞭な言葉を好まず、それをより広義の言葉に変えた」[45]（ベアテ・シロタ）、「「カースト」よりも広い意味を持ち、社会的地位や位置、階層（social rank or station class）等をすべて含む包括的なものと考えたことは、覚えています」[46]（ケーディス）と証言している。つまり本来ならば「caste」を含むより広い意味での「social status」に代わるはずだったが、なぜか「caste」が残ってしまった。

　では「caste」はその後、どのように変化していくのか。2月26日の外務省訳では「階級」と訳されているものの、3月2日の日本政府案では「門閥」という言葉に変えられている。それではこの「門閥」が部落差別を指すのであろうか。じつはそうとも言えないのである。

　その謎を解くためには、13条をめぐるGHQと日本政府とのあいだの隠さ

れた本当の争点を見ていく必要がある。

　マッカーサー草案13条の主語は「All natural persons」であり、外務省訳も「一切ノ自然人ハ」であったのが、3月2日の日本政府案では「凡テノ国民ハ」に書き変えられ、列挙事由の「national origin（国籍起源＝外務省訳）」は「門閥（family origin）」という言葉に変えられていた。言わば日本政府としては「国籍起源」という言葉を外すための苦肉の策として「national origin」を「family origin」に変換し、そこに「門閥」という言葉をあてた。すなわち「門閥」は「caste」＝「階級」に由来しているのではなく、「national origin」＝「国籍起源」に対応する言葉だった。しかしGHQ側の抵抗にあい、3月5日案ではふたたび主語を「凡テノ自然人ハ」に変えられ、「門閥」は「門閥又ハ国籍」として「国籍」を復活させた。このように「国籍起源」を「門閥」に変えたのだとすれば、再び「国籍」が復活した以上、もはや「門閥」は不要であるはずだが、ここでもまた「門閥」という言葉は残り、やがて「門地」となって引き継がれる。ただしその譲歩と引き換えに日本政府は、主語を「自然人」に戻したのだから14条の「外国人ハ均シク法律ノ保護ヲ受クル権利ヲ有ス」は必要なしとして削除を要求した。さらに外相吉田茂の強い要求により3月6日案では再び「国籍」も削除した。[47]こうして外堀を埋め、ついに4月17日案では主語も「すべての国民は」に変えてしまった。[48]

　このように、13条に関して日本政府としては何としても平等条項から外国人を排除したかったのである。そのために周到で執拗なまでの修正要求を試みている。このような両者のせめぎ合いが、13条文言の変遷を複雑にしてしまったのである。しかも当初マッカーサー草案にあった「social status」「caste」「national origin」の三つの語句がその後も十分整理されないまま今日に至っている、と言えるのではないか。

　余談になるが、解放委員会第1回大会の行動要綱では「六、一切の身分的差別の徹底的排除と人種・民族・国籍による差別待遇絶対反対」を掲げていたが、第2回大会の行動綱領では「身分的性的差別その他一切の封建的陋習の徹底的打破」に変わっている。3月6日の「憲法改正草案要綱」の13条の主語「凡ての人は」が4月17日の「憲法改正草案」では「すべての国民は」に変わっているにもかかわらず、田原春次の国会質問ではそのことに触れら

れることはなかった。

　また、あれほど外国人の人権にこだわっていた民政局も、ケーディスによれば「日本側はこの「国籍（ナショナル・オリジン）」を「門地（ファミリー・オリジン）」に変えてしまったのに、GHQ はその重大性に気付かなかったのか、議論した記憶がありません」と語るのみである。[49]

　②〈3月5日案〉の「社会上ノ身分」が〈3月6日案〉ではなぜ「社会的地位」になったか？

　それにしても、「social status」の政府訳については「社会的身分」で落ち着いていたのになぜ突如として「社会的地位」に変えてしまったのであろうか。佐藤は「〈3月5日案〉まで使われていた「社会上ノ身分（social status）」が（草案要綱では──筆者注）「社会的地位」に改められ、「貴族」を「華族」に統一するなど表現上の調整が行なわれた[50]」としか記録しておらず、その理由については触れていない。ただ、3月2日および3月5日の政府案を3月6日になって日本側がわざわざ変更する理由はなく、変更を求めたとすればGHQ だった可能性のほうが強いと思われるが、よくわからない。

　そもそも「status」の訳としては「身分」も「地位」もどちらもあり得るが、13条をめぐる GHQ と日本政府とのやりとりのなかで「身分」か「地位」かというやり取りは一度も記録されていない。ただ、日本語のニュアンスとしては、「身分」のほうが固定的、生来的な地位を指すこともあり、列挙事由に関して狭義に解したい政府としては「身分」と訳すほうが適当であったのではないか。

　またさきに述べたように、13条に関しては3月5日から6日にかけて日本政府側からの執拗な要請が GHQ に対して行われ、日本文から「国籍」という文言を削除したり、英文のなかにあった「Japanese or alien」「nationality」という文字が削除されている。それが両者にとっての最大の争点であった。だから余計に謎である。佐藤の言うようにたんなる「表現上の調整」にすぎなかったのか。

③〈3月6日案〉の「社会的地位」が〈4月17日案〉ではなぜ「社会的身分」
　に戻ったのか？

　憲法の制定過程で見たように、3月6日の憲法改正草案要綱を公表したあ
と、法制局の大きな仕事としては、要綱案を口語化・平仮名化するとともに、
総司令部との交渉や関係各庁との打ち合わせにより、次の国会に提出でき
るよう案文を成文化する作業が残っていた。「関係各庁との打ち合わせは、3
月18日から26日ごろまで引きつづいて」行われ、「各省にわたって問題点
を洗い出した」。そのなかに13条に関しては「社会的地位ノ意味如何。門地
ニテ充分ナラズヤ」という意見、また39条（現行44条）に関しては「「社会
的地位」ハ「門地」トシテハ如何」という意見、なお「「『身分』ノ方ヲ可ト
セズヤ」「水平社ノ如キモノヲネラッタ表現ナリヤ」「意味ヲキクコト」とい
う書き込みがある」という注記をしている。官僚にとっても「社会的身分」
と「門地」との関係はわかりづらく、また「地位」よりも「身分」のほう
が適当だという意見はすでにここに出てくる。その結果、「こちら（日本政
府側——筆者注）限りで修正した点」として、一つは「第13条の「凡ソ人ハ
（all natural persons）法ノ下ニ平等ニシテ」は「すべて国民は（all person）は、
……」とし」、二つ目は「「社会的地位」が「社会的身分」となる」があった。

　もし「身分」を「地位」に変更したのがGHQの指示だとすれば、元に戻
す際にはGHQとの交渉が必要であろう。それなしに戻しているのだから、「地
位」への変更は法制局の判断であり、したがって再び「地位」を「身分」に
変更したのも、関係各庁の意見を受け入れ、法制局の判断で元に戻したとい
うことになろう。

あらためて憲法14条と解放委員会

　これまで「地位」から「身分」への変更に解放委員会が関わったのかにつ
いて、否定的な論拠を挙げてきたが、そのことはさきにも述べたように解放
委員会が新憲法の制定に無関心であったということではもちろんない。1945
年11月30日には帝国議会衆院本会議で松本治一郎が華族制度の廃止を求め
て政府に質問をしている。「惟うに民主主義の第一原則は人権の確立であり
ます。即ち身分制度、其の他人間に附属せる一切の特権が廃止され、法律の

前に総ての人間が自由平等に扱われ、人格を尊重されねばならないのであります。華族制度の如き身分制度を未だに維持することは、此の民主主義の原則に悖るものでありまして、「ポツダム」宣言の根本精神に反するものと言わなければなりません。……そこで私は水平社の問題解決のためには、華族制度の廃止が必要なりと信ずるのであります」。また、翌46年2月に結成された部落解放全国委員会の行動綱領や決議でも華族制度の廃止や身分的差別の撤廃を掲げている。したがって田中松月や朝田善之助が言うように、華族制度の廃止や部落差別を新憲法で禁止するように GHQ などに働きかけたというだけなら、その可能性は十分にあると思う。

　また、1946年7月16日、憲法改正案を審議する第90帝国議会の衆院特別委員会で田原春次が質問に立ち、「世に所謂被圧迫部落、具体的には全国水平社の三百万の同時に大衆の問題であります。過去数百年間の因襲、偏見等に依りまして、殆ど同一人種と見られず又法律慣習の下に於ては平等の待遇を受けず、甚だしく虐待の中に今日まで来て居るのであります。……恐らく第13条（現行憲法14条──筆者注）の規定を文字通り解釈しました時に、左様な差別があってはならないと思いますが、差別がなお存した場合に、どう云う一体この憲法から来る制裁なり法律的処置を考慮されて居るか」と迫り、これに対して金森は「現実のこの第13条の作用は、特に今御指摘になりましたような場面に於て、最も有効なる働きをするものであろうと考えて居ります。……そう云うような場面に諸般の差別が行われます場合には、国法は固より眠って居ってはいけないのでありまして、これらに対して十分の措置を講じて斯様なことの起こらないようにすべき旨の原則が第13条に掲げられて居るのであります」と差別解消のために国法の積極的介入を示唆している。これらの精神はやがて部落解放国策樹立のための国民運動を通して、同和対策審議会答申、同和対策事業特別措置法につながっていくのである。

　さらに1947年5月に松本が参議院の初代副議長に就任したことも含めて、こうした動きは戦後始動期の人権運動にとって誇るべき遺産であることに変わりはない。

　しかし、この最後の段階になってまたもや一つの疑問が頭をよぎる。たかだか1カ月のあいだに起こった13条の「身分」が「地位」になり再び「身

分」に戻るというような経過は歴史学者でもないかぎりほとんどの人は知らない。本来なら歴史の闇に消えてしまいそうなこの事実に四半世紀たって突然スポットライトがあてられた。話があまりに具体的なだけに、まったくの思い込みや作り話とは考えにくい。その通りではなくても近い事実があったのかもしれない。最初にあげた 3 冊が元ネタだったとすれば、谷口修太郎が調べた資料にあったものか松本治一郎の証言だと考えるのが自然であろうが、これについて年表に出典は書かれていないし（一覧はあるが）、松本も何も語ることはなかった。解放運動に関わる者にとって魅力的な話ではあるが、歴史の認定は謙抑的であるべきだと考える。

注

（1）清水伸編著『逐条　日本国憲法審議録　第 2 巻』有斐閣、1962 年、291 頁～。

（2）村川一郎『帝国憲法改正案議事録』国書刊行会、1986 年、93 頁～、106 頁。

（3）佐藤達夫『憲法講話』立花書房、1959 年、38 頁。

（4）宮沢俊義『法律学体系コンメンタール編　日本国憲法』日本評論社、1955 年、212 頁～。

（5）佐藤功『ポケット注釈全書　憲法』有斐閣、1955 年、113 頁～。

（6）小林直樹『憲法講義（上）』東京大学出版会、1967 年、305 頁。

（7）佐藤幸治『大学講義双書　憲法 II　基本的人権』成文堂、1988 年、124 頁～。

（8）芦部信喜『憲法［第 3 版］』岩波書店、2002 年、130 頁。

（9）前掲注（4）『法律学体系コンメンタール編　日本国憲法』214 頁。

（10）前掲注（8）『憲法［第 3 版］』128 頁。

（11）奥平康弘『憲法 III』有斐閣、1993 年、128 頁～。

（12）前掲注（8）『憲法［第 3 版］』128 頁。

（13）『松本治一郎対談集　不可侵不可被侵』部落解放新書、解放出版社、1977 年、138 頁。

（14）部落解放同盟中央本部『部落解放運動五十年史年表（草稿）』1971 年 5 月、81 頁。

（15）『解放の父　松本治一郎』部落解放同盟中央本部、1972 年、463 頁。

（16）前掲注（13）『松本治一郎対談集　不可侵不可被侵』150 頁、233 頁。

(17) 高野真澄『日本国憲法と部落問題』解放出版社、1984 年、14 頁。

(18) 『部落問題事典』部落解放研究所編・発行、1986 年、723 〜 724 頁。

(19) 渡辺俊雄「現代史のなかの部落問題」『部落解放』286 号、1988 年 12 月特別号。
同『現代史のなかの部落問題』解放出版社、1988 年、19 〜 20 頁参照。

(20) 『部落解放運動基礎資料集Ⅰ　全国大会運動方針　第 1 〜 20 回』部落解放研
究所編、解放出版社、1980 年、2 〜 3 頁。

(21) 極東委員会の動きについては、西修『ドキュメント日本国憲法』三修社、
1986 年、参照。

(22) 高柳賢三他『日本国憲法制定の過程Ⅰ　原文と翻訳』有斐閣、1972 年、103 頁。

(23) 同前 218 〜 219 頁。

(24) 人権小委員会では社会福祉の条項に「嫡出でない子および養子並びに地位の
低い者のために正当な権利を確立する立法」という言葉があったが、最終のマッ
カーサー草案では削除されている。(前掲注 (22)『日本国憲法制定の過程Ⅰ　原
文と翻訳』224 〜 225 頁)。

(25) 日本政府案の作成経過は、佐藤達夫『日本国憲法成立史　第 3 巻』有斐閣、
1994 年がもっとも詳しい。

(26) 入江俊郎『憲法成立の経過と憲法上の諸問題』第一法規出版、1976 年、213 頁。

(27) 古関彰一『日本国憲法の誕生』岩波現代文庫、2009 年、168 頁。たとえば、マッ
カーサー草案では「CHAPTER Ⅲ　Right and Duties of People」(外務省訳で
は「人民の権利及義務」)とあったものが 3 月 2 日案の政府案では「第 3 章　国
民の権利義務」に変えられ、各条の主語もすべて「国民」に統一されている。

(28) 前掲注 (25)『日本国憲法成立史　第 3 巻』202 頁〜。佐藤功『憲法改正の経過』
日本評論社、1947 年、103 頁〜。

(29) 「戦後「同和行政」史を行く　日本国憲法の成立と部落問題　インタビュー
田中松月」『部落解放』1984 年 10 月号、219 号。

(30) 「土方鉄・対談シリーズ 3　井元麟之　部落解放運動の戦後の出発」『明治図書』
179 号、1984 年 5 月。

(31) 「対談　山本政夫・北原泰作　当事者が語る同和立法のうらおもて」『部落』
382 号、1979 年 8 月。

(32) 朝田善之助『差別と闘いつづけて　部落解放運動 50 年』朝日新聞社、1969 年、

177 頁。

（33）前掲注（13）『松本治一郎対談集　不可侵不可被侵』40 頁。

（34）前掲注（13）『松本治一郎対談集　不可侵不可被侵』125 頁。

（35）前掲注（20）『部落解放運動基礎資料集Ⅰ　全国大会運動方針　第 1 ～ 20 回』
　　　16 頁。

（36）資料番号 [121]、このほか、前掲注（30）「土方鉄・対談シリーズ 3　井元麟之
　　　部落解放運動の戦後の出発」にもこのときと思われる様子が語られている。

（37）前掲注（26）『憲法成立の経過と憲法上の諸問題』265 ～ 266 頁。

（38）前掲注（22）『日本国憲法制定の過程Ⅰ　原文と翻訳』。

（39）前掲注（26）『憲法成立の経過と憲法上の諸問題』。

（40）前掲注（25）『日本国憲法成立史　第 3 巻』。

（41）占領当初から部落問題に関する情報収集は行われ（第 1 章を参照）、得られた
　　　情報は他部局にも配信され共有化されていた。（『資料　占領期の部落問題』部
　　　落解放研究所編・発行、1991 年、「ジャスティン・ウィリアムズ文書」を参照）。

（42）田中英夫『憲法制定過程覚え書』有斐閣、1979 年、132 頁～。

（43）渡辺俊雄「知られざる憲法制定史」『部落解放』278 号、1988 年 5 月号。

（44）人権小委員会のメンバーの一人Ｐ・Ｋ・ロウストは日本に来る前に「インド
　　　のマドラスにある小さな大学で講義をしたことがある」（前掲注（42）『憲法制定
　　　過程覚え書』72 頁）。

（45）前掲注（43）「知られざる憲法制定史」。

（46）前掲注（43）「知られざる憲法制定史」。

（47）前掲注（26）『憲法成立の経過と憲法上の諸問題』229 頁。

（48）古川純「外国人の人権（1）戦後憲法改革との関連において」『東京経大学誌』
　　　146 号、1986 年 6 月、参照。

（49）竹前栄治『GHQ の人びと』明石書店、2002 年、116 頁～。

（50）前掲注（25）『日本国憲法成立史　第 3 巻』179 頁。

（51）前掲注（25）『日本国憲法成立史　第 3 巻』235 頁、237 頁。

（52）前掲注（25）『日本国憲法成立史　第 3 巻』326 頁～。

（53）前掲注（1）『逐条　日本国憲法審議録　第 2 巻』297 頁～。

表 1　憲法改正の経過

1945.10. 4　近衛＝マッカーサー会談、マッカーサーが憲法改正を示唆

　　 10.11　マッカーサー、幣原首相に憲法の自由主義化と人権確保の 5 大改革を要求

　　 10.13　政府、憲法問題調査委員会（委員長＝松本烝治）を設置

　　 11. 2　日本社会党、結党。松本治一郎、参加

　　 11.22　近衛文麿、「帝国憲法改正要綱」を天皇に上奏

　　　　　　（12.6　近衛を戦犯指名、12.26 近衛、服毒自殺）

　　 11.30　松本治一郎、第 89 帝国議会衆議院本会議で華族制度に関して質問

　　 12. 8　松本国務相、衆院予算委で憲法改正の 4 原則を言明

　　 12.26　憲法研究会（鈴木安蔵など）、「憲法草案要綱」を発表

1946. 1. 4　GHQ、公職追放令（翼賛推薦議員は対象）

　　 1.21　自由党、「憲法改正要綱」を発表

　　 2.--　高野岩三郎、「改正憲法私案要綱」を発表

　　 2. 1　毎日新聞、松本試案（憲法問題調査委員会）をスクープ

　　 2. 3　マッカーサー、ホイットニー民政局長に 3 原則を示し憲法草案作成を指示

　　 2. 4　GHQ 民政局に作業委員会を設置、草案作成作業を開始

　　 2. 8　政府、「憲法改正要綱」（松本試案）を GHQ に提出

　　 2.10　GHQ 民政局、憲法草案を完成

　　 2.13　マッカーサー、松本試案を拒否、**総司令部案**を政府に手交（外務省官邸）

　　 2.14　進歩党、「憲法改正案要綱」を決定

　　 2.19-20　部落解放全国委員会、創立大会

　　 2.22　閣議で総司令部案受け入れを決定

　　 2.23　社会党、「憲法改正案要綱」を発表

　　 2.25　政府、総選挙投票日を 4 月 10 日に決定

　　 2.26　幣原内閣、臨時閣議で総司令部案の仮訳を配布**→外務省訳**

　　　　　　極東委員会、設置

　　 2.27　松本国務相、佐藤達夫が総司令部案を参考に政府案の作成を開始

　　 3. 2　**日本政府案（3 月 2 日案）**を作成

3. 4 　午前 10 時に GHQ に提出、ケーディスらが政府案を逐条審議、翌日に及ぶ

3. 5 　3 月 4 ～ 5 日の GHQ 案をもとに総理府官邸で要綱案を作成「**3 月 5 日案**」

3. 6 　「**憲法改正草案要綱**」を発表。7 日、新聞報道

3.10 　松本治一郎、公職追放の対象

3.17 　松本治一郎、公職追放から除外

4. 2 　閣議決定に基づき口語体・条文化

4.10 　衆議院総選挙

4.17 　政府、「**憲法改正草案**」（平仮名、口語体）を公表

4.22 　幣原内閣、総辞職

5.16 　第 90 帝国議会（臨時国会）を召集

6.20 　国会開会。政府、「**帝国憲法改正案**」を衆議院に提出

7.16 　田原春治、衆院で「社会的身分」等に関して金森国務大臣に質問

10. 6 　貴族院本会議で修正可決

10. 7 　衆議院本会議で可決

11. 3 　日本国憲法を公布

表 2 　各条文の変遷

1. 憲法改正草案の変遷（年表を参照）

① 2 月 4 日～ 2 月 10 日　民政局・人権作業委員会の第 2 次試案

② 2 月 13 日　総司令部案（いわゆるマッカーサー草案）

③ 2 月 26 日　総司令部案の外務省訳

④ 3 月 2 日　日本政府案〈3 月 2 日案〉

⑤ 3 月 5 日　日本政府案〈3 月 5 日案〉

⑥ 3 月 6 日　憲法改正草案要綱

⑦ 4 月 17 日　憲法改正草案

⑧ 11 月 3 日　現行日本国憲法

＊上記①②は『日本国憲法制定の過程　Ⅱ　解説』高柳賢三他、有斐閣、1972 年、

　③～⑦は『日本国憲法成立史　第 3 巻』佐藤達夫、有斐閣、1994 年を参照。

２．現行憲法 14 条の文言の変遷 （行頭の丸数字は上記 1 の丸数字に対応。下線は筆者）

① 　　　　　All natural persons … race, creed, sex, (social status,) caste or national origin.

②13 条　All natural persons 　… race, creed, sex, social status, caste or national origin.

③13 条　一切ノ自然人ハ…人種、信条、性別、社会的身分、階級又ハ国籍起源…

④13 条　凡テノ国民ハ…人種、信条、性別、社会上ノ身分又ハ門閥（family origin）…

⑤13 条　凡テノ自然人ハ其ノ日本国民タルト否トヲ問ハス
　　　　　　　　　　　…人種、信条、性別、社会上ノ身分若ハ門閥又ハ国籍…

⑥13 条　凡ての人は　　…人種、信条、性別、社会的地位又ハ門地…

⑦13 条　すべての国民は…人種、信条、性別、社会的身分又は門地

⑧14 条　すべての国民は…人種、信条、性別、社会的身分又は門地

３．総司令部案から削除された規定

②16 条　Aliens shall be entitled to the equal protection of law.

③16 条　外国人ハ平等ニ法律ノ保護ヲ受クル権利ヲ有ス。

④14 条　外国人ハ均シク法律ノ保護ヲ受クル権利ヲ有ス。

⑤削除

４．現行憲法 44 条の文言の変遷

①第 4 章 3 条　…sex, race, creed, color or social status.

②42 条　…sex, race, creed, color, or social status.

③42 条　…性別、人種、信条、体色又ハ社会的身分

④42 条　…性別、人種、信条　　又ハ社会上ノ身分

⑤39 条　…性別、人種、信条　　又ハ社会上ノ身分

⑥39 条　…性別、人種、信条　　又ハ社会的地位

⑦40 条　…人種、信条、性別、　　　社会的身分又は門地

⑧44 条　…人種、信条、性別、社会的身分、門地、教育、財産又は収入

第**3**章

戦後同和行政と山本政夫

はじめに

　終戦前に郷里・柿浦に戻った山本政夫が、戦後その郷里から、わずかな家財道具を小船に積み込み親子6人と共に、彼の言葉によれば「石もて追わるる」ようにして広島市に移ったのが1953年秋、さらにその広島での生活もけっして楽ではなく、「僅かな家財道具もさし押さえられた文字通り素っ裸になって」「その生活は、惨憺たるもので貧乏のどん底」というべき状況で、東京にふたたび戻ったのは1959年の春であった。

　「戦中郷里に帰った時は、東京は勿論、広島に住むこともない」と固く心に決めていたにもかかわらず、その故郷から逃げるようにして東京の地に舞い戻らざるを得なかった山本の心境を思い計ることは難しいが、少なくとも戦前の「見果てぬ夢」をもう一度というような積極的なものではなかったであろう。しかし歴史は皮肉なもので、まるで山本の上京を待っていたかのように、時代は大きく転回し始める。

　最初に、山本がふたたび中央の舞台に戻るまでの戦後の同和行政について簡単に振り返ることにする。なお、本章はもともと『近現代の部落問題と山本政夫』（共著、大阪人権博物館編、解放出版社、2009年）の中の一稿として書かれたものである。同書で私に与えられたテーマは、1950年代後半から同和対策審議会答申が出される1965年頃までの山本と同和行政についてである。したがって、戦前の山本の活動については同書の別稿を、また戦後初期の山本の動きについては、『山本政夫著作集』（大阪人権博物館編、解放出版社、2008年）収載の朝治武「解説　山本政夫の生涯と思想」に簡潔にまとめられているので、それらを参照していただきたい。

1　戦後同和行政の歩み

地方自治体の同和行政と全同対の結成

　山本を中心に立案された融和事業完成十カ年計画は、1936年を初年度として実行に移され、終戦の1945年度が計画の最終年度に当たる。1946年3

月、厚生省次官から地方長官宛に「多年ニ亘リ実施シ来レル同和事業ハ其ノ十ヶ年計画モ昭和二十年度ヲ以テ終了シ、国民同和ノ途況相当観ルヘキモノアリト認メラルルニ至リタルト、現下諸般ノ状勢トニ鑑ミ昭和二十一年度ニ於ケル同和事業費補助ハ若干ノ府県及町村同和促進運動協議会費補助ノミニ止メ」[2]、同和事業を終了するとの通達が発せられ、以後、国においては基本的に同和事業という枠組みでの予算補助は打ち切られることになった。戦時下の翼賛体制のもとで、全国水平社も含めた部落問題の中央一元化の組織として作られた同和奉公会も同年3月に解散に至る。

　地方自治体においても、国と同様、戦後いったん同和事業という枠組みでは予算措置をとらなくなったものの、近畿地方を中心に戦後の早い時期よりいわゆる同和予算を復活している。厚生省通達や同和奉公会の解散など混乱はあるものの、常に部落問題に直面している自治体では、中央官庁のようにいつまでもこの問題を放置できなかったのであろう。ちなみに広島県では、近畿各府県にやや遅れて1952年に656万円、53年に1093万円、54年に471万円、55年に383万円が同和予算として計上されている[3]。こうした動きと連動して、1947年6月には近畿各府県が参加し兵庫県で近畿同和事業協議会が開催される。1949年10月に同組織を改編・拡大させ、西日本同和対策事業協議会が結成、さらに1951年11月に全国的な協議会へと発展的解消し全日本同和対策協議会（以下、全同対と略す）が結成された。

　全同対の「規約」[4]によれば、同会は「全国都道府県単位の同和対策協議機関をもって構成する」となっていて、主に自治体担当職員を中心とするが運動関係者も加わる官民合同組織であった。そしてこの自治体担当職員のなかには、藤範晃誠（和歌山）や前田治（徳島）など戦前からの融和運動・融和教育の活動家もいた。また、「規約」にいう各「都道府県単位の同和対策協議機関」にあたるかは明らかでないが、1951年に大阪府、府同和事業促進協議会（12月1日）、52年に奈良県、同和事業協議会（4月22日）、滋賀県、部落対策協議会（9月1日）、広島県、部落対策協議会（11月18日）、53年に山口県、部落対策審議会（3月18日）、群馬県、同和対策協議会（6月16日）、54年に三重県、部落対策委員会（6月）、54年に関東ブロック同和対策官民合同会議が、次つぎと結成または設置されている[5]。

また「目的」は第一に「調査研究並に構成員相互間の資料交換」となっているが、主たる課題は第二の「同和対策強化に関する全国的規模の世論喚起並に国策樹立の要請」にあった。その具体的方策として当初より「政府として統一ある綜合的方針並方策の樹立こそ、問題解決の鍵なるを以て、早急に審議機関を設立せられたい」と訴えており、この同和対策総合計画の樹立と審議会の設置という基本要求は、その後も全国大会を開催し、「決議」や、国会への「請願」、政府各省への「陳情」などにおいて繰り返し行われている。1954年7月に行われた第6回全国大会の「決議」では、政府の取り組むべき同和対策を「部落経済の確立について」「部落環境の改善について」「文化厚生について」「同和教育の推進について」の4項目に分け具体的事業項目を列挙しているが、その内容や構成は後述する自民党が作った「同和対策要綱」と共通する点が多い。

　これに対して政府は、1953年4月にようやく厚生省の隣保館設置費補助1300万円を同和予算として復活させ、同年10月、各省の連絡協議機関として同省内に地方改善事業協議会を設置、11月には地方改善事業実態調査を実施したものの、その後の同和予算は54年1200万円、55年1100万円、56年1200万円、57年1400万円とほとんど横ばいで大きく増額されることもなく、本格的に取り組もうとする姿勢も動きもまったく見られなかった。

　こうした政府の変わらない態度に全同対の活動も次第に低調となり、1956年から全国大会方式から各府県の代表からなる運営委員会方式に変わる。また、当初、「国民のすべては個人の自由と人権を認められ社会的に平等の福祉を憲法に於て保証（ママ）されている。この事は民主々義政治の根本原則である」とする立場から、部落問題は「国の政治に当然重要な問題として大きく取り上げられなければならない」と強い調子で訴えているが、その後、「問題の重要性を知る地方自治団体においては終戦後、乏しい地方財政にもかかわらず、同和事業の推進に日夜努力を続けてきたものの、未だその事績たりや、九牛の一毛にすぎず、今日においては、最早財政力もその限界点に達し、これが対策に苦慮しつつあることは偽らぬ現実であります」（1957年12月）と、悲鳴、哀願にも似た姿勢に変わる。また、1955年頃より「近くは同和事業完成十ケ年計画の国策樹立により、幾百年に互る桎梏（ママ）よりこれが解決の日近

きを思わしめたのであります。然るに無謀なる第二次世界大戦に突入するに及んで所謂一億一心の美名の下に、科学性と合理性をもつた国策十ケ年完成計画も、中道において挫折し一片の空文と化したことは斯業関係者の最も遺憾とするところであります」[12]と繰り返し、全同対の年来の主張である国策樹立に戦前の融和事業完成十カ年計画を重ねている。

部落解放全国委員会と社会党

　これに対して戦後に発足した部落解放全国委員会も、1950年代に入って、オール・ロマンス事件、西川県議差別事件などを経て、差別行政糾弾闘争という新たな闘争形態のもとに各地で大衆闘争を展開し始めていた。しかし当時にあっても、融和主義や融和行政に対する反発は強く、自治体の行う同和事業を「恩恵」であり、「部落民をごまかし、その自覚をさまたげるものにすぎない」とし、自らの権利を獲得する闘いであり、闘いを通じて差別の本質と敵——すなわちアメリカ帝国主義とその手先である国内反動勢力——を学びとる「解放行政要求闘争」との違いを強調する[13]。ここでいう融和事業は、具体的な施策や自治体の個々の事業を指しているのではなく、いわば解放行政の対極にある行政を象徴的に述べたにすぎない。したがって解放委員会の「運動方針」も政府に対して要求する具体的事業内容は、全同対の要求するものと基本的に異ならない。にもかかわらず、こうした解放委員会の主張や立場は全同対との亀裂を徐々に生む結果となり、それが1953年7月に開催された全同対第4回大会において松田喜一ら解放委員会のメンバーが退席する事態へと繋がる[14]。

　ただ、このような事態も解放委員会と全同対＝地方行政との決定的な決裂にはなっていないのではないか。戦前、全国水平社は地方改善費を要求することはあっても、基本的にその執行に直接関わることはなかったが、戦時下、同和奉公会体制に組み入れられることによって否応なく行政・事業との関わりを強めることになる。戦後も同和奉公会各都府県本部は廃止も含めて様ざまに形を変えるが、そのなかには「部落解放全国委員会の下部組織もあり、府県によっては同和事業は自主的な部落解放運動団体が引き継がれていった[15]」ところもあり、さらには運動団体の活動費が行政による補助金によって

支えられるところもあった。このように戦前に比べて、戦後の解放運動は明らかに地方行政との結びつきを強めていたからである。

　いずれにしても、この時期の解放委員会の糾弾闘争の対象はもっぱら地方自治体に向けられ、さらに国策樹立に向けた具体的な道筋は示されていなかった。

　こうした膠着した状況を打開する動きが1957年に起こる。まず社会党が、同年6月に「部落問題解決政策要綱」（第1次草案）を、続いて9月に同第2次草案を発表した。同政策要綱では「同問題の根本的な解決は、日本の平和と独立の達成、民主主義の徹底、さらに資本主義経済の改革——即ち社会主義の社会によって（略）実現をはかることによって可能である」としながらも、当面の政策としては「総理府直轄として、部落解放同盟、労組、農組代表、等をふくめた民間代表、各省代表、各党代表を入れた民主的綜合的な構成の部落問題解決審議会をもうける」ことを第一に挙げている。また8月には共産党も「部落問題についての日本共産党の見解[17]」を発表した。

　1956年12月に誕生した石橋湛山内閣はわずか2カ月の短命に終わり、翌年2月に岸信介内閣が登場する。社会党は、第27回臨時国会（1957年11月1日～14日）において、中井徳治郎、湯山勇、五島虎雄、八木一男が衆・参議院各委員会で、政府の同和対策に対する姿勢を追及しているが、これに対して、たとえば岸にしても「日本文化の上からいっても、はなはだ悲しむべきこと」ではあるが、「長い目で見て、そういうものが漸次解消されていっている」「衛生上の施設であるとか、あるいは社会教育上の施設であるとか、いろいろなものを総合的に行なって」という程度に止まっている[18]。しかし八木によれば、八木、湯山の社会党の質問を受けて、「堀木厚相は次の閣議に提議し、岸内閣が「同和」問題を取り上げることを決意」「この閣議の申合せにつづいて、「14日の次官会議でその具体策を検討した結果、今後厚生、大蔵、文部、建設、自治の各省庁からなる連絡会議をできるだけ多く開き、早急に対策を決めることになった」（11月15日付朝日新聞朝刊[19]）」としている。

　こうした社会党の動きに呼応するように部落解放同盟も第12回全国大会（1957年12月5～6日）で、「地方自治体にたいする闘いが活ぱつにおこなわれたが、中央政府にたいする全国闘争を組織しえなかったことである。その

理由は全国闘争にたいする中央本部の取りくみがなかったことが最大の原因であり、本部として自己批判する[20]」とし、「部落の各階層の要求を統一し、支部県連の強力なたたかいを基盤にし、これを中央政府に対する全国的な行政闘争に発展させる[21]」ことを「大会宣言」に掲げた。これを受け、同年12月22日に解放同盟常任中央委員会で「部落解放国策樹立要請闘争」を展開することを確認、翌58年1月には東京・四谷の主婦会館で「部落解放国策樹立要請全国代表者会議」を開催、全国から「解放同盟代表四百二十名、全国同和対策協議会（全同対のことか——筆者）、全国同和教育研究協議会、地方自治体・議会代表、政党・民主団体代表約二百名、総計六百余名の国民各層[22]」が参加して行われた。

　社会党の国会での政府追及はさらに続き、第28回通常国会（57年12月20日〜58年4月25日）において、八木が2月28日の衆議院予算委員会で、さらに3月11日に衆議院社会労働委員会で岸に部落問題に取り組む決意を問い質したところ、岸は「この問題は、こういう事態を放置しておるのは全く日本の民主政治の恥辱であり、従って民主主義の完成の上からいいますと、政党政派を超越し、内閣のいかんを問わず、われわれは力を合せてこの問題の解消ないしそういう事態のなくなるように努力すべきものである[23]」と、戦後の歴代首相で初めて部落問題に対して前向きな姿勢を国会で表明した。さらに八木が「内閣に強力な審議会をぜひ置いていただ」きたいと詰め寄ると、岸は「今八木委員がお話になりましたような機関ができることは望ましいと思います。政府においても検討いたしておる」と答えた。

　こうして戦後長らく国政の場で取り上げられることもなく放置されてきた部落問題が、ようやく新たな段階に入ることになった。ところで余談ながら、以前より感じていた疑問であるが、歴代首相のなかで初めて同和対策に取り組むことを表明したのがなぜ岸であったのか、である。岸といえば戦前に東條内閣のもとで商工大臣を務め、戦後A級戦犯容疑で逮捕（不起訴）、憲法改正論者であり保守タカ派の政治家というイメージが強いだけに違和感を感じていた。単なる歴史の偶然であったのか。しかし、以下に述べるように、その後の政府・自民党の同和行政の基本はこの岸政権（1957年2月〜1960年7月）のもとで決せられる。すでに神武景気を経験し、日本経済の高度成長

を見据え、はたして岸は自らの政治戦略のなかで部落問題・同和行政をどのように位置づけていたのであろうか。別の機会に考えてみたい課題である。[24]

2　胎動期の同和行政と山本政夫

山本の上京

　山本政夫が1959年春ふたたび東京に戻った理由は、自伝によれば、仕事の失敗による貧困と、郷里の1年後輩にあたる灘尾弘吉の世話で就職口が見つかったことによる。[25]ちなみに灘尾も1947年11月に公職追放を受け、51年8月に追放解除、52年10月の第25回衆議院選挙に当選して中央政界に復帰、さらに石橋内閣のもとで文部大臣に就くのが56年12月である。[26]また山本と北原泰作との対談によれば、「その当時、厚生省の生活課長だった今村譲さんが灘尾弘吉さんに、同和対策を復活（1953年に厚生省が戦後初の同和予算を計上——筆者注）させることになったが適当な人物はいないかと相談したところ、灘尾さんが、田子一民（戦前1920年に部落改善費が初めて設けられたときの内務省社会課課長——筆者注）さんが同和対策を始めたんだから田子さんに聞いてみてはどうか、と示唆をあたえた。そこで今村さんが田子さんの意見を聞くと、山本政夫にやってもらえ、と答えたとのことで、灘尾さんからもすすめられた関係もあったのでぼくもやる気になった」[27]とある。いずれにしても灘尾の働きかけがあったことは間違いない。灘尾の側からすれば山本を呼び寄せた理由は、一つにはさきに述べたように国の同和行政がようやく動き出し、山本の経験と能力を役立たせたかったこと、二つには当時の文部大臣であった灘尾が喫緊の政治課題である勤務評定反対闘争に対処するため、「この闘争が最も激しく闘われた和歌山県の情況を視察」させることにあった。ともかく上京した山本は、「全同対とのつながりで自民党の同和対策特別委員会の仕事を手伝うようにな」[28]る。

　ただ、1959年春に上京するまでにも広島県漁連時代に「アメリカ駐留軍の保障（ママ）問題」で「しばしば関係組合の人と上京」[29]し、全同対の「第3回全国協議会（1952年12月、東京都港区築地本願寺——筆者注）には出席したが第4回には出ていない」[30]とある。また1959年2月13日に衆議院文教委員会の

傍聴席で、前文部大臣の灘尾が社会党議員から追及されているのを聞いてい
る。したがって、郷里にいても山本なりに部落問題をめぐる官民それぞれの
動きに関心を払っていて、59 年より少し以前から灘尾を通じて活動をすす
め、必要に応じて上京していた可能性はある。

　たとえば、山本の名前で書かれた戦後最初の論文は、雑誌『社会事業』に
掲載された「同和対策の前進のために」(1959 年 9 月 20 日発行) である。59
年春に上京したという山本の言葉と時期的には整合するが、それより以前に
自由民主党同和問題議員懇談会の名で作られた『同和問題資料第 1 集　部落
解放運動の最近の動向　附・自由民主党の同和対策』の初版は 1958 年 12 月
に出されているが、この冊子と、自由民主党同和対策特別委員会の名で出さ
れた「前進する同和対策事業—同和対策特別委員会の活動とその成果」は、
山本の名で出版された『新しい同和対策の展望——解説とその批判』と内容
の一致する箇所が多く、共に山本によって書かれた可能性がある。なお、こ
の二つの冊子は、「歴史上より見たる同和問題」(滝川政次郎・講演録)、「附録」
を合わせて『前進する同和対策事業』(自由民主党同和問題議員懇談会、山口
県東京事務所内、1960 年 10 月 25 日、非売品) として 1 冊にまとめられている。

自民党の同和対策と山本

　自民党が部落問題に本格的に取り組むべく戦後はじめて起こした行動は、
1958 年 10 月 8 日の自党の衆参両院議員約 100 人からなる自民党同和問題議
員懇談会の結成である。9 日後の 10 月 17 日には、政府が同和問題に関する
対策を協議するために内閣に同和問題閣僚懇談会を置くことを決定している。
この間の経過や事情は前述の『新しい同和対策の展望』に詳しい。

　さきに述べたように、戦後中断した同和対策を国家政策として取り上げる
ように熱心に活動を続けてきたのは全同対である。国会、政府各省に繰り
返し国策樹立等を請願や陳情してきたが、思うような成果は得られなかった。
そこで 1958 年、「この年の 7 月、厚生省の会議室で開かれた会合では、それ
までの運動の成果にかえりみて、その後の運動は、直接政権を担当している
自民党に焦点を合わせて、積極的に働きかけることとなった。その結果、こ
の年の秋から冬にかけて 9 月、10 月、12 月と引きつづき運営委員会や総会

が開かれ、各府県ごとに地元選出の国会議員や党の幹部に陳情するなど熱心に働きかけてい[37]」くなど、自民党へ接近する。

　全同対運営委員であった前田治も、1957 年、58 年と、同じ徳島県の選出代議士である秋田大助[38]に、国策樹立の実現と同和対策予算の大幅計上に協力するよう熱心に働きかけていた。これに応えて秋田は 1958 年 9 月、自党の議員総勢 42 人と会合を持ち、同年 10 月に星島二郎を会長として有志議員を中心に自民党同和問題議員懇談会を結成した。党内にはまだ「寝た子を起こすな」の意識から反対論もあったため、まずはこの問題に対する党内の認識を深めるべく、「厚生省や全同対などの資料にもとづいて部落の現状・歴史・解放運動の実情について理解を深め、必要に応じて資料を配付するなど、党内の PR にも努め」ることになる。その点で文章家でもあった山本の存在は打ってつけでもあった。

　その後も秋田は同会常任世話人として、1959 年度の予算編成にあたり、同和予算の増額を得るべく全同対と協力して関係各省を奔走する。1959 年 1 月には国会休会中を利用して、同会議員が手分けして全国の部落を視察し、同年 1 月 11 日に、全同対との合同の会議でその報告がなされた。同時に、堀木鎌三[39]などから特別委員会を設置し、総合的年次計画をたてるよう意見が述べられ、ここでも秋田の尽力により、3 月に自民党 7 役会議において委員 70 人からなる同和対策特別委員会（委員長・堀木、委員長代理・秋田）の設置が決定された[40]。繰り返しになるが山本の自伝によれば、この頃に上京していたことになる。

　特別委員会は、4 回の会合を開き、5 月 2 日に「同和対策要綱」（以下、要綱と略す）をまとめ、同要綱は 5 月 6 日に自民党政策審議会で、5 月 8 日に閣議で了承された。この間の事情について山本は何も語っていない。ただのちの北原との対談で「議員懇談会から申し入れて作らしたんですが、誰が書いたのか、これは秋田さんに聞けば判りますが……[41]」と語るのみである。同和政策の企画立案のエキスパートとして上京した山本がこの要綱にまったく関わっていないのだろうか。特別委員会は国会議員から構成されるので、山本は直接の関係者ではないし、59 年春に上京してまもない時期であることから積極的に発言できる立場になかったのかもしれない。ただ、議員懇談会

の成立までの「裏話」や要綱成立後の特別委員会の動きを詳しく報告していることと比較すると、何か腑に落ちない感じもする。次に述べるように山本のこの要綱に対する評価とかかわるのか。

　いずれにしても、特別委員会は設立からわずか2カ月後に要綱を作り、この要綱を直ちに政府・自民党の同和対策に関する基本方針として決定する。しかし、自民党はなぜここまで急がなければならなかったのか。

同和対策要綱とモデル地区事業

　要綱は「方針」「要領」「対策」「措置」の4項から成り、全体でも2000字にも満たない。戦前に山本が精魂を傾けた「融和事業ノ綜合的進展ニ関スル要綱」「融和事業完成十箇年計画概要」「融和事業完成十箇年計画ニ要スル経費総額一覧表」「融和事業完成十箇年計画年次表」の戦略的で精緻な計画に較べれば、いかにも概略的で短期間に作られたという印象は否めない。さきにも述べたように全同対の第6回全国大会の「決議」に見られる施策要求と類似点が多いから、全同対の意見を相当に採り入れられているのかもしれない。山本も、「自民党の案にしても、厚生省や全同対が取りまとめた資料などを再検討して、だいたいの見通しのもとに企画立案されたものであり、そのうえに、35年度から実施しようという積極的な意欲も働き、十分な準備期間もなく早急に決定されたもの[42]」という印象を語っている。

　要綱は「同和問題」に関して、「直接には差別観にまつわる人権問題」であるが、「同和地区の経済的な低位性と、住宅その他生活環境の劣悪性とが悪循環をなして、かような差別観を醸成する原因となっている」との基本認識に立ち、この悪循環を断ち切るためには、「経済的地位の向上」と「生活環境の改善」を図ることに重点をおき、都市部密集地帯と零細農林漁民集落に特に強力に実施するとしている。「対策」は「経済確立対策」「環境改善対策」「教育事業の推進」の三つの柱から成り、教育事業を除けばそのほとんどが物的対策事業である。ただ、ここに掲げる事業にとどまらず、各省は同和対策に寄与すると思われるものは「予算配分に格段の工夫を巡らすこと」、また、「住宅政策については、同和地域の実状に即した制度上の改善を速かに講ずること」などを、「措置」の項で付記している。

そのうえで、この要綱を実施するについては、まず「十か年計画を樹て」ること、そしてその「十か年計画の実施に当つては、地域住民の自覚と積極的な協力を基とした受入態勢を促進すると共に、総花的な行き方を排し、さし当たり全国を数ブロックに分け、各ブロックにモデル地区を選定し、ここに各省の施策を実状に即して、総合集中し、有効適切な成果をあげる」とした。いわゆる「モデル地区事業」という手法を取り入れたことが、この要綱の特徴である。[43]

　モデル地区事業は山本によれば、「端的にいえば、モデル地区計画は堀木委員長のアイデアが多分に反映しており、ひと口にいえば"堀木構想"」[44]であり、その構想の主眼点は、モデル地区を年々拡大し、「その連鎖反応によって、その他の地区に大きな刺激を与え、ひいては地区全体が改善される態勢に導き、抜本的な解決をはかる」という点にあるとする。全国に4000とも6000とも言われる部落のうち、1年にわずか十数カ所でモデル地区事業を行ったところでどれほどの効果があるかは疑問であるが、ともかく「この政策には、堀木さんはすごい執念を燃やしておったね」[45]と述べている。

　特別委員会は、その後休む間もなく1959年6月から、要綱に基づいて「十ヵ年計画」の立案、1960年度の同和事業予算試案の編成、モデル地区の選定などの作業にとりかかる。モデル地区の選定は、特別委員会の委員が8月に近畿、中国、四国、関東の4班（なぜか九州は除かれている）に分かれ実地調査を行い、9月中旬には一応の成案をまとめ、最終的に全国16カ所（関東1、北陸1、近畿6、中国3、四国4、九州1）を候補地として選定した。選定された地区は「どちらかといえば、人口密度の高いスラム街を形成している大都市や、中・小都市などの地区が多く、農村地帯の地区はそれとくらべて少なくなっている」[46]という。

　また特別委員会は、要綱の「具体案」として、①当面の施策は、住宅その他の生活環境改善と社会福祉施設を重視する、②事業予算規模は1カ年約30億円、10年で約300億円程度とする、③モデル地区とそれ以外の地区の予算規模はだいたい同額とする、④モデル地区では、単年度内に施策を完成させる、そのために各省の施策を総合調整して集中的効果をもたらす、⑤地方自治体の負担を軽減するため、補助率引き上げなどの税制的措置を講ずる、

などの考え方をまとめた[47]。また、1960年度の事業計画の試案では、地方自治体の負担分も含め事業総額は24億円、国の負担額はそのうち17億円となっている[48]。

　こうした特別委員会の作業は翌60年1月頃まで続き、これらの一定の結論をふまえ、あとは政府の決定に委ねられた。1960年の同和予算は約4億と、前年に比較すると8倍近い伸びとなったものの、その大半は建設省がこの年から住宅地区改良事業予算を計上したことによる。また、要綱の「具体案」として挙げた年間30億円には遠く及ばない。

　ところで、以上のような要綱に基づき特別委員会が企画立案した同和対策に対して、山本の評価は、総論としては「画期的」であるとか「"黄金の60年"といわれる35年度に一線を画し、新しい時点からスタートする態勢が整った」と、一応持ち上げるものの、各論になるときわめて手厳しい。まず要綱に基づく新しい同和対策は、社会福祉施設と住宅その他の生活環境改善施設の比重が重く、その半面、経済安定政策や教育文化に対する比重が軽くなっているとしたうえで、①「職業訓練、就職斡旋や工場誘致などによって完全雇用の道を開き、いわゆる部落産業をはじめそのほかの零細企業の合理化、近代化をはかり、立ちふさがれた金融の窓を開くような一連の経済確立対策」の実施こそが重要であるにもかかわらず、要綱の「経済確立対策」は社会保障と経済安定とが混同され、この経済安定対策を欠いている。②また、教育については、1960年度の同和予算のうち、学校教育、社会教育を合わせてもわずか723万円であり、あまりに貧弱であると批判する。もともとこの問題の本質は差別であるにもかかわらず、「新しい同和対策は、この点をぜんぜん取り上げていない」「社会一般の差別観念を打破するための啓蒙教育活動」という大事な柱が欠けている。また、地域の子どもの教育力を高めるためには、戦前の育英奨励事業などを再検討すべきである。③要綱には「十ヵ年計画の実施に当っては、地域住民の自覚と積極的な協力を基とした受入態勢を促進する」としながら、1960年度予算ではこの点に対してなんら考慮も払われておらず、「こうした基礎工事を抜きにして同和地区の社会的・経済的地位の改善をはかる施策を推進することはほとんど不可能である」と、この要綱に対する根本的な疑問を投げかけている[49]。こうした疑問や

批判は、逆に山本が同和対策の中で何を重視しようとしたかを知ることができる。その意味で、部落民自身の内部自覚や部落経済の安定と向上こそが部落解放にとって重要であると戦前より訴えてきた山本の思想がここでも読みとれる。

　ただ、山本はこの時点では、「新しい同和対策を推進し、その受入態勢を強化するために早急に解決を要する重要な課題は、全同対や解放同盟など、直接この問題と取り組んでいる団体の勢力を結集してその推進力を強化すること[50]」とし、これまでのいきさつや考え方の違いを乗り越え、関係団体が協力することを訴えている。ところが、それとは逆の動きが自民党のなかで進み始めていた。のちに山本の「同志」になるはずの柳井政雄によれば、1960年1月に開催された全同対運営委員会で、「保守的な運動団体（のちの全日本同和会）の結成のきざしがあることも確認[51]」され、この会に自民党政務調査会や厚生省社会局次長らとともに山本も来賓の一人として参加している。すなわち、部落解放同盟に対抗し自民党の影響のもとにあり、かつ今後推進されるであろう同和事業の受け皿になりえる運動団体を作り上げることである。山本も結局、この流れに巻き込まれる。

3　同和対策審議会の設置と同対審答申

審議会の設置

　これまで見てきたように問題を孕みながら、政府・自民党は要綱を基本方針として同和対策を推し進めようとしていた。しかし、こうした政府・自民党主導による同和対策に危機感を持つ勢力もあった。一つは部落解放同盟である。第14回全国大会（1959年12月8〜9日）で、要綱に基づく十カ年計画やモデル地区事業を「積極的に部落問題にとりくむかのごとく装いながら、その実は（中略）昔の融和政策と同じ行政外行政のやり方であり、部落と部落の対立、部落と一般国民の対立を生む国民分裂の意図をもつものである。したがって、それは部落問題を本質的に解決する立場からの積極的な施策であるとはいえない。戦前の融和事業の延長にすぎない[52]」と批判し、第13回大会（1958年9月24〜25日）と同じく、「国策樹立促進要請に関する決議」

の第 1 に、「内閣に部落対策審議会を設け、部落問題完全解決のための各種の調査・研究・企画立案並に審議・答申勧告等の外に行政査察指導を行わしめること[53]」を挙げた。

　もう一つは、政党として最も早く党としての部落問題に関する政策要綱を示した社会党である。1959 年 4 月に「部落問題審議会設置法案[54]」を発表する。この法案はその後の同和対策審議会設置法と内容において多くが重なっているが、審議会の委員に学識経験者のほか衆議院議員 8 人、参議院議員 5 人を含める、としていることが大きく異なっている。社会党としてはここが譲れない一線であった。11 月 30 日、社会党は第 33 臨時国会にこの法案を提出、衆議院内閣委員会に付託継続審査となり、翌 1960 年第 34 通常国会に引き継がれた。一方、国会においては、1958 年 12 月の第 31 臨時国会衆議院社会労働委員会で八木が岸に対して審議機関の設置を再度要求したが、岸は「実は私、この前八木委員にお答えをいたしてすぐそういう委員会を作りたいと思いまして閣議に諮ったのです。ところがこれについては関係閣僚の間におきまして、すぐそれを作ることについてはいろいろ検討すべき点がある」「今直ちにお話のような調査審議会を作ることがいいかどうかにつきましては、一応閣僚懇談会ともよく諮りまして、よく検討してみたいと思います[55]」と消極的な態度と変わった。1960 年 2 月の第 34 通常国会衆議院社会労働委員会で、今度は渡辺厚生大臣に審議会の件を質したところ、渡辺は「この前、昨年の暮れの臨時国会のときにおきまして、たしか予算委員会で岸さんは、現在の機能を発揮させておればこれで十分推進できるのではなかろうかといったような答弁をしたように思います[56]」と答弁している。

　これまで国策樹立、審議会の設置に最も前向きであった全同対も、1959 年に同和対策要綱が作られると、自民党と歩調を合わせるように、もっぱらその完全実施に要求の重点が置かれ、審議会の設置については要求の対象から外される[57]。自民党同和対策特別委員会にしても、この時期、審議会に向けた動きは見られない。

　ところが一転、1960 年 3 月、「この提案（社会党の部落問題審議会設置法案——筆者注）の影響を受けて自民党は秋田大助氏名で「同和」対策審議会設置法案を提案してきましたのでこの両法案につき自社両党の話し合いが、私

（八木——筆者注）と田中（織之進——筆者注）書記長と秋田氏との間で行なわれ、内容はそれぞれ譲り合い、名は「同和」を用いることにし民社も加えて共同提案とし5月17日、内閣委で可決[58]」される。山本によれば、このときに問題になったのは、社会党案にあった国会議員を審議会委員に含めるという条項であったという。松本治一郎が審議会の委員に入るのを自民党が嫌い、そのため秋田に頼まれた山本が解放同盟の野本武一にその意向を伝えたという[59]。

　いずれにしても、なぜ急転直下、審議会設置に自民党が傾いたのかは明らかではないが、推測では、この頃の政局と無関係ではないと思われる。岸政権はその誕生から労働組合や日教組などに対決姿勢で臨んだために、勤務評定反対闘争や三井三池闘争が激しく闘われ、警職法改定や安保改定を強行しようとする政府の姿勢は市民の反発も招いた。とくに1960年に入って、60年度予算案や安保改定をめぐって社会党が国会での対決姿勢を明確にし、国会外でも安保改定阻止行動や三井三池闘争が日増しに激化、部落解放運動はそれらの闘いに積極的に加わり、その存在感を示していた。このような時期に、もし「社会党案を葬り去るようなことがあれば、部落の反政府・反自民党の気運をいっそう掻き立て、火に油を注ぐようになることを自民党がおそれ[60]」たことが大きな理由ではないだろうか。

　結局、安保条約の強行採決や岸の退陣などで遅れたが、8月13日に同和対策審議会設置法が成立する。

同対審答申と山本

　同和対策審議会設置法ができて1年3カ月後の1961年12月にようやく委員が任命され、審議会がスタートする[61]。このとき委員には解放同盟からは北原が、そして全日本同和会（以下、同和会と略す）からは柳井が選ばれている。この頃、山本は執筆に多忙であった。62年に『同和対策研究・第1集　部落解放運動批判—「新綱領」を中心として—』（同和対策研究会議、1962年2月）、翌63年に『同和対策研究・第2集　同和教育の基本問題—部落問題とはどういう問題か』（同和問題研究所、1963年7月、以下、『基本問題』と略す）を続けて出版している。解放同盟や解放同盟と歩調を共にする全国同和教育研

究協議会（以下、全同教と略す）への批判書である。『基本問題』は、当時の山本がもっとも関心を持っていた同和教育をどのように考えていたのか、さらには部落差別をどのように認識していたか、戦後の山本の部落問題理解の核心を知るうえでとても興味深い著作であるが、その検証についてはあとで試みる。

　数年前までは解放同盟や全同対などの関係団体の結集を願っていた山本も、60年5月に解放同盟の対抗勢力として同和会が結成され、その常務理事（かつ事務局長）に就いた以上は、その批判を強めていくことになる。同和会で自分たちの立場や思想を出版を通じて展開できるのは山本ぐらいだろうから、周囲からもその役割を期待されていたと思う。

　1962年5月、審議会に調査部会が設置されるに伴い、山本を含め7人の専門委員が加わる。山本は調査部会のほか、その後設置される環境改善部会、産業・職業部会の専門委員にもなる。この頃には山本は同和会事務局長を辞し、同和会の運動の第一線から退いており、また、山本にすれば疑問の多かった自民党の同和対策が言わば仕切り直しになったのであるから、この審議会にかける思いは強かったのではないか。しかし同時に、63年頃より山本は視力を失いはじめ、「答申が決定された40年8月頃には全く失明して[62]」いた。こうした身体的なハンディを抱えながらも山本は審議会総会はもとより各部会にまで積極的に出席し、発言をしている[63]。

　1964年後半になると、審議会では答申をまとめるための前提として部会報告を作成することになり、各部会にはそのための小委員会が作られる。山本は自分が専門委員として属していた環境改善部会と産業・職業部会の小委員会（環境小委員長＝柳井、産業・職業小委員長＝北原）の委員に選ばれ、さらに教育部会では報告書の作成を山本一人に委嘱しているから「同和対策審議会教育部会報告」は山本の考えが強く出ていると思われる。山本ものちに「同対審答申の中の教育に関する要項をまとめる機会に恵まれた[64]」と述べている。そのきっかけになったのが1963年に執筆した『基本問題』であった。その「はしがき」で自分は「教育学者でもなければ、いわゆる同和教育の専門家でもない。この本を書くについては、かなり苦心もし苦労もした。がしかし、書かずにはいられなかった」と言っているが、山本をそのような思い

にさせたのは、この時期の政治的社会的背景がある。

　1950年代後半頃から自民党による教育の右傾化が始まる。1954年に義務教育諸学校における政治的中立の確保に関する臨時措置法と、教職員のデモや集会への参加を禁止した教育公務員特例法の一部改正、いわゆる教育2法を制定、1956年には地方教育行政の組織及び運営に関する法律を強行採決、その結果、教育委員会委員を公選制から任命制に改めるとともに、教科用図書検定調査審議会を改組し検定制度を強化する。このようななかで同年11月に愛媛県教育委員会が校長による教員の勤務評定の実施を決定、翌1957年9月には文部省が勤務評定の趣旨の徹底を教育委員会に通達、ここに及び同年12月に日教組も臨時大会を開き、「非常事態宣言」[65]を発表、勤評反対闘争の強化を決定した。

　この闘いで重要な役割を果たしたのが部落の子どもたちや父母であり、とくに和歌山、京都、高知では子どもたち自身による同盟休校を展開する。山本が広島から東京に戻ることになったのは、さきに述べたように当時文部大臣であった灘尾の誘いであったが、その最初の仕事は「この闘争が最も激しく闘われた和歌山県の情況を視察」[66]することであった。1958年10月に自民党が党内に同和問題懇談会を設置した背景の一つはこの勤務評定反対闘争であったと山本は語っている[67]。それぐらい自民党にとっても衝撃的であったのだろう。

　視察を終えた山本は、「文献や資料に眼を通し、地方の実情を調べ、各方面の関係者の意見を聞くことに努め」[68]、その結果、書き上げたのが『基本問題』であり、それが縁で「答申」の同和教育の執筆を担当することになる。

山本の部落問題認識と同和教育

　『基本問題』の主題は、全同教がすすめる同和教育と、その全同教に強い影響力を与える解放同盟への批判であるが、その批判を通して、山本が同和教育や部落問題をどのように理解したかを知ることができるので、ここで少し詳しく見ていきたい。

　まず山本は、1957年12月に行われた部落解放同盟第12回全国大会の「部落解放闘争方針」（以下、「方針」と略す）を取り上げ、そのなかの「差別と

は何か、それはなぜあるか」[68]に批判が向けられた。そこで展開されている内容をまず見ていく。

「方針」は最初に「部落差別はもう政治や経済のしくみに根をもたない、古い考えの残りかすだけになった、と考えたら大まちがいである」と前置きし、部落差別を単なる封建遺制とする考えを否定したうえで、戦後の社会の中に部落差別を支える三つの仕組みを示した。第1に地主制である。「農地改革は、人にやとわれていた農民や、3反以下の小作人は、はじめから相手にしなかった」「この改革は、地主に、1町以内の小作地を、もつことをみとめたが、2、3反しかつくっていない部落農家にとっては、3畝か5畝の田1枚の小作でも、一家の生き死にかかわるのだから、部落貧農は地主にたいするれいぞくから、のがれることはできない。つまりこの農地改革は、部落農民の大部分の生活を、もとのままのものとして残しているのである」。第2に、独占資本である。「いまの日本を支配している大銀行や大会社など、独占資本にとって、経済上にも政治上にも、まことにつごうがよいので、かれらは部落差別をなくしようとはせず、これを残しつよめる」「臨時工、社外工の制度をもうけ、職場の身分制度ともいうべき、きわめて封建的な職階制をつくり、労働者たちを分裂させ、賃金・たいぐうを悪くするのに、部落を利用している」「支配者たちは、政治的にも人民が団結して彼らの支配に立ちむかうのを防ぐため、なるべく人民を分裂させる。その一方法として、部落差別をあおる」。第3に天皇制である。「独占資本は、このような支配と搾取をつづけるために、天皇制をつくりかえ、じぶんの道具として残した。天皇の位置と性格は、前とはちがったが、それでもなお天皇は、とくべつに「尊い」人として、政治上、社会上の特権をもっている。そして、あいもかわらず、人間に尊い、いやしいとの差別をつける道具にもなっている」。その結果、「本質的には、昔とかわらない、封建的な搾取と差別がいまもなおある」と結論づけた。

これをまとめると次のようになる。「明治維新の変革によって封建的身分制度は廃止されたが、部落民は悲惨な生活と最低の社会的地位から解放されなかった。それは維新後の資本主義発展の過程において支配階級が人民を搾取し支配するために封建的遺制を温存し利用したからである」「アメリカ帝

国主義に従属する日本の独占資本は、日本の民主化をくいとめる反動的意図のもとに部落に対する差別を利用している。それゆえに現在では独占資本とその政治的代弁者こそ部落を差別し圧迫する元兇である」。1960年に決定された部落解放同盟の綱領である。

これに対して山本は次のように批判する。第1の地主制について。地主に対する部落農民の「隷属のきずなは、まったく弱められており、その反面、地主そのものの性格も変わってきた。小作地をふくめて、2町程度の土地所有者は、農業基本法でいう近代化の条件が3町歩以上の農地を必要とするといわれている点からいえば単なる小農か兼業農家にすぎない。したがって、小作人を隷属させるような優越的な立場におかれているものではない。のみならず、旧地主が転落してしまったことは、現に、その救済策がやかましく叫ばれていることによっても明らかであろう」と。

第2の独占資本について。「一例をあげると、多くの工員を監禁同様な状態に置き、低賃金を押し付けて、不当な利潤を追及していたことで有名な、昭和29年の滋賀県彦根市の近江絹糸の労働争議を見ると、そこに雇われていた3万人にものぼる多くの女工は、東北・山陰・四国・南九州などの貧農の娘であって、地元に大きな部落があっても、そこからは一人の工員も採用しなかった。つまり、部落の労働者は、低賃金や低生活の支えにもなっていないのが通例である。その意味では、部落は低賃金・低生活の温床でもなければ、産業予備軍のプールでもない。その封建制のために、独占資本に利用されているなどというのは、いわゆる左翼的な観念論」だと反論した。

第3の天皇制について。「天皇制のあり方を見ると、天皇は「人間宣言」によって、みずから"神の座"を去った。国と国民の象徴であることは、新憲法にも規定されているが、政治の支配者ではない。……"尊い身分"といっても「不敬罪」は認められていない。そして皇太子も平民の娘さんと結婚されるようになった。したがって天皇や皇室に対する国民の見方、考え方も大きく変わってきた。観念としては封建的なものが残っているように見えるが、実際問題としてはそれほど"尊い身分"ではなくなったのではないか」と。ただ、「現実の問題として、天皇が、封建以前からの身分を受けつぎ「尊い人」とされていることは、部落問題の立場から批判されることは当然であろ

う」と、山本自身は戦後の天皇制のあり方を支持しているわけではなかった。

　以上から、「戦後の民主化によって、地主制は崩れ去り、資本制は近代化し、天皇制は名のみとなった。そして、いまや家族制度も動揺している。……戦前はともかく、戦前の封建制は遺制ではなくて「古い考えのただの残りかす」であり、部落差別とは基本的にその本質を異にするものである」と結論づけた。

　山本の「方針」に対する批判には事実誤認や言い過ぎの部分はあるにしても、今日からすれば、おおよその点で的を射たものと考える。とくに独占資本が自らの利潤追求と分断政策のために部落民を利用しているというロジックは、少なくともこの時代においては山本の言うようにイデオロギーが先行する物語＝フィクションと言わざるを得ない。

　次に全同教に対する山本の批判を見ていく。全同教は解放同盟第 12 回大会の「方針」と日教組の「非常事態宣言」を受けて、1958 年 5 月に第 6 回総会を開き、「同和教育指針[69]」（以下、「指針」と略す）を発表。要約すると、「ありきたりの民主主義教育だけでは、真実をつらぬく生きた民主主義教育が当面している課題の焦点を、的確につかむことは容易ではない」とし、「その課題というのは日本社会のしくみのなかに根深く取り入れられている封建遺制の問題である」、そして「差別についての徹底した理解と、差別を生み出す社会のしくみについての具体的な批判力を持ち、解放をねがう意識を高め、知性に裏づけられた行動力を身につけた人間を育成することが、同和教育の使命なのである」「同和教育とは、日本社会のしくみのなかに根強く残された封建遺制を解決し、国民のすべてが自由で豊かな生活を営むことができる社会を築くために行われる教育である」と規定する。しかし、「差別を生み出す社会のしくみ」が何かについて指針は明らかにしていない。取りようによっては、解放同盟第 12 回全国大会が示した地主制、独占資本、天皇制と読み取れることもできる。事実、翌 1959 年の全同教第 11 回大会では、高知県の教師からの「独占資本と対決する同和教育」という提起をめぐって大会は紛糾し、議論は翌年にも持ち越され、結局、全同教は事態を収拾するために、「同和教育は、部落差別をなくすという共通の場にたって、最底辺の子どもと親の教育要求を、国民の権利として実現する教育運動（教育諸条件を

高める面と、教育内容を創造するという二つの面がある）であり、その運動は国民の権利を守る広範な運動と結びつかなければならない」（1961年2月）という「統一的理解」をまとめた[70]。

　山本は、全同教が1958年に決定した「指針」は、「戦後の同和行政の成果を総括し理論づけ体系化したものであるが、……その方法論や教師論のように部分的には優れたものを持っており評価に価するものであるが、しかし全体としては、「日本社会のしくみのなかに根強く残されている封建遺制」などというようなイデオロギーをからませた教育として打ち出しているところに、致命的な誤りがある」と結論づけている。ここでいう「封建遺制」または「封建的遺制」という言葉は、戦前の全国水平社から用いられ、部落民を「身分」ととらえるか「階級」ととらえるかという議論やアナ・ボル論争を経て、全国水平社第9回大会の「宣言」で部落の本質を規定する用語として確定された[71]。すなわち「日本の資本主義は、成立の初期に於てより封建的絶対専制勢力と野合してその支配権を確立したのであった。吾々に対する「賤視観念」の物質的基礎は、こうした封建的残滓としての遺制の中にこそある」[72]、こうした封建的遺制が厳存する以上、賤視観念の撤廃もあり得ないと訴え、この考え方が戦後の解放同盟や全同教に受けつがれていると山本は批判したのである。

　たしかに「指針」には「日本社会のしくみのなかに根深く取り入れられている封建遺制」という表現が何度か用いられているので、部落差別の本質についての理解が解放同盟と共通だと言われても仕方がない。もしそうだとすれば、解放同盟に対する批判と同様に、戦後の民主化がもたらした変化を正しく認識していないということになる。山本にとって同和教育とは、「ヒューマニズムと合理主義をふまえ、基本的人権を身につけた人間を育成する教育である。そしてそれを支えているものは、『うまれ』によって差別されないという新憲法の規定であり、個人の尊厳を高く評価した教育基本法と児童憲章である」が、これに対して全同教がすすめる同和教育は解放同盟の主張に引きずられた「左翼的なイデオロギーにからませて、階級的立場を主張する」誤った偏向教育だと結論づけた。

部落差別の核心を山本は「古い時代からのタブー」だと考えた。そのタブー は「古神道にからむ “死のけがれ” の慣習や、仏教の戒律に端を発する “肉 食のけがれ” の思想」に源流があり、その思想は江戸時代において身分制度 の中で固定化され、長い歴史を通じて人びとを縛った。身分制度の「うま れ」によって人を差別するという考え方やタブーは、近代になって封建制が 廃止されても、なお社会や地域や家庭のいたるところに残され、根強い社会 的慣習として続いた。これが今日の部落差別だと考えた。ただ、「古い考え の残りかす」だとしても、「封建性が無くなれば、部落差別も無くなるとい うような錯覚に陥ってはならない。課題はあくまでも、その焦点をとらえて、 科学的に合理的に解決すること」が大事だ、それを担うのが同和教育である、 と山本は主張するのである。

　彼の主張は、今日の時点からは基本的に正しいと言うべきであろう。た だ、山本の言う「根強く残る社会的慣習」の問題をたんに個人の遅れた意識 だと考えたり、「遺習」として現代の社会と切り離して考えるのは正しくない。 古くて不合理な意識や習慣も、それに従うほうを都合がいいと思う多くの人 たちにとっては存在意義がある。そうした多数派の意識が社会観念として人 を縛り、社会の仕組みのなかに巧妙に組み込まれていく。戦後の部落地名総 鑑事件や統一応募書類の問題はそのことを見事に暴いて見せた。部落の子ど もたちが低学力であるのは、能力主義や競争主義が優先される現代の教育制 度の中で、貧困家庭の子どもが切り捨てられる今日の教育の構造にも原因が ある。たんに一企業家や一教師の遅れた意識だけの問題ではない。その意味 では、「指針」に「封建的なしくみが現代社会のなかにまで取り入れられる ことによって、苦しめられ、縛りつけられているのは、決して部落のことだ けではない」「差別についての徹底した理解と、差別を生み出す社会のしく みについての具体的な批判力を持ち、解放をねがう意識を高め、知性に裏づ けられた行動力を身につけた人間を育成することが、同和教育である」とい うかぎりにおいては、その指摘に私は共感を覚える。

おわりに

　最後にもう一度、答申と山本の関係を見ていく。さきにもふれたように、山本にとって同和教育とは、「ヒューマニズムと合理主義をふまえ、基本的人権を身につけた人間を育成する教育である。そしてそれを支えているものは、『うまれ』によって差別されないという新憲法の規定であり、個人の尊厳を高く評価した教育基本法と児童憲章である」という主張は、何度も言うようだが今日から見れば、極めてまっとうと言える。答申の中の教育問題に対する基本方針に、「同和教育の中心的課題は法のもとの平等の原則に基づき、社会の中に根づよく残っている不合理な部落差別をなくし、人権尊重の精神を貫ぬくことである。この教育では、教育を受ける権利（憲法第 26 条）および、教育の機会均等（教育基本法第 3 条）に照らして、同和地区の教育を高める施策を強力に推進するとともに個人の尊厳を重んじ、合理的精神を尊重する教育活動が積極的に、全国的に展開されねばならない」とあるが、これはまさに山本の同和教育に対する考え方をそのまま表現したものと見ることができる。

　ただ、答申には、「なお、同和教育を進めるに当っては、「教育の中立性」が守られるべきことはいうまでもない。同和教育と政治運動や社会活動の関係を明確に区別し、それらの運動そのものも教育であるといったような考え方はさけられなければならない」という文言が加えられている。全同教の同和教育を政治的イデオロギーにもとづく偏向教育だと断定する山本の主張に沿うものであろう。『基本問題』にも同様の主張は見られる。もちろん、特定の政治的・宗教的イデオロギーによる公教育は避けるべきではあるが、本来、教育の中立は戦前の教育への国家統制に対する反省が第一義である。それにもかかわらず、さきにも述べたようにこの時期の政府・自民党の教育行政に対する過度な介入に対しては、山本はただ沈黙するだけである。それが、彼の思想によるものなのか、彼の置かれた政治的立場からくるものなのかはわからない。

さて、同和対策審議会が答申を出すことによってその役目を終了すると、答申が結語で示した次の課題を検討するための機関として同和対策協議会が設置される。1966年に堀木鎌三を会長とする10人の委員と4人の専門委員が任命されたものの、山本は外された。後日、北原との対談の中で山本は、「堀木氏が「山本くん、おかしいことがあるんだよ」と言う。「君のことについて同和会は何も言わんのだがね、解放同盟からね、なぜ山本を委員に出さんのか、と言うてくるんだよ」と言いよった。（笑）」、北原が「はじめ柳井はあんたをはずすつもりだったの？」と尋ねると、山本は「はずすつもりよ、柳井の考え方は」と。両者に深刻な確執があったと思われる。それでも山本の力が必要だったのだろう、1年後の1967年には専門委員に任命され、同対協の特別措置法案をまとめることに尽力した。詳しくは第7章を見ていただきたい。

　1969年に同対法が制定されたあとも同和対策協議会は継続する。協議会に示された新たな役割は、「同和対策特別措置法及び同和対策長期計画により示された同和対策の方向に沿って、具体的な施策が十分に行われるとともに、その円滑かつ総合的な実施が確保されるための諸方策」を検討することであった。協議会は1970年3月末をもって期限が切れることになっていたので、政府は、同年の第63回国会で総理府設置法の一部改正を行い、同対協を存続させるとともに、それまで委員であった者に引き続き1972年3月末まで委員を委嘱することにした。また1970年12月に出された「同和地区精密調査報告書」の調査員の中に彼の名前（肩書は元全日本同和会常任理事）を確認することができるから、本調査にも参加しているのであろう。

　したがって、1972年3月までは同対協委員の職責を果たしていたと思われる。高齢であったことや視力の問題もあったであろうから、この時期には思うような働きをすることはもはや難しかったと思われるが、それでも体力の続く限りは同対協の委員として部落問題に情熱を傾けていたのではないか。

注
（1）山本政夫『我が部落の歩み』和光クラブ、1978年、192頁～。

（2）日本社会事業協会社会事業研究所『日本社会事業年鑑』昭和22年版。

（3）部落問題研究所編・発行『戦後部落問題の研究　第3巻　資料戦後同和行政史』
　　　1979年、巻末「資料」67〜69頁。

（4）前掲注（3）『戦後部落問題の研究』47頁。

（5）部落問題研究所編・発行『戦後部落問題の研究　第1巻　戦後部落問題年表』
　　　1978年。

（6）前掲注（3）『戦後部落問題の研究』47頁。

（7）全同対「同和問題解決の国策樹立についての陳情」1952年6月、前掲注（3）『戦
　　　後部落問題の研究』52頁に収載。

（8）前掲注（3）『戦後部落問題の研究』66〜67頁。

（9）同和事業事務研究会編・発行『同和行政の手引き』（厚生省社会局生活課内）、
　　　1961年12月20日、巻末年表307頁。

（10）全同対第4回全国大会における「請願書」（1953年7月31日）、前掲注（3）『戦
　　　後部落問題の研究』65頁に収載。

（11）全同対「同和問題解決の国策樹立要請書」（1957年12月）、前掲注（3）『戦後
　　　部落問題の研究』78頁に収載。

（12）全同対「同和問題解決の国策樹立に関する要望書」（1955年2月3日）、前掲
　　　注（3）『戦後部落問題の研究』76頁に収載。

（13）部落解放研究所編『部落解放運動基礎資料集Ⅰ　全国大会運動方針　第1回
　　　〜第20回』部落解放同盟、1980年、第8回全国大会「一般活動方針」（1953年）、
　　　114〜115頁。

（14）『解放新聞』第59号、1953年8月15日付。『部落』第46号、1953年9月、参照。

（15）朝治武『アジア・太平洋戦争と全国水平社』解放出版社、2008年、447頁。

（16）『解放新聞』第103号、1957年9月15日付。前掲注（3）『戦後部落問題の研究』
　　　115頁〜。

（17）前掲注（3）『戦後部落問題の研究』119頁。このなかでは「「行政闘争」がもっ
　　　とも強力にたたかわれねばならないのは、もちろんであるが、それとともに議
　　　会主義的に傾くことを克服することが必要である」として、社会党などの国策
　　　樹立運動とは一線を画している。

（18）「動き出した国会における部落問題」『部落』第95号、1957年12月。

(19) 八木一男『部落解放運動とともに』部落解放同盟中央出版局、1969 年、18 頁。「手帖」『部落』第 95 号、1957 年 12 月。

(20) 前掲注(13)『部落解放運動基礎資料集Ⅰ』243 頁。

(21) 前掲注(13)『部落解放運動基礎資料集Ⅰ』261 頁。

(22) 「中央斗争にのり出した部落解放運動」『部落』第 98 号、1958 年 3 月。

(23) 『解放新聞』第 110 号、1958 年 4 月 15 日付。前掲注(19)『部落解放運動とともに』82 頁。

(24) 原彬久『岸信介』岩波新書、1995 年、中村隆英『岸信介政権と高度成長』東洋経済新報社、2003 年、「特集 岸信介—戦後国家主義の原点」『現代思想』青土社、第 35 巻第 1 号、2007 年 1 月など。

(25) 前掲注(1)『我が部落の歩み』193 頁。

(26) 『灘尾弘吉先生と語る 草柳大蔵』全国社会福祉協議会、1992 年、「年譜」より、277 頁〜。

(27) 「北原泰作—山本政夫 対談 当事者が語る 同和立法のうらおもて」『部落』第 382 号、1979 年 8 月、8 〜 9 頁。

(28) 前掲注(1)『我が部落の歩み』193 頁。

(29) 前掲注(1)『我が部落の歩み』193 頁。

(30) 前掲注(27)「対談」14 頁。

(31) 前掲注(1)『我が部落の歩み』241 〜 242 頁。なお、山本は、「衆議院の予算委員会」としているが、当該社会党議員の発言は文教委員会でのものである。

(32) 山本政夫「同和対策の前進のために」『社会事業』第 42 巻第 9 号、全国社会福祉協議会、1959 年 9 月 20 日。大阪人権博物館編『山本政夫著作集』解放出版社、2008 年所収。

(33) 自由民主党同和問題議員懇談会『部落解放運動の最近の動向』(大阪府東京事務所内)、1958 年 12 月 10 日初版、1959 年 6 月 10 日第 2 版。「部落解放運動の最近の動向 自由民主党同和問題議員懇談会」『部落』第 110 号、1959 年 3 月。

(34) 奥付はない。「はしがき」の日時・署名は 1960 年 2 月、堀木鎌三となっている。

(35) 山本政夫『新しい同和対策の展望—解説とその批判—』同和対策研究会議(社会事業会館)、1960 年 3 月 25 日。

(36) 滝川政次郎の講演は、1959 年 1 月、自由民主党同和問題議員懇談会と全日本

同和対策協議会の合同で実施開催され、部落の起源に関して中国「帰化人」説を展開し、解放同盟から抗議を受ける。

(37) 前掲注（35）『新しい同和対策の展望』5頁。

(38) 秋田大助（1906〜1988）。徳島県三好郡足代村（現東みよし町）出身。戦前に衆議院議長を務めた秋田清の長男。戦後、1946年衆議院議員選挙に当選。岸派─川島派─福田派に属する。自治大臣、法務大臣、衆議院副議長を歴任。部落問題との関わりに関して、山本は秋田の次のような言葉を書き記している。「戦後はじめて徳島県から立候補したとき、郷里の川向こうの同和地区の人が訪ねてきて、「当選のあかつきは、この問題のために努力してほしい」という意味の話をされたことがある。いつも気に掛りながら、ついのびのびになっていた。いま機会をえてお世話ができるようになり、その当時を思い出してようやく肩の重荷がおりたような気持ちでホットしている」前掲注（35）『新しい同和対策の展望』11頁。

(39) 堀木鎌三（1893〜1974）。三重県松阪市中万出身。終戦時、運輸通信省鉄道総務総局長官。1950年参議院議員選挙第1次岸内閣時の厚生大臣。戦前の著作に『総力戦と輸送』（交通研究所、1944年）。戦後に『"らくじゃねぇよ"』（鉄道弘済会、1979年）。このなかに「部落問題についての一考察」を記している。1957年11月13日の衆議院社会労働委員会で八木一男の質問に対する答弁のなかで「実は私の生まれたところは全国的にも非常に問題の熾烈な方でございます。従いまして私どもも子供のときからその問題については相当考えさせるような問題がたくさんございました」と自分と部落問題との出合いを紹介している。

(40) 「手帖」『部落』第111号、1959年4月。前掲注（9）『同和行政の手引き』巻末年表では3月7日。前掲注（35）『新しい同和対策の展望』8頁は2月と記述。

(41) 前掲注（27）「対談」15頁。

(42) 前掲注（35）『新しい同和対策の展望』55頁。

(43) 前掲注（3）『戦後部落問題の研究』108〜109頁。

(44) 前掲注（35）『新しい同和対策の展望』37頁。

(45) 前掲注（27）「対談」17頁。

(46) 前掲注（35）『新しい同和対策の展望』21頁。

(47) 前掲注（35）『新しい同和対策の展望』19頁。

（48）前掲注（35）『新しい同和対策の展望』22 頁。

（49）前掲注（35）『新しい同和対策の展望』46 頁～。

（50）前掲注（35）『新しい同和対策の展望』22 頁。

（51）同和会山口県連合会編『同和運動の歩み』山口県同和会会長柳井政雄発行、
　　　1992 年、196 頁。

（52）前掲注（13）『部落解放運動基礎資料集 I 』334 頁。

（53）前掲注（13）『部落解放運動基礎資料集 I 』335 頁。

（54）前掲注（3）『戦後部落問題の研究』122 ～ 124 頁。「社会党提案の部落問題審議
　　　会設置法」『解放新聞』第 130 号、1959 年 4 月 5 日付。

（55）前掲注（19）『部落解放運動とともに』103 頁～。

（56）前掲注（19）『部落解放運動とともに』122 頁～。

（57）前掲注（3）『戦後部落問題の研究』79 頁～。

（58）前掲注（19）『部落解放運動とともに』21 頁。

（59）前掲注（27）「対談」17 ～ 18 頁。

（60）師岡佑行『戦後部落解放論争史　第 3 巻』柘植書房、1982 年、302 頁。

（61）小島伸豊「戦後同和行政の検証（下）―「同和対策特別措置法」の成立まで」『大
　　　阪人権博物館紀要』第 11 号、2008 年、参照。

（62）前掲注（1）『我が部落の歩み』203、207 頁。

（63）前掲注（32）『山本政夫著作集』642 頁～、参照。

（64）前掲注（1）『我が部落の歩み』207 頁。

（65）部落解放研究所編『改訂　戦後同和教育の歴史』解放出版社、1988 年、50 頁。

（66）前掲注（1）『我が部落の歩み』193 頁。

（67）前掲注（27）「対談」15 頁。

（68）前掲注（13）『部落解放運動基礎資料集 I 』246 頁～。

（69）『全同教三十年史　巻三』同編集委員会編　全国同和教育研究協議会、1983 年、
　　　554 頁。

（70）前掲注（65）『改訂　戦後同和教育の歴史』59 頁。

（71）朝治武『水平社論争の群像』解放出版社、2018 年、269 頁～。

（72）『第 4 巻　水平新聞復刻版』世界文庫、1972 年、137 頁。

（73）前掲注（27）「対談」25 頁。

（74）総理府編『同和対策の現況　昭和52年3月』大蔵省印刷局、1977年、16頁。

（75）前掲注（74）『同和対策の現況　昭和52年3月』17頁。

（76）前掲注（74）『同和対策の現況　昭和52年3月』393頁。

（77）山本政夫の生涯については「山本政夫年譜」（大阪人権博物館編『近現代の部
　　　落問題と山本政夫』解放出版社、2009年、478頁～）を参照。

同和対策審議会の舞台裏

インタビュー　磯村英一（聞き手＝金井宏司）

はじめに

　本章は、1989年8月に行った磯村英一さんへのインタビューをまとめたものである。磯村さんは、1903年に東京市（現東京都）に生まれ、戦前は、学生時代に帝大セツルメントに参加。卒業後東京市に勤務し、社会局では社会調査に関わる。戦後は、東京都民生局長、都民室長などを経て、1953年より東京都立大学教授となる。1961年には、国の同和対策審議会の委員に任命され、答申の起草にあたり、その後も、同和対策協議会、地域改善対策協議会の会長として、戦後の同和行政に重要な役割を果たす。一方、東洋大学学長や日本都市学会会長など幅広い活動を行う。1997年死去。

同和対策審議会設置法制定

—— 今回は、同和対策審議会の頃について、お話を聞かせてください。

　話は少し遡りますが、同和対策審議会設置法が制定される2年前の1958年（昭和33）3月に、国会で、岸信介首相が社会党の八木一男さんの質問に答えて、これからは部落問題の解決に向けて努力するという答弁をされていますね。これは、画期的なことだと思うんですが、いかがでしょう。

磯村　あの答弁は、本当に岸さんの意思で言っているのか、よくわかりません。こういうふうに言っておかないと面倒だということで答弁するということは、ときどきあるんです。おそらく背景には、当時の安保、勤評の問題があったんじゃないですかね。だから、そう言わざるを得なかった。それが証拠に、岸内閣では審議会は設置されていませんよね。と、私は思っているんですけれども。

　同和対策審議会が、どうしてその当時できたかと言うと、一つには、佐藤栄作に柳井政雄さんが接触したこともあるんじゃないかと私は思っているんですけどもね。二人は同じ山口県ですし、やはり選挙というようなこともあったんじゃないですかね。

—— 1960年8月に同和対策審議会設置法が成立しますが、当時、そうした動きがあることは、磯村さんはご存じでしたか。

磯村　もちろん知っています。この法律の成立には、八木さんと自民党の秋

田大助さんとが大きな原動力になっていると思いますね。とくに、戦前から
の融和運動家であった山本政夫さんを通じて、秋田さんはかなり強い熱意を
感じていたように思いますね。いずれにしても、この法案を出すにあたって
は、山本さんがかなり積極的に関与していたんだと思います。

── 後日、山本さんが北原泰作さんとの対談で話しているんですが、この
法案を作る際に、いちばん問題になったのが、審議会に松本治一郎さんを入
れるかどうかだというんですね。自民党としては、松本を絶対に入れたくな
いと。それで、秋田さんが山本さんを通じて、運動関係に働きかけた。結局、
八木さんが、OK したと。

磯村 そういうことはあるかもしれませんね。戦後直後に「カニの横ばい」
拒否事件ってありますね。戦後の第1回参議院選挙で当選した松本さんが参
議院の副議長になる。そして、1948年1月の国会の開会式で、それまで慣
例だった天皇に対する「カニの横ばい」式の拝謁を拒否しちゃった。あれっ
て、それ以後も自民党の中での松本さんに対する強い反感になっているんで
すね。そういう意味でも、自民党としては、本来こんな法律は作りたくなかっ
たんじゃないですか。

審議会委員の人選

── ともかくも同和対策審議会設置法ができるんですが、審議会委員の人
選が完了するのは、法律の成立から1年3カ月もあとですね。とくに学識経
験者の誰を委員にするか、ずいぶんもめたようですね。

磯村 委員を引き受ける人がいなかったようですね。総理府の宮田参事官が
私のところに来たんですが、その前にも、かなりいろんな人にあたってい
るんですね。「じゃあ、こういう人はどうなんですか」って聞くと、「いやぁ、
あの方はどうも忙しくって」なんて言うんですね。

── 審議会の委員は、誰が推薦するんですか。

磯村 誰だか、よく知りません。私の場合、戦争中、同和問題をやっていま
したから、そういう理由で選ばれたんでしょう。

　私の研究はスラムと都市の二つです。東京や大阪の都市調査をするときに、
同時にスラムの調査もしています。スラム問題をやっていると、スラムと

部落との違いがだんだんわかってきた。もう一つの私の関心は、「不法占拠」という問題です。これは福岡とか、大阪とか、東京にもあったんですけども。この不法占拠に対する対策というものが、私の役人時代のかなり大きな役割だったんです。そして不法占拠地区もスラムと部落が関わってくるんです。

——　人選から1カ月後の1961年12月に第1回総会が開催されています。その会議で、木村忠二郎さんが会長に互選されましたね。彼が会長になることは最初から決まっていたんですか。

磯村　そりゃあもう、こういう審議会では決まっているもんです。この問題は社会福祉の仕事であると。そうするとそれは厚生省の仕事なんだから、厚生省の事務次官までした木村さんが選ばれた、と思います。

——　木村さんは、かつて京都の社会課長をしていますね。そういう意味では、部落とも接触があったんでしょうね。副会長には、尾形匡さんという人が選ばれていますね。

磯村　彼は、平沼騏一郎との関係が非常に強かったですから、そちらの方面のつながりできたんだと思います。彼は、自民党系としてかなりの役割を果たしたんじゃないですか。この人は、労働省関係なんです。平沼の秘書であった大石三郎、この人はなかなかの硬骨漢で、彼なんかと関係があったんでしょう。審議会の会長を厚生省がやるか、労働省がやるか、かなり大きな問題でしてね。結局は、厚生省出身の木村さんが会長で、労働省関係の尾形さんが副会長になったようです。

　この審議会の会長なんて、みんなやりたくないんですよね。だから、たぶん半分は命令で仕方なく、引き受けたんじゃないか、私はそう見ているんですけどもね。

——　ほかの委員の方は、どうでしょう。

磯村　最終的に選ばれた人を見ると、実際に部落問題がわかっているのは、北原さんと柳井さんぐらいでしょうね。それでもって「答申」をまとめようっていうんだから非常にむずかしい。だから、しばらくして、調査部会を設置して、その専門委員という形で、野本武一、藤範晃誠、米田富、山本政夫などという方がたにも入ってもらって、総会の審議にも加わってもらいました。

審議会総会および専門部会の委員一覧

■審議会委員

磯村英一（東京都立大学教授）、伊藤昇（朝日新聞社論説委員）、石見元秀（姫路市長）、尾形匡（中央職業安定審議会委員）、北原泰作（部落解放同盟常任中央委員）、木村忠二郎（全国社会福祉協議会副会長）、高山英華（東京大学教授）、田辺繁子（専修大学教授）、柳井政雄（全日本同和会会長）

■調査部会

部会長	磯村英一
委員	伊藤昇
専門委員	大橋薫（明治学院大学助教授）、小沼正（厚生省社会統計課長）、竹中和郎（日本社会事業大学専任講師）、野本武一（部落解放同盟中央執行委員）、藤範晃誠（和歌山県人事委員長）、山本政夫（全日本同和会常任理事）、米田富（部落解放同盟奈良県連合会委員長）

■環境改善部会

部会長	高山英華
委員	磯村英一、石見元秀、北原泰作、柳井政雄
専門委員	竹中和郎、野本武一、藤範晃誠、山本政夫、米田富

■産業・職業部会

部会長	尾形匡
委員	石見元秀、北原泰作、柳井政雄
専門委員	藤範晃誠、山本政夫、米田富

■教育部会

部会長	伊藤昇
委員	田辺繁子、柳井政雄
専門委員	大橋薫、野本武一、藤範晃誠、米田富

審議会の様子

―― いよいよ同和対策審議会が行われるんですが、実際、どんな様子だったんでしょうか。

磯村 そりゃあ、北原さんや柳井さんなんかの演説なんていうもんは、すごいもんでしたよ。1時間でも2時間でもやっちゃうんだから。ほかの人は何も言えない。事情を知らないんだから。姫路市長の石見元秀さんは知っているでしょうけども。だから、しゃべるのは北原さんか、せいぜい柳井さん。北原さんに触発されて、そして柳井さんがしゃべる。それでだいたい終わると。それは、速記録をご覧になったら、わかりますよ。

―― 部会の専門委員も、総会には一応出席できるんですよね。

磯村 その場合は、藤範さんと山本さん、それと野本さん、この3人。北原さん、柳井さんが話さなければ、この3人がしゃべる。

―― 先生の『同和問題と人権啓発』（解放出版社、1985年）という本の中で、審議会がまとまらなかった理由は、三つあるとおっしゃっていますね。そのなかの1番目に、「委員の構成に、行政とは全く意見を異にする民間運動団体から委員が参加していたことである。民間の委員は、行政の分担する役割が何であるかということがわからず、すべて年来の主張を通すことに懸命になったからである」と書かれていますが、このことですね。

磯村 まあ、ご自分の主張は、非常に強いですね。

―― ところで審議会には、それぞれの担当部局の役人も出席されていると思いますが、彼らは会議では発言するんですか。

磯村 ほとんど発言していないでしょう。出席はしますけどもね。

―― 審議会は、期限を2度延長していますが、2度目の延長のときには、かなり抵抗があったように聞いていますが。早く出すように急がせた理由は何ですか。

磯村 それは、会長なんかが、もう嫌気がさしてのことなんです。もう、大変なんだと。まあ、たしかに大変でしたけどもね。（笑）何とか早くまとめないといけない。だけど、まとまらないですよね。たとえば、北原さんが言うと、柳井さんが反対する。それに、議論が噛み合わないんです。部落問題のことが全然わかっていない人も入って議論しているわけですから。それで、

木村さんは、辞表を3回も出しているんですからね。だから、慰めるのに骨が折れちゃった。

―― 慰め役は誰ですか。

磯村　そりゃあ、私ですよ。（笑）木村さんというのは、どちらかと言うと、気の小さい人ですから。本当に辞めるって言うんですから。政府の中にも、この審議会、何年続くかわからないと。それで、そういう意見が出てきたと思います。

―― 木村さんは、厚生省の事務次官をされたんですね。

磯村　はい。だから、役人としては、大物なんでしょうね。人柄はいい人ですよ。私たち、とても親しかったですよ。

―― 豪傑というような感じではないんですね。

磯村　体は豪傑です。（笑）あるとき、「磯村さん、ぼくはどうしてもダメだから、辞めさせてくれ」と。「総理大臣から任命されているんだから、おれに言われても……」。そんなことが何回かありましたですね。でも、気のいい人ですね。だから、気の毒だったことは事実です。

　木村さんは、会議の中でも、自分の意見を言ったことは記録にもないでしょう。議長としての発言や、他の委員の発言をまとめるようなことはもちろんしますけどもね。自分はこう思うというようなことは、木村さんは絶対に言っていないと思います。

調査部会の設置

―― ところで、審議会の第6回総会で調査部会が設置されますよね。これは、どういう経過で作られたんでしょうか。

磯村　実態がわからなければ対策の立てようがないじゃないかという総会の総意で作られたんです。ただ、私自身は、調査すること自体に若干抵抗があったんです。この問題については、包括的な内容のものを作ればいいんで、細かい現実まではいいんじゃないかと。それはなぜかというと、この問題を公にしたがらない考え方がこの委員会の中にもあるんです。だけど、行政施策をどうするか決めるためには、実態を把握しなければできない。それで私が提案したもんだから、私が調査部会の部会長になったんです。

——　調査部会の専門委員の人選は誰が？

磯村　すべて私の推薦です。だって、誰も引き受けてくれませんから。

——　そうすると調査部会については、磯村さんが指導的な立場で進められたんですね。

磯村　はい。

——　当時の『解放新聞』では、調査の予算が制限されているという批判をしているんですけれども。実際は、どうだったんでしょう。

磯村　なにしろ今までやったことがない。ですから、これに協力する地方自治体なんかも、どこまで、どういった調査をすればよいかわからないんですね。そういう点から見ると、政府もどこまで予算を付けていいかわからない。とりあえず、あてがい扶持でやったというのは、まあ、やむを得ないですね。ただ、予算がなかったために、地域を本当にとらえるというまでには至らなかったということは否定できないと思います。予算がないから、タッチしないと。

——　答申に添付されている調査部会の報告書がありますが、報告書は、これですべてですか。

磯村　すべてです。

——　全国調査についての数字が、地区精密調査に比べて少ないように思うんですが。

磯村　それは、やっぱり経費の加減です。

——　地区精密調査をされていますが、その地区選定はどういう基準でされたんですか。

磯村　地区精密調査は、現状をもっとディテールでもって把握しないと対策はできないということで始めたんですが、ただ、その地区の選定にはかなり苦労しました。やっぱり（自治体としては）自分のところは触れられたくない。とくに、東京なんかは、調査をすること自体が「寝た子を起こす」んじゃないかということで、その議論は大変でございました。「おまえは、東京都の民生局長をやったんじゃないか」ということで、会長から何度も言われて、知事を何度も説いたんですが、地元が賛成できないからということで、今日まで来ちゃったんですね。ただし、そのときに、「じゃあ、同和対策はやり

ますか」と聞いたら、「やります」と知事が言ったもんですから、東京都は、千億を超える仕事をずうっとやっているから、そこは収まっていると。

—— 調査部会で論議になった点はどういうことですか。

磯村 それは大都市の中のスラムと部落というものを区別できるのかということ。建設省なんかの考え方では、スラムも部落も同じで、一般の環境改善、当時でいうと、不良住宅改良で行くんだと。それとの対立ですね。環境改善をするにあたって、それがとても大きな問題だったですね。高山英華さんなんかも、どちらかというと建設省的な考え方なんです。でも、それなら「同対審」なんていらないというのが、ぼくの考え方です。

それともう一つは、産業部会の中での問題は、現在のように職業が自由だと言われながら、特定の職業に執着して、政府がそれを援助していくこと自体がまちがいだ、それこそ差別だという意見が強かったですね。だから、これも一般対策の中でやれと。

答申の起草にあたって

—— それでは、いよいよ答申の起草の頃について話を聞かせてください。

磯村 答申を書くときには、永田会館に一週間も泊められましてね。総理府の後ろにありまして、職員の寄宿舎なんですよね。

—— 起草委員は、誰だったでしょう。

磯村 私と、高山、伊藤、尾形。ただ、やはり当事者がその起草のメンバーに入らないとダメだという意見が強くて、それで、山本さんと北原さんが入りました。私は、起草委員会の委員長で、原案を書きました。だけど、本会議で通らないんですね。最後は、山本、北原のお二人によく見てもらって、そして提出したという経緯があるんです。

—— 答申は前文と本文、結語の三部から成っています。まず、前文は磯村さんが書かれているんですね。

磯村 はい。

—— 次に本文の「第1部 同和問題の認識」の中の「1. 同和問題の本質」は主に誰が書かれたんですか。

磯村 それは北原さんです。

―― この部分に出てくる経済と社会の二重構造や、「同和地区住民がその時代における主要産業の生産過程から疎外されている」「同和地区に滞留する停滞的過剰人口」などは解放同盟の年来の主張ですが、当時の北原さんも同じように考えていたのでしょうか。

磯村　彼が、どこまで根拠をもってそれをお書きになったか、そこはちょっとよくわかりません。また、このあたりについて、議論もあったふうには覚えてません。

―― 第1部の「2．同和問題の概観」はどなたですか。

磯村　藤範さんです。

―― 明治4年の「解放令」から戦後1960年代までの歴史を扱った「第2部　同和対策の経過」は？

磯村　それはよく覚えていないんですが。

―― 山本さんから聞いた話では、山本さんが持っておられた資料を北原さんに渡して、それをもとに北原さんが書いて、山本さんとのあいだで議論をしたというふうに……。

磯村　山本さんと北原さんの合作なんでしょうね。北原さんと山本さんは非常に親しくしておられましたからね。どちらが主導権をもって書かれたかわかりませんけれども、お二人で書かれたことはそうでしょうね。

―― 「第3部　同和対策の具体案」は、それぞれの専門部会からの……。

磯村　専門部会からの報告を基礎にして、起草委員会のメンバーで書いたと思います。とにかく、最後は、全部、私が目を通しました。

―― 答申には四つの附属書類（環境改善部会報告、産業・職業部会報告、教育部会報告、調査部会総会報告書）が添付されていましたが、そのうち産業・職業部会の部会報告は、どなたがお書きになったんですか。

磯村　それは尾形さんでしょう。彼は筆も立ちますし。産業・職業部会のほうでは、小沼さんが政府の産業構造なんかの調査なんかをやっていましたから、彼が相談相手になったんでしょう。

―― ということは、産業・職業部会の考え方の中には、尾形さんの考え方が入っていると。

磯村　尾形と北原のある意味では合作だと私は見ています。

——　教育部会の部会報告は誰が書いたんでしょう。

磯村　伊藤さんです。

　＊審議会において、答申と添付された四つの附属書類を作成する際に、その議論のたたき台となる草案を誰が書いたかという質問に対して、磯村さんの発言は正確性に欠けるところがあると思われるので、そのことについて私の推測も含めて少し触れておく（以下、敬称を略する）。

　まず答申であるが、答申は前文と、本文、結語の三つから成る。前文ではその冒頭に「いうまでもなく同和問題は人類普遍の原理である人間の自由と平等に関する問題であり、日本国憲法によって保障された基本的人権にかかわる課題である」「その早急な解決こそ国の責務であり、同時に国民的課題である」と格調高い言葉で始まるが、その部分が磯村によって執筆されたことは間違いないと思われる。

　本文の「第1部　同和問題の認識」は、「一　同和問題の本質」と「二　同和問題の概観」から成り、一は、部落問題とは何かを簡潔に述べており、その論旨は従来からの解放同盟の主張と一致するので、北原が執筆したのであろう。ただ二は、同和地区の実態調査を踏まえたもので、調査に関わった委員によって書かれたものと考えるのが順当であろう。

　「第2部　同和対策の経過」では明治以降の同和政策や解放運動の歴史が展開されているが、戦前を山本が、戦後を北原がおもに担当したと推測される。その意味で磯村の言う二人の合作によるものというのは的を射ている。「第3部　同和対策の具体案」も磯村の発言のとおりだと思われる。

　つぎに四つの部会報告書だが、それぞれの部会では部会報告書の草案を作成するための小委員会が設置されている。その構成は次のとおりである。

　　　　調査部会　　　　総括＝磯村、全国基礎調査＝小沼、地区精密調査＝大橋、
　　　　　　　　　　　　竹中
　　　　環境改善部会　　環境小委員会＝柳井（委員長）、山本、野本、竹中
　　　　　　　　　　　　社会福祉小委員会＝北原（委員長）、米田、藤範、竹中
　　　　産業職業部会　　北原（委員長）、山本、米田、大橋
　　　　教育部会　　　　同和教育について＝山本、人権擁護について＝田辺

草案の起草にあたっては小委員会の委員長が中心的役割を果たしたと考える
のが順当であろう。ただ、環境小委員会では調査結果を用いて報告がなされて
いるので、竹中が他の委員の意見を取り入れながらまとめたのではないか。部
会報告書に関して磯村は、尾形、伊藤の名前を出しているが、たしかに彼らは
部会長であるので最終チェックを行う立場ではあるが、草案執筆は上記の委員
が行ったと考えられる。

当事者の意見

—— 答申をまとめる際に、総会では、どのような意見が出ましたか。

磯村　総会に（答申案を）出したときに、こういう質問が出たんです。「これは、
いったい誰が起草したんだ」と。当然、「起草委員会が起草したんだ」と。「そ
れじゃ、その立場の者の意見が反映されているのか」と。「一応、北原さん
と山本さんが起草委員ですが」と言うと、「それでは不十分」だと。「もう一
度、お二人にレヴュー（再検討、再吟味）してもらいなさい」と。一回、差
し戻しを食うんです。この問題の主体性は、被差別者にあるんだということ
は認識しておりましたから、私としては、「わかりました」と。だけど、（再
度出されたものは）ほとんど変わらないんです。

—— その意見を出されたのは誰ですか。

磯村　それは、米田富さんだと思います。米田さんは、かなりそういうこと
をはっきり言う人でしたから。米田さんは専門委員ですけれども、この審議
会では、専門委員も、決定権はないけれど、本会議で普通の委員と同様に発
言するということになっているんです。山本さんだってうるさかったですよ。
北原さんは案外寛容だったです。だけど、位置づけの問題については、やは
り実際に差別を受けてきた立場の人の発想は違うということを肌で感じまし
たね。その一方で、そこまで書く必要はないんじゃないか、つまり、「寝た
子を起こすな」という意識ですね。そういう考え方の人もいました。

—— 野本さんはどうでしたか。

磯村　彼は、あまり発言はしないんですけども、自分の意見をしっかりもっ
ていて、その点では、私は野本さんをかなり信頼していましたね。まあ、昔
からの友人ですからね。

―― 藤範さんという方は、どういうタイプの方ですか。

磯村　教員の出身ですね。かなり、ものをはっきり言う方ですね。この人は、党派・派閥を超えて発言したという点では、藤範さんの意見というのは、私が答申をまとめるのに役に立ちました。やはり、自分の教育的信念を背景にして発言されたんでしょうね。

―― 山本さんは、どういう発言をされたんでしょうか。

磯村　山本さんは、ある程度、自民党的な考えを言ってたように思いますが、解放同盟とも話ができる人でした。彼の考え方は、戦前の融和事業のようなものではダメだと。地域の環境改善というものが伴わないといけないというのが、彼の年来の主張でしたでしょ。その点で彼ががんばったのは、評価してもいいと思いますね。

問題になった点

―― それ以外に問題になったことは……。

磯村　案外、すんなりと通りました。

―― 起草委員会内部では、内容上で問題になったのはどういった点ですか。

磯村　答申の冒頭に出てくる「同和問題は……日本国憲法によって保障された基本的人権にかかわる課題」というところについては、同和問題というものをたんなる地域改善とはとらえない、また、日本人の精神構造の中に定着している差別意識とはこうだという考え方が北原さんからも出てきて、ああいう形になったんですね。あれを書くにあたっては、国連の世界人権宣言、それから日本国憲法の精神をあらためて勉強しました。もっとも、「ここまで言うのは行き過ぎだ」という意見もあったんです。審議会で、ここまで言ったものはないんだと言いましてね。

―― ここの部分については、起草委員会で書かれたものがそのまま通っているんですか。

磯村　議論はありましたが、ほとんど変わっていないですね。それと、私にとっては前文が大事だったんですけども、委員の皆さんは、どちらかというと、産業がどうだとか、環境をどうするんだとか具体的なところに目がいっちゃったもんですから、比較的すんなりいきましたね。

—— 次の「その早急な解決こそ国の責務であり、同時に国民的課題である」という文言も磯村さんが書かれたんですか。

磯村 そのとおりです。

—— ここらあたりも小委員会や総会でほとんど修正はなかった？

磯村 その前に意見があったものを私が集約したという形です。

—— 「国の責務」というときに、その根拠について、憲法14条や25条にもとづく憲法上の責任なのか、それとも政府の政治的責任なのか、そのあたりについての議論はあったのでしょうか。

磯村 残念ながら、その当時、そういう議論ではなくて、そういうことに落ち着いたと思うんです。ただ、「国の責務」と言うか、「国家の責任」と言うかについては、その時代時代の権力の責任だけでなく、それ以上に日本人の精神の中に問題があるというふうに私は考えていましたので、それらは合わせて国柄とか国の性格というものの中に含めて考えていいんじゃないか。それで、「国」という表現にしたんだと思います。ともかくそれは一度、『部落解放』誌上で取り上げてみたらどうでしょうか。（笑）そういったことは今まで一度も議論されてこなかったんですから。大事なことですよ。

—— 前文以外で、問題になった点はどういった点でしょう。

磯村 環境でいうと、地区の指定をする、しないという問題ですね。属人主義でいくか属地主義でいくかということです。私自身は、属地主義と属人主義の二本立てでいくべきだと考えていたんですが、国のほうでは同和問題は地区の問題だという考えがあるんです。だから、前文で人権だとかなんだとか言ったって、それはあまり重要視しないで、地区の問題だとしたほうが簡単にすむんじゃないかと。この問題の解決は事業中心でいこうと。つまり、環境改善がすめばそれでおしまいだと。この考え方は大蔵省に強かった。それを私のように人権だとかなんだとかもっていったら切りがない。私は、最後まで反対したんですが、それを「まあ、まあ」と言ったのが、堀木鎌三さんです。

—— 妥協しておけ、ということですね。

磯村 そうですね。あとは、この答申の思想の中に、階級闘争的な考え方はないかという意見が出されました。

――　たとえば資本主義がどうだとかという表現が問題になったり……。

磯村　そういう表現は、最初から使わなかったですね。そのあたりはたいへん苦労したですね。柳井さんや山本さんもいらっしゃったから。ただ、北原さんも、そこらのところは理解してくれましたね。いっても、国の審議会ですからね。（笑）

――　政府や、または解放運動の側から、意見めいたことはありましたか。

磯村　今からすると、いろんなところから起草委員会のメンバーが呼ばれて、というようなことを想像されるのかもしれませんが、案外、内部だけで話を処理したと、そういう感じですね。

――　起草にあたって当時の解放同盟副委員長の朝田善之助さんは、どういう役割を果たしたんでしょうか。

磯村　朝田さんというのは、印象に残ってないねえ。

――　結局、いろんな人のまとめ役、調整役は、磯村さんがおやりになったと。

磯村　まとめ役というほどではないんですけれども、そこは、比較的普段からいろんなことを話していますので、答申を通すために……というようなことで、最後には、まとまったんですね。

――　同和対策協議会のときには、堀木さんという非常に強力な後ろ盾がいらっしゃったんですが、同和対策審議会のときには、そういう役割の人はいなかったんですか。

磯村　まったくございません。あのときには、あえていえば政府といった感じですね。

――　しかし、逆にそれが、他の審議会には例のないぐらいに、ある意味で非常に民主的に、また活発に議論されたと言ってもいいんでしょうか。

磯村　まあ、たしかに、活発といえば活発ですよね。なにせ、委員長が３度も辞めたいなんて言うんですからね。（笑）まあ、それだけ活発であった一つの理由は、やはり、委員会に当事者がいたということですね。

戦後同和行政と人物模様

――　それでは、戦後の同和行政に関わった人物、とくに自民党系の人たちについて、お話を聞きたいと思います。まず、秋田大助さん。この人の考え

方は、どういうものだったでしょうか。

磯村 秋田さんは、この問題は、これまでのような融和事業の程度だけでは
ダメなんじゃないか。どこまでのことを考えていたのか、たとえばその後の
法律のことまで考えていたのか、それはわかりませんが、国がある程度地区
に援助をしなければならないというのが、秋田さんの中心的な考え方じゃな
いかと思いますね。自民党の中ではさらに一歩進んでいて、この問題を人権
問題として考えていたように思います。

―― 灘尾弘吉さんが戦後の同和行政に果たした役割は、どうでしょう。

磯村 灘尾さんは、「同対審」を後退したものにしようとは思ってなかった
と思います。当時、部落解放同盟と全日本同和会との対立というものがあっ
て、もちろん灘尾さんは同和会系の人ではありますが、むしろ官僚といった
ほうがいい。したがって、行政的な問題の中で、この問題を解決していこう
と。精神的な問題は、必ずしもそう積極的ではなかったように思います。予
算の問題なんかがありますと、同和会はもちろん解放同盟でも、必ず、灘尾
さんのところに頼みに行っていたと思いますよ。

　灘尾さんは山本政夫という男を非常に信頼していました。山本さんという
のは、コチコチの同和会の人ではありません。解放同盟の人とある程度話が
できるのは、山本さんだけだと思います。しかも、福祉行政という面では、
かなり私たちといっしょに仕事をしています。灘尾さんが厚生大臣になった
ときのバックアップなんかも山本さんはやっていますから。その点では、同
和会というよりは、社会福祉の専門家としての山本政夫というものは、もっ
と評価されていいんじゃないかと、そういうふうに思います。広い視点が彼
にはあったと思います。

―― 灘尾さんは、同和行政という点では、あまり表面には出てきませんね。

磯村 出てきません。しかし、隠然たる実力者です。ただ、秋田さんとの違
いは、秋田さんは、同和会をカバーするという人ですが、灘尾さんの場合は、
もう少し広く見ていたように思います。柳井さんという人や、同和会という
ものをある程度、見通していたんじゃないでしょうか。

―― 三木武夫さんという人はどうですか。お話をされたことはありますか。

磯村 あります。彼はたしかにヒューマニストであるし、民主主義社会の、

ある意味では日本の政治の一つの旗振り役になったんですが、あまり同和問題の本質については知らないです。ご自分は徳島ですから、地域の状況は知っているかもしれませんが、それが日本の政治にどのような影響をもつか、国際的にどう響くかというようなことになると……。もし、三木さんがそれを理解してくれれば、ということを何度か思ったことがあります。その後、三木さんが首相になったときに（在任期間 1974 年 12 月〜76 年 12 月）、都市政策の問題で呼ばれたんですが、そのときに同和問題のこともはっきり言っているんです。だけど、わかったとは思うんですが、それを政策の面でどうこうするまでには、通じなかったということですね。

—— 堀木鎌三さんは、どうですか。

磯村　堀木さんは、おもしろい人ですね。堀木さんがどうして同和問題にタッチするようになったかはよくわからないんですが、こういった問題を政治的に扱うということに関しては非常に上手な人でした。たとえば会議をする場合でも、ちゃんと事前に根回ししておく。「誰だれが今度の会議でこんなことを言うかもしれんから、「ちょっと、この程度にしておけ」って言っとけ」、なんて言うんです。実際、会議になって、誰かが長い演説を始めると、「もうそのくらいにしてもらおうか」って堀木さんが言うと、やめるんですね。そういうことは上手ですね。私は彼のもとで同和対策協議会の副会長をしてまして、使われたからよく知っているんです。

—— 1959 年に自民党の中に同和対策特別委員会ができますが、そのときの委員長が堀木さんですね。その委員会で「同和対策十カ年計画」を作りますが、それは「堀木構想」なんて言われていますね。堀木さんの中には、この問題に対して彼なりの考え方があったんでしょうね。

磯村　彼は、非常に頭のいい人です。「一を知って十を知る」というタイプですね。それと、とても上手に人を使います。たとえば、私に、政府の案を「個人的に見てくれ」って言うから、意見を付けて出すと、それを堂々と自分の意見として言うんですね。

—— それじゃあ、「同対協」で磯村さんを副会長に据えたのは……。

磯村　もちろん堀木さんです。「同対協」の会長を私に禅譲するときにも、自分の家に呼んで、「磯村君、君をだてに副会長にしたんじゃないよ。君じゃ

ないと……」と。殺し文句ですよ。でも、ある意味、私を試験してたんでしょ
うね。本当に人使いの上手な人ですね。

—— 家に呼んだと言われましたが、大きな家ですか。

磯村　冗談言っちゃあいけませんよ。都立大学の前の、長屋みたいなうちで
す。観光協会の会長なんかもしていますから、きっと金持ちなんだろうって
行ってみたら、ぜんぜん違う。その点も、感銘しましたね。

—— 本当に長時間、ありがとうございました。

注

（1）八木一男（1911～1976）　奈良県出身。社会党衆議院議員として生涯、部落
　　解放運動に尽力。同和対策審議会設置法の成立にあたって中心的役割を果たす。

（2）柳井政雄（1908～1998）　山口県出身。戦後、部落解放運動に参加。1960年、
　　全日本同和会を結成、初代会長に就任。

（3）秋田大助（1906～1988）　徳島県出身。自民党衆議院議員。1959年、自民党
　　にできた同和対策特別委員会の委員長代理。全日本同和会結成の推進役。

（4）山本政夫（1898～1993）　広島県出身。戦前からの融和運動家として活躍。
　　戦後、柳井政雄らとともに、全日本同和会を結成。

（5）北原泰作（1906～1981）　岐阜県出身。全国水平社時代からの運動家。戦後
　　も部落解放全国委員会の書記長、常任中央委員などに就く。

（6）北原泰作・山本政夫「対談・当事者が語る　同和立法のうらおもて」『部落』
　　1979年8月、382号）。

（7）松本治一郎（1887～1966）　福岡県出身。戦前・戦後を通じて部落解放運動
　　の指導者として活躍。「解放の父」と呼ばれる。

（8）野本武一（1912～1974）　埼玉県出身。戦前、戦後を通じて、部落解放運動
　　に尽力。

（9）藤範晃誠（1899～1978）　和歌山県出身。戦前からの融和運動家。僧侶。融
　　和教育の推進に尽力。全日本同和会の顧問。

（10）米田富（1901～1988）　奈良県出身。全国水平社創立に参画。戦後は、部落
　　解放同盟奈良県連合会初代委員長。民社党結成にも参加。

第 **5** 章

「同対審答申」はこうして作られた

同和対策審議会総会速記録より

1 「先生」のこと

　本論に入る前に、少し寄り道をする。磯村英一さん――私はずっと「先生」と呼んでいたけれど――との出会いを作ってくれたのは、元解放出版社編集長の加藤昌彦さんである。その後、拙著『同和行政――戦後の軌跡』（解放出版社）を執筆する際に、何度か先生に聞き取りをさせていただいた。多忙であるにもかかわらず、私の質問にいつも笑顔で、かなり長い時間付き合ってくださった。独特の語り口調で、江戸っ子らしく少し巻き舌になったりしていた。『部落解放』に掲載されている先生への聞き取りは、本当はそれらいくつかをつなぎ合わせたものである。

　これまで仕事でたくさんの人の聞き取りをした。当然であるが、それらの発言を鵜呑みにはできない。もちろん発言者が故意に嘘を言おうとしているのではない。何十年も前のことを正確に記憶することはメモでもとっていないかぎり不可能であり、それに、長い年月のあいだに、記憶に脚色が加わったり、どうしても自分に不都合な記憶は遠いていくものである。それでも、その時代を生き、その現場に居合わせた人の発言は臨場感があり、またとても貴重である。

　一度だけ、先生を私設の研究所に訪ねたことがある。そのとき、部屋の片隅に段ボール箱が積んであり、何気なく見てみると、ホッチキスで綴じられた冊子の表紙に「同和対策審議会総会速記録」と書かれていた。残念ながら、そのときはコピーはさせてもらえなかったが、その後、内田雄造さん（当時、東洋大学教授）を通じて一部いただくことができた。

　同和対策審議会の総会は、全部で42回開かれたとされている。約44カ月のあいだに42回であるから、ほぼ1カ月に1回のペースで開かれたことになる。さらにはそのあいだに各地へ調査に行ったり、専門部会が121回、小委員会が21回開かれているから、委員にとってはかなりのハードワークであったと想像される。

　残念ながら、速記録はそのうち14回分しかなかった。しかも、審議会最後の年、1965年分のものは一つもない。その後、社民党衆議院議員であっ

同和対策審議会の経過と速記録

日付	総会	速記録	経過
1961.12.7	第 1 回	△	会長・副会長の互選
1962.1.17	第 2 回		各地の視察
2.13	第 3 回	①	
4.3	第 4 回	②	
4.21	第 5 回		
5.24	第 6 回	③	調査部会の設置、専門委員 7 人加わる
6.21	第 7 回	④	
7.30	第 8 回		
8.-			同対審の存続期間、2 年延長
11.14	第 9 回	⑤	地区精密調査の報告
12.6	第 10 回	⑥	
1963.	第 11 回		1 月、全国基礎調査
	第 12 回		教育、環境改善、産業・職業部会の設置
3.14	第 13 回	⑦	
6.13	第 14 回	⑧	5 ～ 8 月、地区精密調査実施
	第 15 回		
	第 16 回		
10.24	第 17 回	⑨	
	第 18 回		
11.26	第 19 回	△	
12.19	第 20 回	⑩	
1964.1.10	第 21 回	△	
2.25	第 22 回	△	
3.19	第 23 回	△	
4.9			答申案作成のための連絡会議開催、北原意見書
4.28	第 24 回	△	
5.19	第 25 回	△	期限延長について議論
6.11	第 26 回	⑪	
6.16	第 27 回	⑫	
6.27	第 28 回	⑬	
8.-			同対審の存続期間、さらに 1 年延長
8.8	第 29 回	⑭	産業・職業部会に報告案起草のための小委員会設置
	第 30 回	△	教育部会、報告案起草を 2 委員に依嘱
11.25	第 31 回	⑮	環境部会に報告案起草のための小委員会設置
12.21	第 32 回	⑯	調査部会より「同和地区調査総合報告書」提出
1965.	第 33 回		
	第 34 回		
	第 35 回		
	第 36 回		
	第 37 回		
5.25	第 38 回	⑰	各部会報告を提出・報告
	第 39 回		
6.22	第 40 回	⑱	答申草案に関する議論
	第 41 回		
8.11	第 42 回		答申を提出

＊日付は、総務庁（現総務省）より送られてきた資料による。
＊筆者が持つ速記録は全部で 18 回分ある。この他に、議事録要約（△印のもの）が 8 回ある。

た植田至紀さんにお願いして、総務庁に問い合わせてもらったが、出てきた速記録は不思議とほとんど先生のものと同じであった。ただ、1964 年から 65 年にかけての速記録 4 回分が新たに見つかったのはラッキーであった。

そこで、これらの速記録を用いながら、同和対策審議会の中でどのようなドラマが繰り広げられたか、とくに答申が作られる過程で、誰がどのような発言をし、どのようなことが争点になったかを具体的に見ていこうと思う。第 4 章の「先生」への聞き取りと合わせて読んでいただければと思う。以下では敬称を略す。

2 答申草案が作られるまで

同和対策審議会設置法は 1960 年 8 月に成立するが、第 1 回の総会が内閣総理大臣官邸大客間で開かれるのは翌 61 年 12 月、1 年 4 カ月後である。こんなに遅くなった理由は、磯村によれば、この審議会の委員のなり手がなかったからということになる。ともかくも関係行政機関の職員のほか、民間から 9 人の学識経験者が任命された。審議会委員やその後に選任される専門委員の氏名は第 4 章の 107 頁の表を参照してほしい。

〈1961 年～ 1962 年〉

第 1 回総会では、内閣総理大臣からの諮問を受けたあと、会長と副会長が選ばれている。第 2 回総会の速記録はないが、どうやら今後の審議会の進め方として、まず各委員が各地の部落を視察し、実際の部落の様子を見ようということになったようである。第 3 回総会は、その報告がなされている。視察先は、京都市、八幡市（以上、京都府）、奈良市、大和郡山市（以上、奈良県）、大阪府大阪市、神戸市、姫路市（以上、兵庫県）にある 15 地区である。なお、この総会で、北原から調査部会の設置が提案されている。磯村の聞き取りでは、磯村自身の提案ということになっているが、速記録では提案者は北原である。

引き続き第 4 回総会でも、視察の報告がなされている。視察先は小諸市、佐久市（以上、長野県）、倉賀野市、藤岡市、箕郷町（以上、群馬県）、加須

市、騎西町（以上、埼玉県）、山口市、宇部市、防府市、周東町（以上、山口県）、広島市、松永市（以上、広島県）、岡山市、和気町（以上、岡山県）にある 20 地区である。第 5 回総会からは、視察の報告に加えて、各省がこれまで行ってきた同和対策事業について順次報告している。第 6 回総会では、香川、徳島、高知の四国 3 県（地名の詳細は不明）の視察の報告があった。また、調査部会の専門委員（大橋薫、小沼正、竹中和郎）が選任され、いよいよ調査部会の活動が開始される。第 7 回総会では、その調査部会から、今回実施される全国同和地区調査は全体を把握する総括調査（全国基礎調査）と、今後の施策立案の参考となるような精密調査（同和地区精密調査）の 2 本立てで行うという基本方針が示され、総会で了承されている。

　なお、同和対策審議会設置法はこの年の 8 月で失効するため、存続期間を 2 年延長することを国会で決めている。

　その後、8 月から 10 月にかけて、大柿町（現・広島県江田島市）、高知市、京都市、埼玉県騎西町（現・加須市）の 4 地区で精密調査が実施され、その結果が第 9 回総会で報告されている。第 10 回総会では、翌 1963 年 1 月 1 日現在で全国基礎調査を実施すること、その調査事項や調査票について報告がなされている。

〈1963 年〉
　第 12 回総会では、調査部会に加えて、環境改善、産業・職業、教育の 3 専門部会が新たに設置されている。1 年を経過して、ようやく審議会の体制が整備されるとともに、このあとの討議の中心は各専門部会に移ることになる。

　第 13 回総会では、この年の 1 月に実施された全国基礎調査の経過報告がなされ、そのなかで被差別部落の存在について無回答またはゼロ回答の都県の問題が取り上げられている。この点は、この調査の信憑性に関わることであり、また今後の同和対策を講じる際の基礎資料になることなどから、できるだけ実態に近いものにするための努力が、とくに調査部会の専門委員たちによって続けられることになる。

　第 14 回総会では、前年に続きこの年に行う地区精密調査について話し合

われている。最後に、総会の要望により、北原がこの「部落問題とは何か」「部落問題の本質」などついて基本的な彼の考え方を30分ほど話している。

　ここで、北原のことについて少し述べる。磯村は審議会の様子を、「そりゃあ、北原さんや柳井さんなんかの演説なんていうもんは、すごいもんでしたよ。1時間でも2時間でもやっちゃうんだから。ほかの人は何も言えない。事情を知らないんだから」と言っている。しかし、速記録を読むかぎり、どちらかといえば北原の態度は抑制的で、威圧的な態度をとることはない。もちろん、戦前の水平社時代からの活動家であり、最前線で運動を担ってきた北原に比べれば、その知識量、この問題解決への思いの深さにおいて、他の委員（運動関係者を除いて）との違いは歴然である。したがって、どうしても北原の発言の場面が多くなるのは当然であり、やむを得ない。また、北原は何度も試案、意見書、さらには討議すべき論点などを整理した「メモ」などを総会や部会に提出し、審議の進行に努めている。もし、「答申」を引き出したことが成功であったとすれば、その功労者の一人は北原であろう。

　この年の終わりに近くなった第17回総会で、環境改善部会より、来年度の政府同和対策の予算編成にあたって「中間申し入れ」という形で要望をしてはどうかという提案がなされ、第19回総会では、これについて北原から試案も出されたが、結局、答申づくりに力を入れようということで中止された。

〈1964年〉

　1962年8月に審議会の期限を2年間延長することが決まったが、それも、この年の8月に2度目の期限を迎える。さすがに審議会の雰囲気にも焦りが見え出す。しかし調査部会では、地区精密調査の分析と整理に手間どっているのと、前述した全国基礎調査での未回答の都県や提出された数字に疑義のある府県などに対する調整や補足調査などにより作業は大幅に遅れ、結局、中間報告案をまとめたのが、この年の12月である。他の部会も、部会報告案をまとめるまでにはいたらず、結局この年の8月に2度目の延期が国会で可決された。

　ただ、この頃より、答申のスタイルや、答申にどのような内容を盛り込むかの議論が総会でなされるようになる。たとえば、第26回総会では、従来

の答申のスタイルにこだわらず、人権宣言的な格調の高いものを謳うべきだとする磯村や北原の意見、また、「同和対策基本法」を作るべきかどうかという点について、柳井、石見が積極的意見を述べるのに対して、米田、北原は反対または慎重論を展開している。山本は、「基本法といってもその中身による」とした。またこの頃に答申案作成に向けて北原が提出した「答申についての意見書」が資料として残されている。

　前述した2度目の延長期間は1年であり、もはや3度目の延期は許されず、委員長である木村から、来年3月までには部会報告を完成させるとともに、答申の素案を作るとの決意が示された。8月以降、各部会は部会報告案をまとめるための小委員会を次つぎに立ち上げることになる。

〈1965年〉
　木村の固い決意にもかかわらず、その後も審議は遅れたようである。5月の第38回総会の冒頭、木村は、「本日の総会におきまして、各部会のおまとめになりましたものをご報告いたします。その後報告いたしましたものを基礎といたしまして、各部会長と私とで構成いたします起草小委員会でもって起草いたします」と述べている。ここで読み取れることは、第1に、ようやく各部会報告案がこの総会に提出されたこと、第2に、答申は各部会の報告を前提にまとめられること、第3に、答申の起草小委員会は、会長と各部会長で構成されていること、である。各部会の報告書草案は、前述した各部会の小委員会のメンバー、そのなかでもとくに委員長が基本的に執筆したものと思われる（ただし、環境小委員会の柳井が執筆したとは考えにくい）。この部会報告書の扱われ方について北原が質問したところ、木村は「付属文書としてこれ（答申——筆者注）に添付したい」と答え、事実、そのように答申と一体的に扱われることになった。

　いよいよ答申の起草に取りかかるが、残された時間はわずか。そこで木村の言うように起草委員会を立ち上げ、少人数での草案作りに着手する。委員には木村と部会長である磯村、高山、尾形、伊藤であったが、磯村によれば他の委員からの要請もあり、北原や山本もメンバーに入ったという（第4章111頁）。木村は、磯村を起草委員会の委員長に指名して、6月上旬までに基

本案を書くよう指示する。これに対して磯村が「10日間で書けとおっしゃられるのですか」と尋ねると、木村は短く「そうです」。

3 答申の起草

　本来ならば、次の第39回総会に草案が提出されるはずであったが、結局、第40回総会までずれ込んだようである。したがって草案が論議されたのは、この回と次の第41回だけである。

　最初に口火を切ったのは、いつもは代理出席で本人が出席することの少なかった石見である。彼の持論である、同和対策基本法の制定、同和対策事業の全額国庫負担、推進協議会の設置をあらためて述べるとともに、土地区画整理事業こそ部落の環境改善にもっとも効果があるとの意見を展開。これに対して、高山から、「ただお金を全額国庫補助という問題のほうにむしろ重点があるならば、手法は必ずしも区画整理にとらわれなくてもいいのではないか」「その問題が区画整理でいくところと、区画整理ではなかなかいかない」ところがあると反論。石見としては姫路市長として自ら同和対策にあたってきた自負や経験から主張したかったのだろうが、論としては高山のほうに分がある。たださらに続けて、「ぼく自身同和というものをこの際取上げるかどうかというものが問題であると。要するに非常に広い範囲を含んだ、一般的な不良住宅地区の改良のようなものをもう少し広げた区画整理を中心としてもけっこうですけれども、そういうものをつくって、同和にはもちろんそれを適用する」と「同和」というものにこだわらないやり方を主張。このあと、山本が二人を取りなすも、同じようなやりとりが延々と続く。

　磯村がついにキレる。「高山委員、辞職しますから。会長にも前例がありますから」。磯村にすればそんな議論は総会や部会などでもっと早くすべきであり、また環境改善部会長であり起草委員である高山が、本来なら意見の調整をすべき立場でありながら、この時期になってこんな議論を延々と繰り広げていることに我慢がならなかったのかもしれない。しかし、こうなるとキレたほうが強い。いまさら磯村に辞められては困るから、全員がなだめ役になる。しかしもしあとで磯村に聞いたら、「いやぁ、辞めるつもりなんて

最初からないよ、あはは」なんて答えたかもしれない。そんな芝居っ気のある人でもあった。

　本題に戻す。このほか藤範が草案の文言に沿って細かく問題点、誤りなどを指摘。山本からは、全体に思想の統一性を欠いていること、各部会報告の方針や具体策の中で重要な部分が削られていること、部落の歴史や差別の本質と階級など議論のある問題は答申で取り上げるべきか、と。また北原からは、全体の構成の組み換え案が提示されている。原文がないので明らかではないが、当初の磯村案は4部構成で、第1部「同和問題の認識」（Ⅰ「同和問題の歴史性」、Ⅱ〈不明〉、Ⅲ「同和問題の基本的認識」）、第2部「同和対策の概況」、第3部「同和対策の具体策」、第4部「同和対策の基調」（答申の「結語」にあたるか）と思われる。北原案も同じく4部構成だが、第1部の第1節は「同和問題の概観」、第2節はⅠの「同和問題の歴史性」とⅢの「同和問題の基本認識」を統合し「同和問題の本質」にすること、第2部は「同和問題解決の基本方向」として過去から今日までの同和対策の歴史を取り上げる、とした。

　これを見るかぎり、最終的には北原案が採用されたことになる。ただ北原案では、第4部は行政組織の問題、財政上の問題、立法上の問題、審議会または協議会などの点をそれぞれ節として取り上げ、それなりの分量のものを考えていた節がある。結局、「結語」として短くまとめられることになった理由は明らかでないが、この総会でもっとも意見が出たのはこれらの点である。各論点について各委員に大筋ではそれほど意見の違いがあるわけではないが、各委員がもつイメージに少しずつずれがある。

　たとえば法律の制定についても、基本法とする石見や柳井に対して、米田は「基本法をつくるといたしましても、そのことにはあえて反対はしませんが……その基本法を基本としたいろいろの具体的な問題ごとに対処するような単独の法律がなければならん」「重点は単独の法律に」とする。また行政機関にしても、技術的、法制的な問題も絡んで意見がまとまらない。

　総会も最後に近くなった頃、山本から「同和対策の具体策」は環境改善、産業経済対策、教育対策の順番にすべきだという意見が出された。これに対して磯村は「国民の認識ということから変えていかなければならんというこ

とが、この審議会の重要事項ではなかったか」、同和問題が憲法上の問題であるとするなら「やはり人権の問題が取り上げられることが順序」と反論し、伊藤もこの意見に与する。さらに田辺も「環境とかなんとかそこだけの問題ではなくて、全体の人権思想の教育が根底に行き渡らなければと思って、人権が大事だと思ってきたのですが」と食い下がるが、山本の「説教では解決しない」、北原の「物的条件を改善すること、それが問題を解決する基礎的な条件だと思う」という意見に押し切られる。基本法にしてもこの問題にしても、今日から見ると違和感を覚えるが、いまだ絶対的格差が多くの部落に見られた時代背景を抜きにして、この点を語ることはできないだろう。

　このほかに議論になった点を逐一取り上げることは紙面の関係上不可能であり、ここでは筆者がとくに関心をもった点に限った。このほかに感じた点を2点ほど述べる。まず、答申「前文」に関してはまったく意見が出ていない。磯村の言うように、この点については問題にならなかったからか、それともこの時点ではまだ提出されていなかったのか。第2に、磯村は、原案はあまり修正されずにすんだように語っているが、審議会の意見を見ていると相当大幅な修正があったように思われる。たとえば、答申では部落の歴史について触れられていないが、磯村案では古代の賤民制から説き起こしているようである。いずれにしても、この速記録をふまえて、あらためて磯村先生に質問ができれば、もう少し詳しいことが聞き取れたかもしれない。残念である。

第 **6** 章

高度成長期の被差別部落

「同和対策審議会調査部会総会報告書」から見えるもの

はじめに

　本章のテーマは、1965年に内閣総理大臣に出された「同和対策審議会答申」の附属文書「調査部会総会報告書」（以下、「報告書」と略す）から、高度成長期の比較的早い時期の被差別部落の具体像を探ることにある。報告書は、審議会内に設置された調査部会が政府より諮問された「同和地区に関する社会的及び経済的諸問題を解決するための基本的方策」という課題に対して答申を作成するための基礎資料として、1962年から翌63年にかけて実施した部落実態調査（以下、「62年調査」と略す）の報告書である。同調査は、全国に散在する部落のうち約4000地区を対象に行った基礎調査と、そのなかから抽出した16地区の精密調査の2つから成る。とくに後者の調査報告は当時の部落の様子を具体的かつ詳細に描いているが、報告書は大部であるために残念ながらこれまであまり顧みられてこなかった。

　ちなみに同和対策審議会を引き継いだ同和対策協議会も、62年調査から5年後の1967年に同じ形式を用いて全国同和地区実態調査を行っている（以下、「67年調査」と略す）。その後、同和地区の全国調査としては次の5回が行われている。

1971年	全国同和地区調査
1975年	全国同和地区調査
1977年	同和対策対象地域住民就業実態調査
1985年	昭和60年度地域啓発等実態把握─生活実態把握
1993年	平成5年度同和地区実態把握等調査

　1993年を最後に、全国調査は行われていない。全国調査の概要は『同和行政四半世紀の歩み』（総務庁長官官房地域改善対策室編集、中央法規出版、1994年）に掲載されている。

　ところで高度成長期の部落の状況を当時の解放運動はどのように認識していたか。1962年の部落解放同盟第17回全国大会の運動方針（草案）によると、

「二、部落の状態と融和政策

1、ますます悪くなる部落の状態

　　農村の部落民は、農地解放後も自営農民として生活することができず、農業労働、山林労働、単純土木労働などによって、わずかに生活をささえてきたが、工業生産資本による土地取り上げ、農業の機械化などのため農村で仕事を求めることが困難になり、男子がほとんど長期の出稼ぎをするようになった。このため家庭生活は破壊され、失業者と生活困窮者が激増している。この事情は漁村でもおなじで、とくに臨海工業地帯の造成によって漁区をうばわれる部落民が増加し、生活が窮迫する傾向がみられる。都市の部落では、伝統的産業である皮革・靴・履物などの製造企業がほとんど破壊されようとしている。これらの産業は早くから独占資本に圧倒されていたが、最近におけるアメリカ資本の進出と化学・機械技術の発達により、おくれた部落の零細経営は壊滅的打撃をうけている。このため大多数の業者が転業を余儀なくされ、大量の労働者が失業する運命に追いこまれている。」（『部落解放運動基礎資料集Ⅰ　全国大会運動方針　第1〜20回』部落解放研究所編、1980年）

　こうした事実認識は具体的事実を積み上げて作られたというよりは、マルクスの貧困史観にむしろ事実のほうを近づけたというべきであろう。ただ、こうした歴史観は解放同盟だけではなく、当時の左翼・革新と呼ばれる多くの政党や運動団体に共通するものであった。半世紀以上たった今日から見て、こうした認識を客観性を欠くものとして一蹴することは簡単だが、それでは高度成長期の日本にあって部落がどうであったのか、その点を具体的なデータに基づいて明らかにすることは容易ではない。その点で、とくに上記の精密調査は16地区ではあるけれども部落の現状や課題を様ざまな観点から描き出しているので、当時の部落の実像にかなり近づけるのではないか。また、精密調査は16地区を大都市型、中小都市型、近郊農村型、農漁村型の4類型に分け、その調査結果を相互比較するという手法をとることにより、それぞれの類型の特徴や問題点も明らかにしているという点でも興味深い。

62 年調査も 67 年調査もともに日本の高度成長期のただなかに行われており、また、特措法制定（1969 年）以前に実施されている点で、同和行政が本格的に実施される以前の 1960 年代の被差別部落がどのような実態であったか、また高度成長が被差別部落にどのような影響を与えたか、または与えていないかをこれらの調査から少しでも明らかにできればと考えている。

　私が参照した報告書は、部落問題研究所から出版された『同和対策審議会答申　昭和 40 年 8 月 11 日』（出版年不明）であるが、これは入手困難なので、関心のある方は『資料・部落解放国民運動　「同対審」答申完全実施要求「特別措置法」具体化要求』（部落解放同盟中央本部編、部落解放同盟中央出版局、1972 年）を参照されたい。また 1967 年全国同和地区調査も同書に収載されている。

　なお、以下の本文にある「　」内の記述は、とくに明示されたものや強調のためのもの以外は報告書の引用からである。

1　1962 年調査の概要

調査部会の設置

　1960 年 8 月に制定された同和対策審議会設置法に基づき、内閣により審議会委員が任命され、第 1 回総会が開催されたのは翌 1961 年 12 月であった。同和対策審議会（以下、「同対審」と略す）では当初、委員が各地の部落を視察していたが、第 3 回総会で北原泰作委員より、調査部会を設置してはどうかという提案を受け、翌年 5 月に磯村英一を部会長とする調査部会が設けられた。調査部会には磯村のほか 8 人の委員・専門委員が選ばれた（第 4 章を参照）。

調査の実施

　調査は、全国基礎調査と同和地区精密調査の二つに分けて行うこととし、調査の内容に関する企画立案はともに調査部会が行った。

　全国基礎調査は 1962 年（昭和 37）に実施（期日は 38 年 1 月 1 日現在）されたが、実際には同対審が都府県に調査を委託して、さらに各都府県が同和地区を抱える末端市町村に指示をして必要な報告を受け、それを集約して同対審に提

出、同対審はそれらを全国集計し分析したものと思われる。ただ都府県のなかには「すでに混住によって分散しており、地区集団としてとらえることが困難であるばかりでなく、調査を強行することは「寝た子を起こす」結果となって、行政上思わしくない」という理由で調査を拒否する都県（岩手、宮城、山形、東京、神奈川、宮崎）や、一応報告はあったものの地区に漏れのある府県（福島、茨城、新潟、大阪）もあった。こうした都府県に対しては専門委員の努力によりできるかぎり実態把握に努めている。

　同和地区精密調査は、全国の部落から類型別に16地区を抽出し、1962年と翌63年の2回に分けて実施している。調査にあたっては調査部会委員が分担して現地に赴き、当地の協力者とともに行っている。「調査部会は、設置以来回を重ねること48回、その間各委員は、分担する地区に長期にわたって調査の指導を行い、自からも調査に参加し、実態の^{（ママ）}は握に努力を払った」というから、各委員がかなり精力的に調査に関わったものと見られる。

報告書の作成

　報告書は、まず収集されたデータに基づき草案づくりから始まった。基礎調査は小沼正が、精密調査は大橋薫、竹中和郎がそれぞれ分担し、総括を磯村が担った。それを受けて調査部会委員全員で協議を重ね、ようやく部会としての成案が完成。それを総会に諮り、そこでまた審議されることになる。その間もずっとデータの整理、案文の修正加筆整理などが続けられ、その作業量は膨大であったと思われる。こうしてできたものが「調査部会総会報告書」である。いずれにしても、こうして戦後では初めての本格的な全国部落実態調査が完成することになった。

2　全国基礎調査

全国基礎調査の概要
①調査の内容と実施方法

　同対審から都府県に調査を委託する際に送られた「同和地区全国基礎調査表」によれば、調査項目は以下のとおりである。

- 所在地
- ①地区名、俗称、②旧市町村名、③戸数、④世帯数、⑤総人口
- ⑥地区人口と混住率
- ⑦地区住民の主な職業（日雇い労働者、常用労働者、自営業者）
- ⑧失業対策事業紹介適格者数
- ⑨生活保護を受けている世帯の数

　調査表の末尾に「記入者　○○市区町村　○○係」とあるから、この表が都府県からさらに担当市区町村に配布され、市区町村が質問項目に記入したのち、それを都府県が回収・再集計し、その結果を同対審に送ったものと思われる。

　調査項目①と②は、「今回の基礎調査の結果を、過去に行なわれた悉皆調査と比較する際の容易さなども考慮して設定した」、また「旧市町村名欄を設定して昭和10年3月以降の廃置分合がわかるような配慮をした」とあるから、1935年に中央融和事業協会が実施した全国部落調査などとの比較を念頭に置いたのであろう。③④⑤は市町村として当然把握しているであろうし、⑦⑧⑨も国の「労働力調査」などで各地区のデータは保有しているであろうから、基本的には「審査にあたっては、府県あるいは市町村に保管されている資料を中心とした世帯ごとに訪問調査を行なったわけではない」（ママ）ということになる。ただ、⑥の地区人口（ここではいわゆる部落民人口──筆者注）をどのように把握したのか詳しくは述べられていない。ただ、「"地区"人口の把握それ自体が非常に困難な事情がある」にもかかわらず、混住率を把握することは「この調査の柱」であるとしている。

②調査の対象──同和地区、地区住民の定義

　調査の対象である同和地区について、報告書では「当該地方において一般に同和地区であると考えられているもの」を言うとした。これではほとんど何も定義していないのと同じである。しかし、「同和地区といっても、それは人々の認識は（に？──筆者注）より存在するものであり、実際に把握す

るうえではかなりの問題がある」。そこで、客観的な基準を示すよりも、人びとがそこを部落だと認識しているところを「同和地区」にした、ということなのであろう。

さらに「同和地区を調査単位とするためには、地区の地域範囲を限定する必要がある。しかし、往時にあったその姿は、都市化・市町村の廃置分合、一般住民との混住、いわゆるスラム的地区における低所得者層との混住などを通じて、現在ではほとんどみられなくなっており、とくに市部においてはこうした傾向が著しい」。そこで、「今回の基礎調査では地域の範囲を「当該地方において一般に同和地区と認められるひろがり」という限定をせざるを得なかった」と吐露している。

その結果、同和地区にしろ、その範囲にしろ、実際には担当する「調査機関ないし調査票記入者の判断によるものと考えざるを得ない。さらに加えて問題が問題であるゆえに、公的機関が判断した場合には、判断の過程において、施策の必要性が加味されるであろうことも否定できない」と言う。これは施策の必要性や実効性といった政策判断から、逆に同和地区の範囲が決定されるということを意味するのであろうか。いずれにしろ同和地区の範囲に関する判断の主観性・恣意性を報告書自身が認めている。

また、「基礎的資料としての戸数・世帯数・人口については、混住者がみられる現状から、一般的な認識のもとで調査単位としての同和地区全体にかかわるものを把握した」とし、調査対象をいわゆる"部落民"に限定していない。さきほどの調査項目⑦⑧⑨も同様である。調査項目⑥の「"地区"人口とは、同和地区内に常住している"部落民"といわれる人口」と規定したが、これも同義語反復であり、やはりほとんど基準を示すものではない。

ちなみに67年調査の定義では、「「同和地区」とは従来から封建的な身分差別を受け、一般に部落民といわれる人々の集団的地域をいい、地区の範囲は一般に認められてきた範囲をいう」、このように同和地区の定義について多少は客観性を持たせてはいるものの、その範囲は62年調査の定義を踏襲しており、「部落民」に関してはとくに触れられていない。ちなみに67年調査では「「地区人口」とは当該同和地区における部落民とそれ以外の住民とを合した人口」としている。こちらのほうが「地区人口」という言葉の素直

な解釈といえよう。そしていわゆる部落民のことは「同和関係人口」と言い換えた。

　同和地区の範囲や部落民をどのように定義づけるかは今日なお困難な問題である。ただ近代以降も戦前ぐらいまでは多くの場合、部落と部落外、部落民と非部落民との境界はかなり明確であり、それらは定義など必要ないほどに"言わずもがな"であったのだろう。それゆえに戦前の部落調査では部落の範囲や部落民の定義にそれほど議論の必要性がなかったのかもしれない。行政の側も、明治期後半より国策として各部落で調査が繰り返されてきたし、壬申戸籍や過去帳などを使って、かなり情報を得ていたであろう。しかし報告書にあるように、戦後20年近く経過して混住化が進み、地域も人もその境界が不明確になると、あらためて調査部会のなかでどのように定義づけるか議論がなされたと思われる。しかし、残念ながら、同対審総会の速記録では議論された形跡はなく、また調査部会の速記録は残されていないのでわからない。

　こうした定義の曖昧さによる混乱は、後述の混住率の数値によく表されている。また、特措法が始まり、地区の線引きや誰を部落民とするかが事業やその補助金の対象につながるという事態に至ると、行政や地域有力者の恣意などが入り、問題はさらに複雑な様相を呈する。

③混住率の定義

　この報告書では混住の問題を「地区人口率」または「部落人口率」という言葉で表現している。地区人口率とは「同和地区総人口により「地区人口」（＝部落民人口）を除したもの」を言う。67年調査では「混住率」という言葉を用いているが、考え方は62年調査と同じで、「地区内総人口に対する同和関係人口の割合」としている。同和関係人口とは前にも述べたように部落民人口のことで、以後行政はこの用語を用いている。しかし一般に混住化と言うときは、同和地区内に一般地区住民が流入し混在している現象を言い、したがって「混住率」は、同和地区内に常住している非部落民人口を同和地区総人口で除したものと理解されている。ここでは混住率、混住化と言うとき、後者の理解によるものとする。前者の意味で用いるときは「部落人口率」や

「部落民人口率」を使いたいと思う。

全国調査から見えてくるもの

①同和地区の地区数、世帯数、地区人口、混住化の推移

表 1 では、1958 年から 1993 年までの 35 年間に実施された 7 回の全国部落実態調査から地区数、世帯数、地区人口、混住率の数値を時代順に並べたが、なにぶんにも基本となる地区数にバラツキがあるため、世帯数や地区人口の動きについても評価がしづらい。なお 62 年調査と 67 年調査の数値の変動に関して、67 年調査は「同和地区の定義が不明確な余地を含んでいること、調査の性質上調査対象の把握において全国的な斉一性を期しがたい諸事情等も考慮して観察すべきだろう」と注意を促しているが、この点は 62 年調査も同様であろう。

全体的な印象としては、地区人口（この場合は部落民人口を指す）は 1958年から漸次減少傾向にあったが、1975 年から増加に転じたものの（ただし、地区数も 1 割以上増えている）、1993 年からふたたび大幅に減少している。世帯数は、1962 年の数値は地区全世帯の数であり、それ以降の数値は同和関係世帯のみの数である。1962 年の数値に混住率を掛けるとだいたい 24 万から 25 万世帯になるので、1962 年以降は横ばいかわずかに増加傾向にあると言える。ただし、1993 年には地区人口と同様に減少に転じる。また 1 地区

表 1　同和地区の地区数、世帯数、地区人口、混住率

	地区数	世帯数	地区人口	混住率	1地区当たりの世帯数	1世帯当たりの人口	1地区当たりの人口	同和地区内総人口
1958 年	4,133		1,220,157				295.2	
1962 年	4,160	407,279	1,113,043	60.0			267.6	1,869,748
1967 年	3,545	262,343	1,068,302	66.8	74.0	4.1	301.4	1,599,370
1971 年	3,972	277,137	1,048,566	71.9	69.8	3.8	264.0	1,458,802
1975 年	4,374	315,063	1,119,278	60.8	72.0	3.6	255.9	1,841,958
1985 年	4,603	328,299	1,166,733	58.0	71.3	3.6	253.5	2,010,230
1993 年	4,442	298,385	892,751	41.4	67.2	3.0	201.0	2,158,789

＊各年の数値は、1958 年から 1967 年は『同和対策の現況　昭和 48 年 12 月』（総理府編、1973 年、68 ページ）を、1971 年から 1993 年は『平成 8 年版　同和問題の現況』（総務庁長官官房地域改善対策室／監修、中央法規、1996 年 72 ページ）をそれぞれ参照。

当たりの世帯数はそれほど変化していないか、あるいはわずかに上昇しているものの、1地区当たりの人口あるいは1世帯当たりの人口は地区数の増加を勘案すると確実に減少し、1993年には両方の数値が大きく減少している。これらを見る限りでは、高度成長期以降でも部落内の世帯数は大きく変動することはなかったが、部落の人口流出は若年層を中心にわずかずつではあるが進行し、世帯規模は縮小する。そして同和対策事業もピークを過ぎた1990年代になると、その世帯数も減少に転じ、地区人口の減少も加速するということになったのではないか。

　日本全体で見ると、戦後、農村地方から都市部への大規模な人口移動は1970年頃には終息しつつあったが、部落では1960年代にはわずかに減少するもそれほどの人口移動があったとは、少なくとも表1からは見て取れない。その一方で、同和地区内総人口は1975年から大きく増加している。同時に混住率（この場合は部落人口率）の数値も1975年以降急激に下がっている。そして1993年には混住率が一挙に40％台になるが、これはそれまでの一般地区住民の流入現象以外に、1990年代前後から部落世帯、部落人口の本格的な減少傾向が始まったことが要因ではないかと推測される。

　ただ大阪・西成地区のように一般下層労働者集住地区と部落が混在して、境界が不明な大都市部落においては、その混住化は容易に想像できるが、都市近郊部落や農村部落のように狭い地域に部落民が密集して住んでいるような地域で、表1にあるように1962年段階で一般地区住民が同和地区の総人口の40％を占めるというような状況が本当にあったのだろうか。これについては精密調査の分析のなかで再度論じることにしたい。

　②混住率
　表2によると、62年調査では同和地区総人口に占める部落民人口の割合が20％未満の府県は石川、山梨、長野、島根で、逆に100％の府県は奈良、愛媛である。ところが5年後の67年調査では、同じく部落民人口率が20％未満の府県は埼玉、新潟で、逆に100％の府県はなんと山梨と大阪である。なお、その67年調査では注記として「（大阪は）地区全体の人口を同和関係人口（＝部落民人口──筆者注）とみなした」（下線は筆者）とある。さらに表

2では、東日本、とりわけ関東地方の部落において混住化が進んでいること
になるが、そのようなことがあるのだろうか。結局、この混住率の表からは、
部落の線引きや誰を部落民とするかについてかなり恣意的に行われた地域も
あることを推測させる結果となっている。あとで詳しく述べるが、精密調査
では、一部の都市型大規模部落を除いて全国的には必ずしも基礎調査の部落
人口率が示しているのと同じような状況を示しておらず、この数字はかなり
疑わしいと言わざるを得ない。

　ところで混住化という現象は部落民の流出と非部落民の流入によって起き
るが、行政的には、混住化は両者の融和や和解の象徴であり、歓迎すべきも
のとしてとらえられている。62年調査が「この調査の柱」だとして混住率
にこだわったのも同じ視点からだろう。たしかに混住化という現象は止めよ
うのない事実ではあるけれども、部落民の側からすれば、かつての部落民
同士のコミュニティが失われていくだけでなく、融和が進む一方でなお存在
する被差別の現実に対して立ち向かう運動の力の弱体化、さらにはアイデン
ティティの喪失、被差別体験の世代間継承が困難になるなど多くの問題点を
含んでいる。より根本的な問題は、混住化の進行は本当に一般地区住民の部

表2　混住率による府県分布

1962年調査			1967年調査		
部落人口率	府県数	府県名	混住率	府県数	府県名
10〜19%	4	石川、山梨、長野、島根	20%未満	2	埼玉、新潟
20〜29	5	茨城、栃木、新潟、長崎、大分	20〜29	0	
30〜39	3	群馬、千葉、静岡	30〜39	1	茨城
40〜49	2	埼玉、大阪	40〜49	6	群馬、長野、岐阜、広島、佐賀、大分
50〜59	2	富山、福岡	50〜59	2	福岡、熊本、
60〜69	2	岡山、山口	60〜69	3	千葉、島根、山口
70〜79	4	岐阜、広島、佐賀、熊本	70〜79	3	兵庫、岡山、徳島
80〜89	2	高知、兵庫	80〜89	8	福井、静岡、愛知、三重、京都、和歌山、鳥取、鹿児島
90〜99	9	福島、福井、三重、滋賀、京都、和歌山、鳥取、徳島、香川	90〜99	6	神奈川、滋賀、奈良、香川、愛媛、高知
100	2	奈良、愛媛	100	2	山梨、大阪

＊ 1967年調査の混住率は部落人口率のこと。
＊ 1967年調査の出典：『同和行政四半世紀の歩み』438ページ。

落に対する差別意識が払しょくされていることの証明になるのか。その検証が必要であろう。

③同和地区の世帯数、地区人口の分布に見る傾向

同和地区の世帯数を規模別に見ると、20世帯未満の地区（小規模部落）は全同和地区4160地区のうち28.8％でもっとも多く、逆に500世帯以上の地区（大規模部落）は全体のわずかに2.7％にすぎない。つまり地区数だけで見ると、全国の同和地区のうち約3割が小規模部落だということになる。しかし、全世帯数、全人口で見ると、その割合が逆転して、同和地区全体の世帯・人口がこのわずかな大規模部落に集中することになる。しかも67年調査によれば、300世帯以上は全国に227地区（6.4％）あり、そのうち117地区（51.5％）が近畿（31地区＝大阪、30地区＝兵庫、21地区＝奈良）で、大規模部落の半数は近畿地方に集中している。62年調査でも、同和地区全世帯のうち近畿の同和地区世帯が37％を占め、同和地区総人口のうち、近畿の同和地区人口が45％を占めている。

したがって戦後の解放運動が、都市型の大規模部落を中心に牽引されていくことはある意味必然であるが、全国に点在する20世帯を切るような小規模部落が置かれた状況や、戦後の解放運動に託した思いとはどういうものであったのかを、今日改めて検証することは重要ではないだろうか。

④年齢別人口構成

1962年の基礎調査では地区人口はわかるものの、年齢別の人口構成はわからない。精密調査では年齢を聞いているので16地区に関してはわかるが、年齢区分が20歳未満または60歳以上なので全国調査と比較ができない。表3は、15歳未満の若年者人口と、65歳以上の高齢者人口を同和地区と全国で比較したものだが、比較ができるのは1967年以降ということになる。15歳未満人口については同和地区と全国との数値はそれほど大きな差異はないものの、同和地区のほうがわずかに減少スピードは速い。減少要因としてはたんに少子化だけではなく、出産・子育て世代が地区から流出しているためではないか。とくに1985年から1993年にかけて5ポイントも減少している

表3　年齢別人口構成

表3　年齢別人口構成 (%)

	同和地区		全　国	
	15歳未満	65歳以上	15歳未満	65歳以上
1962年（＊1）	43.5（＊2）	10.1（＊3）		
1965年			25.7	6.3
1967年	27.5	9.5（＊4）		
1970年			24.0	7.1
1971年	24.1	7.2		
1975年	23.1	8.1	24.3	7.9
1980年			23.5	9.1
1985年	21.5	14.8	21.5	10.3
1990年			18.2	12.1
1993年	16.2	15.5		
1995年			16.0	14.6

＊1　精密調査16地区の合計数字。
＊2　20歳未満。
＊3　60歳以上。
＊4　1967年の同和地区は60歳以上。
出典：全国総務省統計局　2-1　人口の推移と将来人口。

のが注目される。いずれにしても1993年以降一度も全国調査が実施されていないので、その後の部落の実態はわからない。

　高齢者人口の割合も同和地区と全国の数値にそれほど大きな差異はないが、同和地区では1971年から1993年までの22年間に8.3ポイント増加したのに対して、全国では1970年から1990年までの20年間の増加率は5.0ポイント。ここでも高齢化の速度は同和地区のほうが少し早いように思える。

　1993年以降こうした同和地区の過疎化と高齢化はより加速していると推測されるうえに、③で見たように約3割の部落が20世帯未満であり、これら少数点在部落の多くが農山村地域にあるため同和地区の高齢者問題はより深刻である可能性が高い。部落であるがゆえに抱える問題点もあるだろう。あらためて調査が実施されることを望む。

⑤就業構造

　1962年の基礎調査票では、⑦地区住民の主な職業（日雇い労働者、常用労働者、自営業者）を尋ねているが、報告書では各自治体から上がってくる調

査結果の実数を集計して示してはいないので、全国調査と比較ができない。そこで、報告書の文章をそのまま示すと以下のとおりである。

〈地区有業者に占める日雇い労働者の割合〉
10％未満の地区　　　28.2％
10 〜 20％未満の地区　24.2％
20 〜 50％未満の地区　32.3％
50％以上の地区　　　15.3％

〈地区有業者に占める常用労働者の割合〉
30％未満の地区　70.9％
50％以上の地区　　9.0％

〈地区有業者に占める自営業者の割合〉
20％未満の地区　12.8％
50％以上の地区　60.7％

　この基礎調査の数値を見るかぎり、日雇い労働者の占める割合はきわめて高く、逆に常用労働者の割合は非常に低い。これらは最初に触れた解放同盟の運動方針案が描き出した当時の部落の状況に近いものと思われる。しかしながら、次に見る精密調査ではあきらかに上の数値とは異なる実態を示している。そもそも 20 世帯未満の地区も何千世帯もある地区も 1 とカウントして示された数字であり、必ずしも全国の部落の状況を表しているとは思えない。ちなみに 1971 年調査では「臨時・日雇」の割合は就業者中 15.5％で、1985 年調査では「月給」「日給月給」を除いた割合は 21.4％となっている。こうした調査に代わって、1967 年以降は産業別就業構造の調査が継続的に実施されているので、これを見ていくことにする。
　表 4 を見ると、全国では第 1 次産業就業者の減少は 1950 年代の高度成長とともに始まり、第 3 次産業との割合が逆転したのは 1955 年、その後も第1 次産業は急速に収縮している。しかし、部落の産業構造の変化は少なく

表4　産業別就業者数の割合

(%)

	同和地区			全　国		
	第1次産業	第2次産業	第3次産業	第1次産業	第2次産業	第3次産業
1955年				37.6	24.4	38.1
1960年				30.2	28.0	41.8
1965年				23.5	31.9	44.6
1967年	31.8	32.9	35.3			
1970年				17.4	35.2	47.4
1971年	27.4	38.5	34.1			
1980年				10.4	34.8	54.8
1985年	11.1	36.3	52.6			
1990年				7.2	33.6	59.2
1993年	8.1	38.1	53.8			
1995年						

出典：同和地区は『同和行政四半世紀の歩み』から1967年＝439頁、1971年＝459頁、1985年＝503頁、1993年＝『1993年：総務庁長官官房地域改善対策室監修「平成8年版　同和問題の現況」』中央法規出版、1996年、87頁。全国は労働政策研究・研修機構　図4　産業就業者数。

表5-1　産業類型別有業者数の割合—同和地区

(%)

	農林・漁業	鉱業	生産運輸	建設・製造	運輸・通信	サービス業	販売サービス	卸小売	公務	事務	その他	合計
1967年	31.8	0.7		32.3	5.4	7.8		12.7			9.4	100.1
1971年	27.5		43.0			18.3				8.6	2.6	100.0
1977年	13.5	0.6		43.8	4.6		14.6	15.6	6.2		1.1	100.0
1985年	10.3	0.8		36.3	4.5		12.4	12.2	12.7		10.7	99.9
1993年	7.7	0.4		38.1	5.7	16.8		14.6	10.8		4.9	99.0

出典：『同和行政四半世紀の歩み』から1967年＝445頁、1971年＝460頁、1987年と1985年＝503頁、1993年＝『平成8年版　同和問題の現況』87頁。

表5-2　産業類型別有業者数の割合—全国

(%)

	農林・漁業	鉱業		建設業	製造業			卸売小売	金融保険・不動産		その他	合計
1967年	21.1	0.5		7.3	25.4			22.1			23.6	100.0
1971年	15.9	0.4		8.1	27.0			20.2	2.8		25.6	100.0
1977年	11.9	0.4		9.3	25.1			22.3	3.4		27.7	100.1
1985年	8.8	0.2		9.1	25.0			22.7	3.7		30.5	100.0

出典：労働政策研究・研修機構　図4　産業就業者数

とも1960年代は比較的緩やかであった。67年調査では同和地区の第1次産業が31.8%と、依然地区産業のなかでの比重が高く、しかも部落の平均耕作面積が一般に比べて少ないことを考えると、農業に依存している部落では経済的に厳しい状況にあったことが推測される。しかし、1970年代に入って特措法が制定され同和対策事業が本格的に実施されると、部落の農業・漁業従事者の割合も急速に減少し、1985年調査では全国平均とそれほど差がなくなる。表5-1では、産業区分が調査年次によって異なり、さらに表5-2の全国とも区分が異なっているために比較はむずかしいが、総じて建設・製造・運輸の比率が高く、とくに77年調査以降、その傾向は一段と強まる。建設や土木への従事者が多いのは、同和対策事業の影響と想像されるが、それ以外は、地区レベルでの分析が必要かと思われる。また、

出典：『同和行政四半世紀の歩み』504ページ。

表6 同和地区の産業分類別、性別・年齢階級別有業者数 (1985年)

（総数以外は%）

区分		総数(人)	農業	林業	漁業	鉱業	建設業	製造業	電気・ガス・水道業	運輸・通信業	卸売・小売業・飲食業	金融・保険・不動産業	サービス業	公務	分類不能の産業	不明
性別	男	10,115	8.1	0.7	1.5	1.1	22.7	17.3	3.5	6.7	9.7	1.0	10.0	12.3	5.0	0.5
	女	6,522	9.6	0.2	0.9	0.3	5.7	24.9	1.6	1.0	16.1	2.5	16.1	13.4	6.5	1.1
年齢階層別（男女計）	15~19歳	485	0.6	0.0	1.6	1.4	9.9	27.4	5.2	4.3	20.6	2.5	17.1	4.5	3.7	1.0
	20~24歳	1,714	0.8	0.2	0.4	0.8	10.1	20.1	4.3	5.0	16.0	3.9	17.4	14.7	5.9	0.5
	25~29歳	1,502	2.3	0.1	0.7	0.6	14.4	15.9	4.1	4.4	14.0	2.1	15.6	19.4	5.9	0.5
	30~34歳	1,764	3.2	0.4	1.1	0.5	15.9	20.6	3.7	5.7	10.5	2.0	13.4	16.8	5.3	0.9
	35~39歳	2,084	3.8	0.3	1.3	0.5	17.5	21.7	3.1	6.4	12.0	1.6	12.1	13.6	5.0	1.0
	40~44歳	1,829	3.3	0.3	2.0	1.0	15.6	25.0	2.7	5.7	12.3	1.4	12.0	12.7	5.2	0.7
	45~49歳	1,851	7.1	0.5	1.6	1.4	19.2	23.4	2.6	4.1	11.6	1.0	10.2	11.2	5.7	0.4
	50~54歳	2,003	11.5	0.6	1.6	1.0	19.6	22.0	1.9	4.6	10.0	0.7	10.1	10.4	5.5	0.6
	55~59歳	1,632	18.0	1.2	1.6	0.7	18.8	19.2	1.5	2.5	9.4	0.7	9.5	9.3	6.7	0.9
	60歳以上	1,773	30.1	0.7	0.7	0.3	13.8	11.5	0.8	1.3	12.5	0.8	10.5	9.7	6.0	1.1

77 年以降は産業区分に公務が入っている。

表6は1985年の時点で、同和地区の有業者の数を産業ごとに年齢別・性別に見たものである。60歳以上を除く全世代で製造業や建設業の従事者の比率が高い。世代別にみると、10代と20代は卸売・小売・飲食業のサービス業の比率が高いのに対して、30代から50代は建設業の比率が高い。また、10代と20代は公務の比率も高い。また、農業従事者は女性の割合が男性よりも多く、世代では50歳代以降が60%を占めている。

⑥生活保護法による保護の受給状況

1962年調査では同和地区の100世帯あたりの被保護世帯は7.1であるのに対して、全国平均は3.2（ただし国立社会保障・人口問題研究所によると2.6）である。府県別に見ると15を超える府県は、長崎（52.4）、香川、福島、高知、福岡、徳島、佐賀で、逆に2以下の府県は、茨城、長野、栃木、千葉、埼玉である。

1962年以後の生活保護受給率の推移は表7に示している。

表7　生活保護受給状況
(%)

	同和関係	地区全体	全国
1962年	7.1		2.6
1967年			2.4
1971年	7.6	6.3	2.2
1975年	7.6	5.4	2.1
1993年	5.2	2.8	1.4

出典：全国は全国社会保障・人口問題研究所。

3　同和地区精密調査

同和地区精密調査の概要

同和地区精密調査は、表8のようにまず全国の部落を大都市型、中小都市型、近郊農村型、農漁村型の4類型に分け、それぞれの類型にあてはまる部落を2から6地区選定し、全部で16地区を抽出した。このほか単純労働型や伝統産業型など産業や雇用形態別にも分類している。そして16地区すべてに同一の質問・調査をすることで、それぞれの部落が抱える問題点や課題を掘り下げるとともに、それぞれの質問内容に関して16地区を相互に比較することにより類型化された部落の特徴を明らかにしようとしている。

①地区の類型化と 16 地区の選定

　対象地区の選定にあたって調査部会のなかで具体的にどのような議論がなされたのかは不明であるが、それぞれの類型にあてはまるかどうかということのほかに「1 県 1 地区の原則や対象地区が、地区の多い関西地方に偏することなく、中部地方や関東地方にもおよぶように配慮されたが、現実の問題として、現地調査が円滑に進められるように審議会委員並びに調査専門委員会に、何らかのつながりがあって、調査に対する協力のえられることも、条件の一つとされた」とある。結果として、調査部会の委員である柳井（山口）、山本（広島）、藤範（和歌山）、米田（奈良）、野本（埼玉）のそれぞれの地元から抽出されている。ただ、北原の地元である岐阜が調査対象になったのは次の 67 年調査である。配分としては、九州 1（福岡）、四国 3（愛媛、徳島、高知）、中国 3（山口、広島、岡山）、近畿 5（兵庫、大阪、京都、奈良、和歌山）、中部 2（静岡、長野）、関東 2（埼玉が 2 地区）と西日本に偏る結果となっている。1 地区 100 世帯以下は埼玉の 2 地区、逆に 400 世帯以上は大阪、兵庫の 2 地区である。

②調査の内容

　16 地区に対する調査は次の 3 種類が行われている。

表8　16 対象地区と地区の類型

大分類	中分類	地区名	都道府県	地区人口	世帯数	混住化	類型
都市的地区	大都市	錦林	京都	945	303	混住化	単純労働
都市的地区	大都市	西成	大阪	約3万	6,742	単一型	伝統産業
都市的地区	中小都市	高木	兵庫	3,188	669	単一型	伝統産業
都市的地区	中小都市	宮前	高知	1,002	303	混住型	単純労働
都市的地区	中小都市	加増	長野	573	126	単一型	伝統産業
都市的地区	中小都市	駒向	奈良	1,356	322	単一型	単純労働
農村的地区	近郊農村	吉野	静岡	1,774	288	単一型	果樹園芸
農村的地区	近郊農村	中西外	愛媛	540	124	単一型	専業農家
農村的地区	近郊農村	右田	山口	465	114	単一型	兼業農家
農村的地区	近郊農村	一宮	徳島	1,556	351	単一型	兼業農家
農村的地区	近郊農村	西脇	福岡	1,401	345	単一型	兼業農家
農村的地区	農漁村	中原	埼玉	140	33	単一型	単純労働
農村的地区	農漁村	田ヶ谷	埼玉	491	81	単一型	専業農家
農村的地区	農漁村	打田	和歌山	1,013	229	単一型	兼業農家
農村的地区	農漁村	久世	岡山	802	176	単一型	専業農家
農村的地区	農漁村	柿浦	広島	1,010	223	単一型	近代漁業

A　概況調査　地区の歴史・由来、地形的・地理的特徴、産業、地区生活の全般的特徴など概括的にとらえるための調査。おもに関係者への聞き取りや既存資料に依存している。

　B　地区世帯調査　地区住民の生活実態を精密に把握するために、すべての対象地区住民に直接面接して、質問し、調査票に調査者が書き込む他計式とした。ただし質問は基本的に世帯主に対して行われ、質問内容によっては家族員全員に及ぶ場合もある。

　C　地区外住民調査　地区に隣接して居住する住民の、同和地区またはその住民に対する意識や態度。「対象者は、隣接地区住民の世帯主もしくはその配偶者を単純無作為に抽出」「対象者に直接面接して質問し、調査票に他計式で記入」する。

　質問内容は、9章（地区の概要、人口状態、家族・婚姻、産業と職業、教育状況、生活環境、生活水準、社会福祉、部落問題意識）に分かれ、全部で約90の質問から成る。このほかにそれぞれの地区の同和行政と財政についても、各自治体から提出された資料をもとに分析を試みている。

③調査の実施

　調査は地区全体（基本的に世帯主）に対して質問や聞き取りなどを行う悉皆調査方式であると言ったが、人口の多い西成と高木に関しては一部抽出方式をとり、西成では、6742世帯のうち地区内に2地点を町丁単位に設定してその両者を合わせた約300世帯に対して悉皆方式をとり、高木では、地区を2分して、その一方の約340世帯に対し悉皆方式を採用した。調査対象は基礎調査と同様、いわゆる部落民だけでなく、地区に居住するすべての住民を対象としている。

　調査対象地区には同対審調査部会の委員1、2人と政府役人が1チームとなり現地入りする。しかしそれだけの人員で調査作業を完遂することは不可能である。調査の準備から実施そしてデータの集計整理までを短期間でかつスムーズに進めるには、なにより地元行政の全面的な協力とともに、地区住民の積極的な協力が不可欠となる。そのためには報告書にあったように「審

議会委員並びに調査専門委員会に、何らかのつながりがあって、調査に対する協力のえられる」地区である必要があった。実際に、京都市の地区では朝田善之助や木村京太郎など部落解放同盟京都府連や部落問題研究所のメンバーのほか、地元の子ども会、京都大学、同志社大学の学生が協力、長野県小諸市の地区では同長野県連書記長の中山英一のほか、県厚生課主事、地元市会議員が協力、また福岡市の地区では、当時、福岡市立高校教師であった林力が全面的に協力している。これらを可能にしたのは、審議会に解放同盟員など当事者が参加していることや、全国の解放同盟による協力支援体制の存在であった。

　調査は2期に分けて行われ、第1期は1962年8月から10月にかけて5地区で先行的に実施された。その結果、質問内容にいくつかの不備が見つかり（報告書を見ると、わずかに16地区の数値に空欄があるのは、たぶんそのためであろう）、こうした点を修正して翌1963年7月から残りの11地区に対して第2期の調査が実施された。

　報告書の作成は、初めに書いたように調査研究の専門家である大橋、竹中がこれにあたった。報告書は審議会が内閣に提出した答申の附属書類の「調査部会総会報告書」にある「第2編　同和地区精密調査報告」以外に、各地区の「同和地区実態調査報告書」があったようである（以下、「地区別報告書」と略す）。おそらく後者のものがさきに作られ、それをもとに附属書類の報告書が作られたと考えられるべきであろう。したがって、以下の分析にあたっては、補助的にこの地区別報告書も参照する。

同和地区精密調査から見えてくるもの
①地区の概況
　地区についての予備知識がまったくないまま話を進めても、実感を伴わないと思うので、表8の順番に沿って16地区の当時の概況を簡単に触れておく。今日の感覚から言えば、都市近郊と思われる地区も60年前は農村地区として選ばれている。基本的には上述の「A　概況調査」を参考にしながら、位置情報や地形などはグーグルマップや当時の航空写真なども利用している。

錦林（京都府）

　京都市内の中心部にあり、南には平安神宮や岡崎公園がある。地区の形成は寛文年間（1661～1673）まで遡るものの、世帯数は300程度であるから規模としてはそれほど大きくはない。昭和期頃より人口の「増減はほとんどみられない。また他地区との地域的移動率は極めて乏しく」、閉鎖的傾向にある。地区内には部落固有の伝統産業はなく、数戸の土建業主を除いて特定の地区産業や工場を見ない。わずかに小売り・雑貨・飲食店なども見られるが、住民の多くは土工、人夫（井戸掘りなど）の日雇い労働か失対労働に従事している。ただ戦前と比較すれば多少とも一般職員の数が増加している。戦後の地区改良事業の結果、市内で最初の改良住宅が建設されたり、地区道路も一部では整備されてはいるが、なお戦前からの老朽不良住宅が密集していたり、狭小で不衛生なまま放置されている道路がかなり残されている。

西成（大阪府）

　大正時代に皮革の需要が増大したため皮革産業の中心地であった西浜地区（浪速）が南へ拡大し、一方、明治末期から釜ヶ崎を中心に形成されたスラム街とが合わさり、一帯に日本有数の下層労働者の社会が作られていった。調査当時も皮革製品の製造・販売に従事する者が圧倒的に多いが、一般の勤め人も近年では目立ってきている。住宅は一部に改良住宅などもあるものの、大部分は戦後に建設された応急住宅や焼け残りの老朽住宅であり、道路・排水路も整備が不十分。戦後、一般罹災者や在日朝鮮人なども流入し、混住化が進んでいる。

高木（兵庫県）

　姫路市近郊でJR姫路駅より北東部に位置し市川沿いにある。戦国時代よりこの地区の皮革が珍重され、現在も姫路革（白鞣）の産地として有名である。世帯規模669は西成に次ぐ。現在も皮革の一大産地であり、住民の80％が皮革産業に従事している。昭和10年代までにかなりの人口増加が見られたが、それ以降は微増にとどまる。地区の道路状況はほとんど舗装済みで、住宅も戦災を受けたが復興が著しく、生活水準も比較的高い。1961年度からは政府のモデル地区事業に指定されている。

宮前（高知県）

　高知市の西北端に位置し、地形的には二つの丘陵の谷間に立地して、土地が狭いうえに傾斜地が多く、居住条件がきわめて悪い。地区には小規模農業と養豚場のほかに地場産業と呼べるものが何もないため、戦前より地区外の経済に依存し、男は雑業や臨時工として、女は行商などで生計を立てる。住環境としてはそれほど悪くなく、新築家屋も各所に散在する一方で、同和行政から見離されているために至るところに老朽老廃住宅があり、道路は狭く、迷路化している個所もある。ただ、市内中心部に近いために、他地区に比べて生活環境や生活様式などで変化が見られ、周縁部に混住化も見られるのが特徴と言える。

加増（長野県）

　小諸駅の南東部に位置し、一帯は高原地帯。昔から夜明かし念仏で有名で、小諸市無形文化財に指定されている。また、全国水平社結成当時より運動に参加している。地区別報告書では「関東特有の農村型の部落であるが、又農業が主でなく、都市的形態の中に当って生活が行われ」とある。農業に従事する者は多いが、耕作面積が狭いため農業経営だけでは生活は困難。地区産業としては、畜産業や家畜商（兎の皮など）があるが、問屋を通す商習慣のために収益は多くない。逆に建設ブームのなかで左官業や土建業は活況を呈している。住環境は都市計画やモデル地区事業による公営住宅の建設でかなり改善されたものの、一歩奥に入ると旧態依然の状態にあるところが多い。

馳向（奈良県）

　桜井市東部。市の西部は平地で様ざまな古代史跡があるが、東部は山間部で、川沿いに集落が点在し、そこに室生寺や長谷寺がある。同地区周辺は長谷寺の門前町として栄えたが、同地区は川沿いではなく山麓の傾斜地に位置しているため、一般地区とは隔絶していた。昭和期に入り、鉄道が開通し、駅と門前町を結ぶ道路に同地区があったため、住宅が道路の両側に建てられ、戦後は観光ブームで土産物店が多数できた。そのため表通りは立派であるが、一歩中に入ると家屋が密集し道路は狭く迷路が多い。また、戦後、革手袋製造の技術が導入され、地区全体が革手袋の下請け業化し、その後はグローブ・ミット製造業に転換して、その製造と下請け加工が主たる産業となっている。

そこで同地区は16地区中唯一の近代産業型の地区として選ばれている。

吉野 （静岡県）

1954年に浜松市に編入、JR浜松駅からは北に位置し、比較的交通の便はいい。地区の起源は鎌倉時代に遡り、明治の頃より風俗改善運動に取り組み、その成功例として取り上げられることもあった。しかし、この時期は「都市周辺の部落として完全に置き去られる状態にある」。同地区は周辺に比べて急傾斜地に挟まれ、立地条件はきわめて悪い。農業や果樹園芸に従事する者が多いが、耕作面積が狭く共同化も遅れている。地区内には部品下請工業、製茶業、剪毛業などがあるが、いずれも零細企業で、雇用者も日雇い労働である。住宅の大部分は密集老朽化し、道路は狭小で、下排水も未整備。

中西外 （愛媛県）

松山市より海沿い北部の北条市にあり、JR伊予北条駅からそれほど遠くないが、一帯は水田のほかミカン・桃・スイカなどの果樹園が開けている農村地帯で、そのため住民の多くが農業に従事している。一部には老朽住宅があり、道路が狭小・未舗装のところもあるが、周辺に比べてそれほど劣悪ということはない。

右田 （山口県）

山口県の瀬戸内海側にある防府市の北端に位置し、佐波川沿いにある。一帯は低湿地帯で、これまでいくどとなく河川が氾濫し、地区も大きな被害に見舞われた。明治から大正期には自主的改善運動に取り組み、昭和期には地区整理事業も実施している。職業は時代によって様ざまに推移変化するなかで農業もしだいに増加し、戦後は農地改革により小作農が自作農となり、また会社員や公務員がしだいに増え安定化している。地区の周辺には県道が走り交通の便はよいが、地区は低湿地帯のために雨季は泥沼化し、道路の大部分は未舗装、住宅も大部分ははなはだ劣悪である。

一宮 （徳島県）

徳島市北部に位置し、吉野川支流の鮎喰川沿いにある。周囲は山に囲まれ、河川部にわずかに平地がある。「この地区は孤立しており、周囲には集落が少なく、陸の孤島的性格が強い」とあるが、大正から昭和にかけて10倍近い人口増が見られる。また近郊農村に類型化された6地区のなかでもっとも

世帯規模が大きい。戦前は日雇いや運搬業が主であったが、戦中期に農地を購入したり小作をしたりして農業を営むようになった。しかし、精密調査の結果を見るかぎり、農業は一部で、住民の約半分は雇用労働者である。

西脇 （福岡県）

　同地域は1954年に福岡市早良区に編入された。市域とはいえ当時の航空写真を見ても一帯は平坦な農村地帯である。しかし同地区では3反以下の農家が多く、機械化も進まず、農作業は一般地区の農家に依存している。必然的に日雇いなどの雑業が主となり、副業として花木販売、植木職人、土工が一番多い。したがって生活は安定していない。

中原 （埼玉県）

　田ケ谷地区とともに埼玉県北東部にある加須市に位置し、東武伊勢崎線の西側に位置する。中原地区は33世帯で16地区中最小、田ケ谷地区も81世帯で小規模部落だが、産業構造や生活状況を見るかぎり両地区は対照的と言える。中原地区は平坦な松林の中にあり、砂地で農耕地に不適。したがって農村地域にありながら農業従事者は20%以下ときわめて少なく、屑屋、出稼ぎ、行商などを行う者が多く、最近では東京まで1時間以上をかけて通勤する者が目立つ。ほとんどの住宅が老朽、仮設住宅の程度のものではなはだ劣悪、道路はほとんどが野道。同和行政からは見離されている。

田ケ谷 （埼玉県）

　地勢は平坦、しかも土地は肥沃なため農業に適している。土地改良が行われ、純農村として比較的裕福な条件が備わる。戦後、農地解放により自作農が増大し、住民の大半は農業に従事、経済基盤は比較的安定している。住宅も全体に良好で、道路も整備されている。

打田 （和歌山県）

　和歌山県北部を流れる紀の川と和泉山脈のあいだに位置する。最寄りの駅まではバスで30分ほどかかるが、和歌山市内や大阪泉南地域へは通勤圏内で、農村地帯ではあるが、都市近郊とも言える。産業としては農業が中心。戦前はほとんどが小作であったが、戦後は農地解放により自作農化するものの、一部の大地主を除いて零細農家が大半。1951年以降地区改善事業が進められたが、道路や住宅、住環境になお劣悪性が認められる。

久世（岡山県）

　中国山地の背骨にあたるような地域にあり、立地的には典型的な山村部落である。近くを流れる旭川沿いには姫新線が通り、川沿いに平坦地が開け、そこに4地区（64世帯、60世帯、38世帯、14世帯）が点在し、合わせると176世帯ある。農業が中心だが、専業農家は少ない。副業は、かつては藁加工だったが、最近は日稼ぎが増加。生活環境は周囲の農村地帯とほとんど変わらず、伝統的な状態に停滞している。

柿浦（広島県）

　広島市の南、瀬戸内海に浮かぶ能美島に位置する。1962年当時は広島港（宇品）より90分とある。山本政夫の故郷であり、彼の自伝によれば戦前は朝鮮半島まで出漁するほど漁業は盛んであった。戦後はイワシ漁に代わってかきや真珠母貝の養殖が盛んになるが、対岸地区（呉のことか？──筆者注）の工業化、地区産業の進展により、漁業中心から就労構造が変化しつつある。地区環境は、戦前からの改善事業や戦後のモデル地区事業により相当改善されてきたが、なお老朽住宅や未舗装道路も目立つ。ただ周辺地区に比べてとくに劣るわけではない。

②生活水準──世帯収入、生活保護率

　部落の低位性は生活のあらゆる場面に現れるが、その根底には長年の差別によって蓄積された部落の貧困がある。そこでまず地区の経済状況を知るために、まず部落の世帯収入から見ていく。なお、精密調査で示された表では実数も表記されているが、見やすくするためにここでは百分率の数値のみをあげる。

　表9は、世帯の月額収入を6段階に分けて見ている。当時の全国勤労者世帯の平均実収入は1959年（昭和34）で30,794円、1964年（昭和39）で52,864円（総務庁統計局）だから、最高の3万円以上もけっして多いとは言えないが、当時としては中流層と言えるだろう（なお厚生労働省の賃金構造基本統計調査では、1962年のサラリーマン月給は22,894円である）。

　表9の2行目の評価はわかりやすくするために筆者が付記した。世帯収入⑤と⑥を足した数字が50％以上の地区を△で表し、逆に①と②を足した数

表9 世帯収入（月額） (%)

評価	錦林	西成	高木	宮前	加増	馳向	吉野	中西外	右田	一宮	西脇	中原	田ヶ谷	打田	久世	柿浦
	△	△	△	▼?	△	△		▼	▼		▼	▼?	△		▼	
①10,000円未満	6.7	0.3	1.5	21.4	9.5	5.5	4.1	6.5	21.1	5.1	16.3	2.6	△	5.2	27.8	6.2
②10,000-15,000円未満	9.1	2.3	4.9	*56.3	1.2	4.3	11.3	17.1	16.8	11.4	20.8	?	34.6	3.5	19.3	7.6
③15,000-20,000円未満	17.3	4.3	5.2		30.3	5.0	18.7	33.3	27.6	13.2	21.9	93.9		6.6	28.4	18.8
④20,000-25,000円未満	14.1	10.7	10.4		22.7	11.5	20.5	23.6	16.8	23.3	15.3			16.6	10.8	17.5
⑤25,000-30,000円未満	19.1	16.1	11.9	18.4	12.0	16.5	13.3	10.5	7.1	15.7	10.4	3.5	60.3	16.8	4.6	14.8
⑥30,000円以上	33.7	66.3	66.1		13.5	57.2	32.1	16.8	10.6	31.3	15.3			34.1	9.1	35.0
不明				3.9				0.8		4.3			5.1	24.0		
合計	100.0	100.0	100.0	*100	100.0	100.0	100.0	100.0	100.0	100.0	100.0	100.0	100.0	100.0	100.0	99.9

*評価 △=⑤+⑥が50%以上 ▼=①+②が30%以上。

表10 世帯支出（月額） (%)

	錦林	西成	高木	宮前	加増	馳向	吉野	中西外	右田	一宮	西脇	中原	田ヶ谷	打田	久世	柿浦
10,000円未満	6.8	0.3	1.4	19.5	5.0	5.9	4.0	5.7	17.5	7.4	11.7	17.2	0.0	4.8	16.8	14.3
20,000円未満	28.2	9.1	14.8	61.3	50.0	11.2	34.7	24.4	46.5	38.2	38.8	79.4	34.6	12.6	54.9	39.9
30,000円未満	32.3	32.5	28.7		28.3	37.9	29.1	38.2	27.2	33.3	31.8			30.6	23.1	28.7
30,000円以上	32.7	58.1	55.1	14.9	16.7	45.0	32.1	30.9	8.8	21.1	17.7	3.4	56.4	52.0	5.2	17.0
不明				4.3			0.8						9.0			
合計	100.0	100.0	100.0	100.0	100.0	99.9	99.9	100.0	100.0	100.0	100.0	100.0	100.0	100.0	100.0	99.9

表11 生活保護の受給状況 (%)

錦林	西成	高木	宮前	加増	馳向	吉野	中西外	右田	一宮	西脇	中原	田ヶ谷	打田	久世	柿浦
10.9	1.0	1.4	12.2	2.4	3.1	4.3	8.8	8.8	5.4	15.4	37.9	3.8	2.6	9.7	1.4

字が 30％以上の地区を▼で表した。全体的な傾向としては、都市部の部落の方が世帯収入は多く、とくに西成、高木、馳向は 3 万円以上の収入がある世帯が半分以上を占めている。都市部の部落のなかには、この時期、所得の面ではすでに平均的な一般世帯に近づいている地域もあったのではないか。一方、農村部では久世、右田、西脇では 15,000 円未満が 40％前後存在する。宮前は「1 万 8000 円未満が 62.5％ときわめて低く」、中原も「1 世帯当り平均 17,857 円」と地区別報告書には記されている。しかし農村部であっても、田ケ谷や打田、柿浦は比較的高い。ただし、**表 10** の世帯支出（月額）を見ると、おおむね都市的地区のほうが収入も多いが支出も多い。一方、農村的地区にあってはわずかな耕作地であってもこれを自家食料にあてることによって収入の少なさを補うという面もある。

　注目すべきは、この時期すでに多くの地区において住民間に階層分化の傾向が見られることである。部落の階層化は以前より指摘されているが、高度成長がそれにどのような影響を与えたかは、戦前戦後の調査の比較研究が必要であろう。

　もう一つ、貧困を示す指標として生活保護率がある。すでに全国基礎調査で見たように、部落の生活保護受給世帯は 7.1 で、全体平均の 2.6 よりも 3 倍近く高い。**表 11** でも生活保護受給率が 2.6 を超える地区は 16 地区中 11 地区ある。表 9 で世帯収入が低いと思われる地区は、やはり生活保護受給率も部落の平均 7.1 を上回っている。ただ、久世や右田は世帯収入の低さに比べて保護受給率がそれほど高くない。その理由として、「農村的地区の生活保護率に関する特徴は一般に小部落では高いが地区周辺の率からすればかならずしも著しい格差があるとはいえない。また個々の地区に応じて減少する傾向さえ伺える。これは農村的地区の低所得階層ないしはそれ以下の要保護階層に共通してみられるように、生活保護に関する知識、権利意識を積極的にしめすものが少ないこと。つまりいわゆるニードがことに地区の一般的に低い生活、文化水準と合いまって潜在化する傾向があること。つまり客観的には当然生活保護受給の対象世帯と考慮されうる世帯がそれからもれているという現実」を報告書は指摘している。表 9 の①または②の層は、実際に生活保護を受けていなくても、要保護階層あるいはそれに近い階層も含まれる

可能性が高い。また右田に関しては1951年の水害によって地区住民の大部分が生活難に陥ったために、全世帯の84％が保護打ち切りになったためとしている。西成の1％というのも、「地区人口」（この場合は部落民）だけで見ると、「地区の保護率は西成全域の一般住民の約3倍の割合を占めている」とある。このように生活保護率には、表の数字には表れない隠れた部分が含まれているため、単純には比較できない。

　以上のように生活水準に関しては、全般的には都市的地区が農村的地区に比べ世帯収入が高いと言えるものの、西成、高木、馳向以外は、宮前や加増のようにかなり低い地区もある。同様に、農村的地区でも地区によってかなり大きな差が生じているものの、近郊農村型6地区に限っては総じて低水準におかれている。その分かれ道は、前に述べたように、地区を支える経済基盤の安定性、逆に言えば脆弱性が大きな要因となる。表8のように都市型か農村型かだけではなく、もう少し地区の産業や労働に関して具体的に見ていく必要がある。

③産業・職業

　まず世帯主の職業について見たものが**表12-1**である。同表にある労働者雇用の①②、単純労働者の①②③の具体的な差異は詳しい説明がなくよくわからない。そこで思い切って区分を簡略化したものが**表12-2**である。区分に関しては同表の下欄を参考にしてほしい。また、自営業者の事業所の経営状況を、①事務所の所在地（地区内、地区外）、②経営形態Ⅰ（個人、法人、任意団体）、③経営形態Ⅱ（独立、下請）、④事務所の雇用労働規模（なし、4〜20人以内、21人以上）で示したものが**表13**である。一方、地区内の雇用労働者の雇用状況を「従業先所在地」「雇用形態」「従業先規模」「事業所種別のうち官公庁の割合」「就職の方法のうち「縁故」の占める割合」の5点から示したものが**表14**である。四つの表を合わせて参照されたい。

　世帯主の職業（表12-2）について全般的に言えることは、都市的地区では当然のことながら第1次産業（漁業、農業）の占める割合は少なく、雇用者の割合が4割を超える地区が多い。しかし近郊農村6地区では必ずしも農業従事者の比率がそれほど高くなく、むしろ雇用者の割合が3割から4割の地

表 12-1　世帯主の職業 (1)

	錦林	西成	高木	宮前	加増	馳向	吉野	中西外	右田	一宮	西脇	中原	田ヶ谷	打田	久世	柿浦
自営業①		0.5	2.3	11.6	32.5	14.0	53.2	69.9	22.8	19.1	37.6	16.7	71.6	48.5	63.1	38.1
自営業②		23.7	39.7		1.6	17.1	0.3		1.8	0.6	2.3		1.8	2.2	1.1	0.9
自営業③	23.7															
自営業④	13.2	10.7	3.2	11.6	22.2	9.3	4.0	4.9	13.2	8.2	7.0	30.0	5.5	3.9	2.3	7.2
自営業⑤	8.0	8.0	2.6	3.4	9.5	2.5	2.0	3.3	8.8	5.7	3.7		5.5	5.7	2.3	7.2
労働者雇用①	5.9	3.7	2.3	8.6	1.6	6.5	6.3	7.3	11.4	4.2	8.4		5.5	6.1	1.1	0.4
労働者雇用②	22.7	42.6	24.1	24.9	19.8	11.2	12.8	4.9	3.5	2.6	4.0	20.0	4.6	8.2	1.7	23.3
単純労働者①	8.6	2.7	5.8		1.6	16.1	5.7	2.6	2.6	6.5	9.7			7.4	13.6	
単純労働者②	35.5		3.5	29.6	4.8	14.3	6.8	7.3	26.2	40.6	12.7	13.3			4.0	20.2
単純労働者③		3.5				0.3			0.9	0.3	1.7			12.7		
無職	13.6	8.6	16.5	10.3	6.4	8.7	4.6	2.4	8.8	12.2	12.2	20.0	9.2	5.2	10.8	9.9
合計	100.0	100.0	100.0	100.0	100.0	100.0	99.7	100.0	100.0	100.0	100.0	100.0	100.0	99.9	100.0	100.0

表 12-2　世帯主の職業 (2)

(%)

	錦林	西成	高木	宮前	加増	馳向	吉野	中西外	右田	一宮	西脇	中原	田ヶ谷	打田	久世	柿浦
第1次産業	2.3	23.7	39.7	11.6	32.5	14.0	53.5	69.9	22.8	19.1	39.9	16.7	71.6	48.5	63.1	38.1
製造業	23.7	0.7	1.6	1.6	1.6	17.1	4.0	0.6	1.8	0.6	0.7	30.0	1.8	2.2	1.1	0.9
サービス業等	13.2	18.7	5.8	15.0	31.7	11.8	6.0	8.2	22.0	13.9	10.7	30.0	5.5	9.6	4.6	7.2
雇用者	72.7	49.0	35.7	63.1	27.8	48.4	31.6	19.5	44.6	54.2	36.5	33.3	11.9	34.4	20.4	43.9
無職	13.6	8.6	16.5	10.3	6.4	8.7	4.6	2.4	8.8	12.2	12.2	20.0	9.2	5.2	10.8	9.9
合計	100.0	100.0	100.0	100.0	100.0	100.0	99.7	100.0	100.0	100.0	100.0	100.0	100.0	99.9	100.0	100.0

*第1次産業＝自営業①＋②、製造業＝自営業③、サービス業等＝自営業④＋⑤、雇用者＝労働者①②＋単純労働者①②③

労働者雇用①＝事務系労働者、労働者雇用②＝技術系労働者、単純労働者①＝失対、単純労働者②＝一般、単純労働者③＝その他

自営業①＝漁業、自営業②＝農業、自営業③＝製造業、自営業④＝商業・サービス業、自営業⑤＝その他の自営業

区が多い。農村地区でありながら農業では生計を維持することがむずかしく、地区内にも産業がほとんどないために周辺都市に働きに出る必要があったとみられる。6地区はいずれも県庁所在地や中堅都市に比較的近く、交通の利便がよいことも理由として考えられる。農村4地区でも、打田や柿浦のように近隣に大都市や工業都市がある場合はやはり雇用者の比率が高い。しかもこれらは世帯主の職業であるから、その子ども世代になると、もっと雇用者の比率が高いと推測される。

地区内の自営業（表13）について、「経営形態Ⅰ」では圧倒的に個人経営が多い。しかも、「雇用労働者の規模」が21人以上の事業所はほぼ皆無で、家族経営か零細小規模経営である。「経営形態Ⅱ」では事業者が独立か下請けかを聞いているが、これは全般的に独立が多いものの、皮革産業中心の西成や馳向はいくぶん下請けの割合が多い。それ以外は個人商店のような系列外の職種が多いということであろうか。いずれにしても地区内における自営業の経営環境は相当に厳しいと思われる。

一方、雇用者の状況（表14）について、「従業先所在地」は、都市的地

表13 事業所の経営状況

(%)

	錦林	西成	高木	宮前	加増	馳向	吉野	中西外	右田	一宮	西脇	中原	田ヶ谷	打田	久世	柿浦
①事業所所在地 －地区内	92.5	100.0	50.0	50.0	83.3	92.5	94.1	90.0	88.9	84.5	87.1	100.0	100.0	88.9	100.0	100.0
②経営形態Ⅰ －個人	100.0	100.0	96.5	91.7	83.3	100.0	97.1	90.0	100.0	98.3	83.9	100.0	100.0	100.0	100.0	100.0
③経営形態Ⅱ －独立	59.7	88.3	91.7	91.7	70.0	47.4	70.6	70.0	96.3	75.9	80.6	100.0	100.0	92.6		
④雇用労働規模 なし	76.8	68.4	91.7	91.7	36.7	86.7	61.8	90.0	76.9	51.7	58.1	100.0	80.0	88.9		
4人以上20人以内	23.1	31.6	8.3	8.3	50.0	13.3	38.2	10.0	23.1	43.1	22.6	0.0	20.0	7.4		
21人以上	0.0	0.0	0.0	0.0	13.3	0.0	0.0	0.0	0.0	5.2	19.4	0.0	0.0	3.7		

＊事業所所在地の「地区内」のほかは「地区外」、経営形態Ⅰの「個人」以外は「法人」と「任意団体」、経営形態Ⅱの「独立」以外は「下請」

160

表14　雇用状況

(%)

（従業先所在地）

	錦林	西成	高木	宮前	加増	馳向	吉野	中西外	右田	一宮	西脇	中原	田ヶ谷	打田	久世	柿浦
地区内	50.3	76.4	1.0	28.1	47.1	5.4	1.4	4.9	39.6	17.5	0.0	0.0	38.7	2.7		7.8
地区外	49.7	23.6	99.0	71.9	52.9	94.6	91.3	95.1	60.4	82.5	100.0		61.3	84.5		92.2
不明	0.0	0.0	0.0	0.0	0.0	0.0	7.3	0.0	0.0	0.0	0.0			12.8		

（雇用形態）

	錦林	西成	高木	宮前	加増	馳向	吉野	中西外	右田	一宮	西脇	中原	田ヶ谷	打田	久世	柿浦
常雇	92.0	75.7	86.0	86.0	84.3	89.1	84.2	73.3	48.8	67.8	60.1	41.2	87.1	73.5	79.4	
臨時	8.0	24.3	14.0	14.0	15.7	10.9	15.8	18.8	51.2	31.7	39.9	58.8	12.9	14.2	20.6	

*全雇用者に占める常雇の割合＝77.9%、臨工の割合＝22.1%

（従業先規模）

	錦林	西成	高木	宮前	加増	馳向	吉野	中西外	右田	一宮	西脇	中原	田ヶ谷	打田	久世	柿浦
4人以内	16.7	35.1	10.4	23.6	21.2	11.7	13.0	19.5	12.1	13.2	0.0	6.5	7.5	10.6		
20人以内	27.5	42.6	36.0	39.2	50.8	30.3	29.0	25.6	50.6	22.8	88.2	25.8	20.4	65.3		
50人以内	17.4	5.1	15.2	16.9	7.7	10.7	24.6	9.8	20.7	16.7	0.0	16.1	14.6	16.3		
51人以上	38.4	17.2	35.4	20.2	20.3	47.3	24.6	42.7	16.6	47.3	11.8	51.6	45.6	7.8		
不明			3.0				8.7	2.4					11.9			
全体	100.0	100.0	100.0	99.9	100.0	100.0	99.9	99.9	100.0	100.0	100.0	100.0	100.0	100.0		

（事業所種別のうち官公庁の割合）

	錦林	西成	高木	宮前	加増	馳向	吉野	中西外	右田	一宮	西脇	中原	田ヶ谷	打田	久世	柿浦
官公庁	6.8	14.5	10.4	4.5	6.9	12.7	13	21.9	10.1	28.2		0	0		14.6	9.2

*全雇用者に占める官公庁雇用者の割合＝12.1%

（就職の方法のうち「縁故」の割合）

	錦林	西成	高木	宮前	加増	馳向	吉野	中西外	右田	一宮	西脇	中原	田ヶ谷	打田	久世	柿浦
縁故	60.2	74.7	49.4	52.8	65.0	27.8	24.6	24.4	74.3	40.4		70.6	54.9		45.1	77.3

*全雇用者に占める「縁故」採用の割合＝56.3%

区では地区内と地区外が拮抗しているものの、農村的地区では圧倒的に地区外が多い。都市的地区では地区内に産業を抱えているところが多いためであろう。その場合は「縁故」採用の比率が比較的高い。雇用形態について、「常雇」の割合が70％以上の地区が大半で、これは基礎調査の「地区有業者に占める常用労働者の割合が50％以上の地区はわずか9.0％」という数字と大きく違う。従業先の事業所規模で見ると、4人以内が1〜2割の地区がほとんどで、逆に50人以上が3割を超える地区が7地区ある。また、官公庁への就労が20％を超える地区も2地区ある。一方、失対事業従事者が有業者の10％を超える地区は16地区中2地区にとどまる。このように見てくると、この時期の部落労働者の実像は、さきの解放同盟が運動方針案で描いた像とはずいぶん異なる。

　つぎに、それぞれの地区の産業・職業の実態を地区別に見ていくことにする。

　〈大都市〉2地区の錦林と西成とでは、**錦林**の方が自営業とくに製造業が少なく、そのぶん雇用者の比率が高い。自営業では錦林は土木業、左官業などが中心であるのに対して、**西成**は地場産業である皮革産業が盛んである。雇用者も錦林では一般労働者よりも井戸掘り人夫、左官、日雇い、失対など単純労働者が多い。一方、西成では雇用者のうち94.6％が一般雇用者で、常雇の割合も92.0％である。ちなみに地区内に産業を抱える西成、高木、馳向では雇用者の従業先も地区内である割合が高い。

　皮革産業の割合が高い西成と高木を比較すると、**高木**のほうは原皮から生地革を生産する鞣し業に特化しているのに対して、西成ではその生地革から皮革製品を加工製造するだけでなく卸・販売も行っているためサービス業等の割合も高い。事業所の経営形態では、西成の場合、製造業では請負が大部分であり、規模も家族労働など小規模経営であるのに対して、高木の方は独立経営のほうが多く、また規模も西成よりもわずかに大きく、そのぶん多くの雇用者を地元の皮革製造業が吸収している。そのことは「従業先所在地」を見ても、高木のほうが「地区内」が約4分の3（71.9％）を占めていることからもわかるし、「就職の方法」のうち「縁故」の割合も高木のほうがより高い。雇用者にとっては地域の産業に依存する割合がそれだけ高いと言える。ただ、「雇用形態」では西成では92％と大部分が常雇であるのに対して

高木は75.7％とやや低く、「従業先規模」でも50人以上の割合は西成のほうが高木の倍以上で、経済の安定性は西成のほうがややまさっている。また、高木の特徴として、「子女では、世帯主の場合以上に、地区内の個人企業に常雇で縁故によって勤める割合の高いことである」と指摘している。

　部落産業の代表とも言える皮革業が地区経済を一定うるおしているのは事実だが、同時にこの時期、いくつかの問題点も地区別報告書は指摘している。高木では「企業としての資本蓄積を可能とする何らの条件もなく、かつ企業家としての自主的努力も少ない」「生産者と生活者が同座している。これが往々にして家族ぐるみの重労働や低賃金に追いやり、さらにはBクラス（10人前後の事業所）とともに臨時工雇用体制に結びつけられる」、また馳向でも「下請生産に依存し、内職に依存して生産をすすめて行こうとする業者は「設備の近代化」ということについては関心がうすい」「最近韓国でグローブ・ミットが生産され米国に輸出されていること、さらには国内では、部落産業と今まで縁もゆかりもなかった大企業がその資本力で、靴生産に乗りだそうとしており、業界は大きな試練に立たされている」という報告もある。

　〈中小都市〉4地区を見ると、高木が市街地内部に位置するのに対して、他の宮前、加増、馳向の3地区は市街地周辺に位置する。したがって前記3地区は農業に従事する世帯もなお一定見られるものの、都市近郊であるためにいずれも耕作面積は狭小である。**加増**は農業従事世帯が32.5％と比較的高いものの、その4分の3は耕作面積が3反未満でそれほどの収益性はなく、そのため豚を飼育する世帯が27％あり、その他、家畜商なども見られる。「これは佐久地方が牛や山羊の特産地として知られているためである」。かつての部落産業であった草履製造や精肉・皮革業が衰え、わずかに製造業（業種は不明）が見られ、「比較的に大きい規模を有するものもある」。サービス業・商業の比率も高いが（31.7％）、これは地区内にあって家族経営など小規模で行われている。東京や名古屋への人口流出も続いている。

　馳向では、製造業は17.1％で、そのうちグローブ・ミット製造業が66世帯（70.2％）と大部分を占め、ついで靴製造業が13世帯（13.9％）あり、こうした地場産業が地元経済を一定程度うるおしてはいるものの、経営は「下請け」が65.7％、規模も「雇用労働なし」が73％を占めるなど、経営基盤

が安定しているとは言えない。したがって「雇用者」の比率も高く（失対労働者が16.1％と16地区中もっとも高い）、地元産業が地域の労働者を吸収できるほどの規模ではないために、「地区外」に働きに出る割合（52.9％——このなかには県外も23.6％見られる）は高木などに比べれば高い。ただ、副業としてグローブ・ミット製造関係の仕事をすることが多い。このほか、「観光ブームで、駅付近の土産物店および長谷寺境内の出店業者が季節的に繁栄した」とある。

これに対して、宮前は地区に地場産業と言えるものがほとんどない。農家のほとんどが5反未満で1反あたりの収穫も5俵と非常に少なく、わずかに10世帯が兼業的に養豚業を営むが、飼育形態は委託飼育で、「市内に転出している地元出身業者より一定の歩合で委託されている」。したがって、「雇用者」の比率が63.1％と非常に高く、そのなかでも「単純労働者」の多いのが目立つ。宮前が都市的地区6地区のなかで「世帯収入」がもっとも低い原因はこのように地区に産業がないことが大きな原因と思われる。その結果、「従業先」も99％が「地区外」（ほとんどが高知市内）であり、「縁故」採用は49.4％と都市型部落のなかではもっとも低い。もともとこの地域は交通の便が良く、そのため仕事を求めて周辺地区に勤めるという傾向は戦前より強かった。「従業先規模」は中小都市4地区とも20人以内がもっとも多いものの、「雇用形態」は高木を除いて80％以上が「常雇」である。

つづいて農村的地区のなかの〈近郊農村〉6地区を見ていく。農村地区でありながら農業従事者が50％を超える地区はわずかに2地区（吉野、中西外）で、しかも耕作面積も吉野が3反未満71.2％、中西外が5反未満58.1％、右田が5反未満78.3％、一宮が3反未満62.7％と広くない。農業に代わる産業と言っても製造業の比率は全般的に低く、都市中心部に近いことから単純労働者の比率が高くなる（右田29.7％、一宮47.4％）というのがこれらの地区の共通点である。

まず吉野を見る。前述したように耕地面積は狭小ではあるが、換金作物である茶やミカンなどの柑橘類の栽培、家畜の飼育をしている世帯が多い。中西外も田畑面積が他地区と比べると広く、作物も米作だけでなく温暖な気候を生かしてミカンなどの果樹園芸や換金作物の栽培のほか、牛、ニワトリな

どの畜産、養蜂も組み入れている。この2地区は農業経営が比較的うまくいっており、その結果、農業従事者の割合も高い（吉野53.2%、中西外69.9%）。ただ、農業以外の産業が地区内にはないか、あっても小規模であるために、地区の労働者の大部分は地区外に働きに出ることになる（吉野94.6%、中西外91.3%）。吉野では「従業先規模」50人以上が約半数（47.3%）あるのは、近隣に浜松、豊田など大規模工場が多いせいであろうか。もう一つ、この2地区の特徴として、農作業、出稼ぎ、日雇いなど副業をもつ者の割合が高く、こうした労働が地区の生活水準を補っている。また、吉野、中西外に加えて右田の3地区は「縁故」採用の割合20%台と非常に低いのも特徴である。

　右田は戦後の農地改革により小作農から自作農に転換したものの、農地は少なく耕作面積も狭いため、農業従事者の割合も22.8%と少ない。協業化や機械化が遅れているため生産性が低い。これは小規模経営農家の共通の課題である。わずかに地区にある建設業や製造業などもほとんど家族経営である。その結果、95.1%の雇用者は地区外に働きに出ており、雇用形態も臨時工の比率が51.2%と中原に次いで高く、労働環境も良くない。

　同様に一宮も農業従事者が19.1%と少なく、米作が中心で農業収益は期待できない。ただ、わずかにある地区内の建設業25事業所のうち雇用規模が4人から20人以内が17、21〜50人以内が1、51人以上も2あるため、雇用者のうち約40%が地区内で働いている。ただ雇用者のうち単純労働者の比率が16地区中もっとも高い。

　西脇は農業従事者が37.6%と右田や一宮に比べると多く、耕作面積も3反未満が43.6%いる一方で、5反以上も45.5%いるなど経営規模に格差が見られる。ただし地区別報告書では3反以上はわずか20%以下と報告している。地区内の製造業やサービス業のほとんどは小規模経営であるため、雇用者の82.5%は地区外に働きに出ている。西脇は農村地区に分類されているが、福岡市内中心部からそれほど離れていないので、地区内の雇用者は都市労働者として吸収されていったのではないか。たとえば長男だけで見ると55.5%が技術系労働者で、「技術の向上によって住居の移転も生じるという相関関係を示している」と言う。「縁故」採用の比率もそれほど高くない。事業所が官公庁である割合が非常に高いのは、同和対策によるものか。

中原は 16 地区中世帯数や人口では最小。したがって地区内に製造業はなく、サービス業 30％も、その実態は食料品、よせや、くず買い、行商などである。雇用者 17 人のうち建設業が 10 人で、ほとんどが臨時雇である。「縁故」採用の比率も 70.6％と高く、地区経済の閉鎖性を示している。農業従事者は 33 世帯中 6 世帯、その半分が 2 反以下、半分は 7 反以上と両極に分かれている。

　最後に〈農漁村〉4 地区を見る。田ケ谷では農業従事世帯が 71.6％と 16 地区中もっとも高く、田畑を合わせた耕作面積は 8.6 反あり、「これは周辺農村の平均面積が 7 反余であるのと比べるとかなり広い」。専業と第 1 種兼業世帯が合わせて 76.4％あり、基本的に地区経済を農業が支えている。このほか、スリッパ製造業により 20 人以内の雇用労働を生み出している。雇用者のうち常雇が 58.8％、従業先規模でも 50 人以上が 51.6％と、比較的恵まれた環境にある。打田は農業従事世帯が 48.5％と高くないが、そのうち専業と第 1 種兼業が 65.7％を占め、「1 世帯当たりの平均は約 6.6 反であるが、これは打田町全体の農家の 1 世帯当たり 6.8 反と比べると、やや少ない程度で、余り変わらない」。しかも玉ねぎなどの換金作物を栽培し、和歌山市域に近いことを生かし、「これらの野菜は和歌山中央市場を通じて近隣に出荷されて」いる。一方、農業従事者の割合が低い分、単純労働を含め雇用者の割合が 34.4％と高い。久世は農業従事者が 63.1％、農作物は米麦が中心で、野菜栽培、家畜の飼育なども行われているが、いずれも規模は小さい。そのため副業を行うが、大部分は日雇いを中心とする単純労働（臨時工、竹細工、行商、土工など）である。子どもは農業以外の職種（臨時工）に従事するため出稼ぎとして地区外に出るケースが多い。雇用者の割合は 20.4％とそれほど高くないが、打田と同様に「従業先所在地」はほとんどが地区外であり、しかも久世の場合、「従業先規模」は 75.9％が 20 人以内の事業所である。柿浦は 16 地区中唯一の漁村部落で、漁業（潜水業、イワシ網業）、水産業（真珠母貝養殖業、かき養殖業）が盛んで、とくに潜水業と真珠母貝養殖業、かき養殖業は戦後積極的に進められるようになり、そのため雇用者もそうした養殖業への就労や商工業関係が多い。

④配偶者の仕事

表15は配偶者（多くが女性と考えられる）の職業を尋ねたものだが、西成と高木が飛び抜けて無職の率が高い。しかしこの地区の配偶者が家事だけをしていたとは考えにくい。次いで加増、馳向、右田、一宮、中原でも無職の割合が高い。その理由は、これらの地区はいずれも世帯主の職業が自営業である割合が高い地域であるため、夫の仕事を妻が共働きまたは補助していたと考えられ、それらは職業としてカウントされなかったか、または女性自身が職業として位置づけていなかったためではないか。ただこの調査が他計式であるために、記入者自身の意識が反映された可能性もある。または日本では高度成長が始まる1950年代後半より女性の専業主婦化が進んだと言われるが、部落でも結婚や出産と同時に家事に専念する割合が増えたとも考えられる。

逆に自営業の割合が低い錦林では、女性が外に出て働かざるを得ず、民間日雇い、失対日雇い、土木など単純労働を担ったものと考える。宮前、西脇でも単純労働が多いが、これには中心都市への交通の便が良いということも要因であるかもしれない。

吉野、中西外、西脇、田ケ谷、打田、久世などのように世帯主が農業従事者である割合が高い地域では、妻の仕事も農業ということになる。柿浦は農漁村地区ではありながら単純労働者の比率が高いのは、農業と漁業の仕事のあり方の差異によるもので、錦林と同じように外に働きに出ざるを得なかったと推測する。ただ、これらの数字が一般地区の女性（とくに配偶者）の労働実態と比べてどうかは、専門家の判断にゆだねる。

⑤混住化と通婚化現象

1960年代初頭の時期にあって、はたして部落の混住化はどれくらい進んでいたのであろうか。基礎調査では「全国平均でみると同和地区内総人口に対して"地区"人口の占める割合は60%」としている。逆に言えば、40%は一般地区住民（＝非部落民）ということになる。事実だとすれば、この時代に相当混住化が進んでいると言うべきであろうが、はたしてそうであろうか。

表16によれば、多くの地区では世帯主の90%近くが明治または大正年間

表15　配偶者の職業

(%)

錦林は複数回答か。馳向の「無職」「その他」は「配偶者の有業者の半数以上（が失対）」の記述から推定。

	錦林	西成	高木	宮前	加増	馳向	吉野	中西外	右田	一宮	西脇	中原	田ヶ谷	打田	久世	柿浦
無職	57.5	93.7	96.0	51.9	71.2	*62.4	32.6	21.7	69.7	72.9	52.7	64.5	25.9	18.4	38.5	60.0
農林漁業				6.8	12.6		58.9	69.3	15.1		25.4	9.7	65.7	66.5	53.1	4.9
日雇い	16.7					18.8										
失対	12.6															
単純労働	39.7			24.4	1.8				12.8		17.2					
雇用労働				5.8	5.0							19.4	5.3	1.6		9.2
サービス、商業	2.7				5.0			5.0						7.6		25.4
その他		6.3	4.0	11.1	4.4	*18.8	8.5	4.0	2.4	27.1	4.7	6.4	3.1	5.9	8.4	0.5
合計	129.2	100.0	100.1	100.0	100.0	100.0	100.0	100.0	100.0	100.0	100.0	100.0	100.0	100.0	100.0	100.0

表16　世帯主の定着性

(%)

	錦林	西成	高木	宮前	加増	馳向	吉野	中西外	右田	一宮	西脇	中原	田ヶ谷	打田	久世	柿浦
明治年間	35.0	88.6				73.0	86.6	26.0	80.6	92.8	73.3			87.8	87.9	
大正年間	5.0	0.9		未調査		1.2	0.9	37.4	1.8	1.2	10.0			2.6	3.4	
昭和戦前	11.0	4.3				12.4	1.5	30.1	4.4	2.0	6.4			3.9	3.4	
昭和戦後	49.0	6.3	*70.2		*23.4	13.4	11.1	6.5	13.1	4.0	10.4	*24.1	*29.5	5.7	5.2	*9.4
合計	100.0	100.1	100.1		100.0	100.0	100.1	100.0	99.9	100.0	100.1	100.0	100.0	100.0	99.9	100.0

左端は現住居住開始時。ただし、空白地区は居住期間（5段階）で調査。
＊の数字は、定着期間が20年未満の世帯主の割合。

から居住しており、混住化の傾向が見られるのは「大都市の西成地区と中小都市の宮前地区との2地区があるだけ」で、しかも宮前において居住開始が戦後の世帯主70.2%と高率であるのは、「流出人口の帰郷や一般人口の流入のためと考えられ」「宮前地区には混住がみられるが、地区の中心部は少なく、地区周辺への集中が多い」、また「中原地区と田ケ谷地区とが、戦後の比率が比較的高いのは、西成地区や高木地区の場合と異なり、分家ないし新世帯の分出と帰郷者がかなりあったためである」と分析している。また都市部であっても、錦林では「約1.5割程度の戦後の地区流入(それも再移入——筆者注)を除いて大部分は戦時中ないし戦前あるいはそれ以前からの定着性をえている。しかも、6割以上は50年以上現住所からの移動を経験せず、地区内への定着性の高さを物語っている」と報告している。

　表17-1は夫婦を対象地区、他地区、一般地区の三つに分け、それぞれの組み合わせにより示したものである。この表からは結婚や就職により地区を離れた者は含まれないため、通婚状態の正確な把握という意味では限界がある。ともかく表17-1を3種類に簡略化したものが表17-2である。この表でわかるように、一部の地区を除く多くの地区で「A　夫婦ともに部落(対象地区か他地区かを問わない)」が80%を超え、逆に「C　夫婦ともに一般地区」である割合は西成と宮前を除き、ほぼ10%以下である。ただし、部落以外の一般地区であっても、農村地域では他地区から流入し住みつくというケースはそれほど多いとは思われない。周辺地区との比較もすべきであったかと思う。また、「B　夫婦の一方が一般地区」の場合も、錦林や西成、右田では比較的高いもののそれでも20〜30%台であり、それ以外の地区ではだいたい10%前後にとどまる。

　このように表16や表17から見える部落の姿は、「混住化」という言葉がイメージするような部落民世帯と非部落民世帯が一つの地域に混在しているというような状況からははるかに遠いものではないだろうか。

　それにしても精密調査の結果は、一般地区住民40%という基礎調査の数字とどう整合するのであろうか。そもそも基礎調査の場合、同和地区の範囲や誰を部落民と考えるかその基準が明確でなく、数字の信頼性にそもそも疑問があった。それはともかく推測できることの一つは、西成のような地区人

表 17-1　通婚状態 (1)

(%)

	錦林	西成	高木	宮前	加増	馳向	吉野	中西外	右田	一宮	西脇	中原	田ヶ谷	打田	久世	柿浦
①夫婦ともに対象地区	17.8	18.2	42.4		13.5	42.6	61.6	31.7	18.8	76.5	60.2	26.9	32.3	40.8	51.3	43.2
②夫/対象地区 妻/他地区	19.5	7.6	38.4	63.2	53.2	31.0	13.7	48.5	37.7	13.8	20.3	65.4	46.5	40.2	33.1	30.8
③夫/他地区 妻/対象地区	4.6	3.0	10.0		9.9	8.9	5.9	2.0	5.9	1.2	6.8	3.8	12.0	7.4	8.1	9.2
④夫/対象地区 妻/一般地区	14.9	8.3	4.3		11.7	3.8	6.8	8.9	16.5	6.1	7.6	0.0	3.1	6.9	3.8	7.6
⑤夫/一般地区 妻/対象地区	5.7	3.8	2.1	4.1	2.7	4.3	3.6	1.0	8.2	2.4	0.8	0.0	0.0	0.5	1.1	3.8
⑥夫/他地区 妻/一般地区	4.6	5.3	0.0		0.0	0.0	0.0	1.0	2.4	0.0	0.4	0.0	0.0	0.0	0.0	0.0
⑦夫/一般地区 妻/他地区	6.3	5.3	1.0		0.0	0.8	0.7	2.0	0.0	0.0	0.4	0.0	0.0	3.2	2.0	1.1
⑧夫婦ともに他地区	19.5	14.8	1.8	0.7	4.5	4.3	0.0	3.9	3.5	0.0	1.7	0.0	5.1	0.5	0.6	4.3
⑨夫婦ともに一般地区	7.0	33.7	0.0	31.5	4.5	4.3	6.8	1.0	7.0	0.0	1.7	3.9	0.0	0.5	0.0	0.0
⑩不明				0.5			1.0						1.0			
合計	99.9	100.0	100.0	100.0	100.0	100.0	100.1	100.0	100.0	100.0	99.9	100.0	100.0	100.0	100.0	100.0

表 17-2　通婚状態 (2)

(%)

	錦林	西成	高木	宮前	加増	馳向	吉野	中西外	右田	一宮	西脇	中原	田ヶ谷	打田	久世	柿浦
A 夫婦とも部落民世帯	61.4	43.6	92.6	63.9	81.1	86.8	81.2	86.1	65.9	91.5	89.0	96.1	95.9	88.9	93.1	87.5
B 夫婦の一方が一般地区	31.5	22.7	7.4	4.1	14.4	8.9	11.1	12.9	27.1	8.5	9.2	0.0	3.1	10.6	6.9	12.5
C 夫婦ともに一般地区	7.0	33.7	0.0	31.5	4.5	4.3	6.8	1.0	7.0	0.0	1.7	3.9	0.0	0.5	0.0	0.0

A＝表 17-1 の①+②+③+⑧を合算したもの。　B＝表 17-1 の④+⑤+⑥+⑦を合算したもの。　C＝表 17-1 の⑨。

口が数万人という超大規模部落で戦後一気に混住化が進むと、全体の混住化率を押し上げてしまうこと、もう一つは、さきほど言ったように「B　夫婦の一方が一般地区」の割合が10％前後あるということである。後者の数字をどのように評価するかは別にして、都市部落を中心に一般地区住民との通婚化現象は確実に進んでおり、その一方で、これまで触れてきたように家を継ぐ長男世帯以外の子女が労働力として周辺都市に出ることにより地区内の部落人口が世帯内で徐々に減少すること、それらいくつかの要因が合わさって地区内にいる一般地区住民の比率を押し上げているのではないか。つまり家単位で見るときは以前と変わらない部落の姿が続いているものの、じつは個々の家の内部では変化が始まっているのではないか。三つ目は戦後の都市への人口集中と住宅の不足、そして宮前の場合に報告書が指摘するように、この時期から全国で進められた地域開発により、部落の周辺部分にも宅地造成が行われ、そこに一般地区住民が浸食（？）するような事態が起こっていたのかもしれない。いずれにしてもそれはそれぞれの地区の歴史と実情のなかから具体的に明らかにするほかない。

⑥世帯主の定着意識

　表18は部落住民（世帯主）の定着意識（志向）を調べたものである。「①将来とも住む」を積極派と言い、「②今のところ住むほかない」「③できるだけ早く転居したい」「④近く転居する」を合わせて消極派と言うことにする。積極派が半数を超えるのは16地区中わずか6地区に過ぎない。錦林や西成のように都市部落で、持ち家の比率が低く（表19参照）、居住空間が十分でない（表20参照）ため、機会があれば移動したいと考えるのは理解できる。また馳向、田ケ谷などのように世帯収入の比較的高い地区で積極派が多く、逆に世帯収入の低い宮前で消極派が多いのも理解できる。しかし高木のように地場産業もあり世帯収入も比較的高いにもかかわらず消極派が多いのはなぜか。同じことは吉野、中西外、打田でも言える。逆に、これまで見てきたような経済的には厳しい地区が必ずしも積極派が少ないというわけでもない。概して都市部落に比べて農村部落のほうが比較的積極派が多いとは言えるものの、農漁村4地区だけとると積極派と消極派とに分かれる。定着意識は居

表18　定着意識（世帯主）　　　　　　　　　　　　　　　　　　　　　　　　　　　（%）

	錦林	西成	高木	宮前	加増	馳向	吉野	中西外	右田	一宮	西脇	中原	田ヶ谷	打田	久世	柿浦
①将来とも住む	48.2	43.4	37.4	37.4	53.2	78.6	48.2	33.3	49.1	40.7	56.4	58.6	82.3	49.3	40.3	65.5
②今のところ…	30.9	39.0	51.3	51.3	13.7	16.5	44.6	58.5	38.6	43.9	32.6	34.5	10.1	45.9	51.7	24.2
③…早く転居…	17.7	13.3	11.3	11.3	9.7	4.0	6.8	5.7	7.0	13.4	9.0		1.3	4.4	8.0	8.5
④近く転居する	3.2	3.0				0.9	0.4		0.9	1.1	2.0					0.5
不明		1.3			23.4			2.5	4.4	0.9		6.9	6.3	0.4		1.3
合計	100.0	100.0	100.0	100.0	100.0	100.0	100.0	100.0	100.0	100.0	100.0	100.0	100.0	100.0	100.0	100.0

＊②＝今のところ住むほかない　③＝できるだけ早く転居したい

表19　住宅の所有関係　　　　　　　　　　　　　　　　　　　　　　　　　　　（%）

	錦林	西成	高木	宮前	加増	馳向	吉野	中西外	右田	一宮	西脇	中原	田ヶ谷	打田	久世	柿浦
持ち家	35.5	23.7	88.1	57.5	84.0	78.9	98.4	96.8	62.2	83.8	90.4	96.6	98.7	73.3	93.2	78.5

表20　畳数からみた居住空間　　　　　　　　　　　　　　　　　　　　　　　　（%）

	錦林	西成	高木	宮前	加増	馳向	吉野	中西外	右田	一宮	西脇	中原	田ヶ谷	打田	久世	柿浦
20畳以下	90.0	96.3	55.3	71.3	43.6	68.9	39.9	49.6	70.1	65.5	83.2	100.0	28.2	45.0	30.2	63.2
21畳以上	10.0	3.6	44.6	28.2	55.6	31.1	60.1	49.6	29.9	34.5	16.8	0.0	71.8	55.0	69.8	36.8

住環境や経済条件だけではない、別の要因が作用しているとも考えられる。

⑦人権意識と差別言動の有無

　表21では「「結婚にあたって、人は相手を自由に選べる」と憲法にきめられているが、あなたは世間一般で、このことが守られていると思いますか？」という質問を同和地区住民と周辺の一般地区住民にしている。「①かなり守られている」を肯定的意見、「②あまり守られていない」「③無視されている」を否定的意見とすると、同和地区では否定的意見が90%を超える地区は都市的地区6地区中1地区であるのに対して、農村的地区10地区中4地区であった。結婚差別においては農村部落のほうが厳しい現実を示している。さらに否定的意見が50%を超える地区は16地区中13地区である。ただ、一般地区において否定的意見が同和地区に比べて少ないことは予想の範囲であるが、西脇、田ケ谷、柿浦の3地区においては、一般地区のほうが同和地区に比べて否定的意見が多いという逆転現象が見られる。ただし西脇については一般地区のサンプル数が12と少なく、柿浦でもサンプル数は不明。

　つぎに表22は、「人は「生まれや職業によって差別してはならない」と憲法で定められていますが、あなたは世間一般でこのことが守られていると思いますか？」と質問している。同じように、「①かなり守られている」を肯定的意見、「②あまり守られていない」「③無視されている」を否定的意見とすると、同和地区では否定的意見が90%を超える地区は都市的地区では6地区中3地区、農村的部落では10地区中4地区と、就職差別に対しては逆に都市部落のほうが関心が高い。また、田ケ谷を除くすべての地区で、否定的意見が50%を超えている。ただ、ここでも西脇、田ケ谷、柿浦の3地区においては、一般地区と同和地区との逆転現象が見られる。報告書では、柿浦の場合は地区外への就職が比較的容易になったからだと推測している。

　表21でも表22でも、否定的意見について同和地区と一般地区との差は、都市部落ではそれほど大きな差はないが、農村部落であるほどその差は大きい（中西外、右田、中原、久世）。

　個別の地区で見ると、高木の場合、同和地区でも一般地区でもともに否定的意見が多いという特徴がある。高木に限らず、定着意識が低い地区と周辺

表21　人権意識（結婚）

—「結婚にあたって、人は相手を自由に選べる」と憲法にさだめられているが、あなたは世間一般で、このことが守られていると思いますか？（%）

		錦林	西成	高木	宮前	加増	馳向	吉野	中西外	右田	一宮	西脇	中原	田ヶ谷	打田	久世	柿浦
同和地区	①かなり守られている	48.6	45.3	13.3	58.6	7.1	22.3	30.0	10.6	10.5	8.5	46.9	3.4	33.3	0.9	5.1	45.3
	②あまり守られていない	38.2	47.0	68.4	29.8	48.4	52.5	58.8	56.9	46.6	61.6	38.8	93.1	46.1	45.4	48.3	39.9
	③無視されている	13.2	4.0	17.1	3.3	44.5	23.0	10.0	21.9	36.8	29.6	9.4	0.0	10.3	52.4	46.6	8.5
	④わからない／回答なし	0.0	3.7	1.2	8.3	0.0	2.2	1.2	10.6	6.1	0.3	4.9	3.5	10.3	1.3	0.0	6.3
	②＋③	51.4	51.0	85.5	33.1	92.9	75.5	68.8	78.8	83.4	91.2	48.2	93.1	56.4	97.8	94.9	48.4
	合計	100.0	100.0	100.0	100.0	100.0	100.0	100.0	100.0	100.0	100.0	100.0	100.0	100.0	100.0	100.0	100.0
一般地区	①かなり守られている	68.6	55.7	22.3	61.4	34.7	31.6	56.7	47.7	76.2	37.9	33.3	45.0	36.2	20.0	46.8	45.9
	②あまり守られていない	29.3	30.0	70.3	33.6	63.3	54.0	33.3	36.3	22.2	45.4	66.7	25.0	63.8	58.3	46.8	49.2
	③無視されている	2.1	1.4	7.4	1.0	2.0	13.1	0.0	2.3	1.6	16.7	0.0	15.0	0.0	20.0	5.1	4.9
	④わからない／回答なし	0.0	12.9	0.0	4.0	0.0	1.3	10.0	13.7	0.0	0.0	0.0	15.0	0.0	1.7	1.3	0.0
	②＋③	31.4	31.4	77.7	34.6	65.3	67.1	33.3	38.6	23.8	62.1	66.7	40.0	63.8	78.3	51.9	54.1
	合計	100.0	100.0	100.0	100.0	100.0	100.0	100.0	100.0	100.0	100.0	100.0	100.0	100.0	100.0	100.0	100.0

表22　人権意識（職業）

—人は「生まれや職業によって差別してはならない」と憲法で定められていますが、あなたは世間一般でこのことが守られていると思いますか?（%）

| | | 都市的地区 | | | | | | | | 農村的地区 | | | | | | | |
| | | 大都市 | | 中小都市 | | | | | | 近郊農村 | | | | | 農漁村 | | |
		錦林	西成	高木	宮前	加増	馳向	吉野	中西外	右田	一宮	西脇	中原	田ヶ谷	打田	大世	柿浦
同和地区	①かなり守られている	25.5	37.3	7.8	3.9	3.9	25.5	28.8	18.7	7.9	6.6	27.9	6.9	43.6	1.3	5.1	36.3
	②あまり守られていない	40.0	49.0	75.3	28.6	28.6	60.9	58.4	48.3	69.8	47.3	35.9	68.6	51.1	52.0		
	③無視されている	34.5	13.7	15.7	67.5	67.5	11.8	11.8	11.4	36.8	23.6	20.8	0.0	12.8	28.8	43.8	5.4
	④わからない／回答なし	0.0	0.0	1.2	0.0	0.0	1.8	1.0	9.8	7.0	0.0	4.0	0.0	7.7	1.3	0.0	6.3
	②＋③	74.5	62.7	91.0	96.1	96.1	72.7	70.2	71.5	85.1	93.4	68.1	93.1	48.7	97.4	94.9	57.4
	合計	100.0	100.0	100.0	100.0	100.0	100.0	100.0	100.0	100.0	100.0	100.0	100.0	100.0	100.0	100.0	100.0
一般地区	①かなり守られている	25.9	38.6	18.1	40.5	50.0	35.5	46.6	45.4	76.2	24.2	16.7	50.0	42.6	26.7	45.4	34.4
	②あまり守られていない	59.0	0.0	74.4	52.7	47.0	51.4	38.4	36.4	23.8	65.2	75.0	25.0	57.4	58.3	46.8	57.4
	③無視されている	15.1	61.4	7.5	4.0	3.0	11.8	8.3	9.1	0.0	10.6	8.3	15.0	0.0	13.3	6.5	8.2
	④わからない／回答なし	0.0	0.0	0.0	2.8	0.0	1.3	6.7	9.1	0.0	0.0	0.0	10.0	0.0	1.7	1.3	0.0
	②＋③	74.1	61.4	81.9	56.7	50.0	63.2	46.7	45.5	23.8	75.8	83.3	40.0	57.4	71.6	53.3	65.6
	合計	100.0	100.0	100.0	100.0	100.0	100.0	100.0	100.0	100.0	100.0	100.0	100.0	100.0	100.0	100.0	100.0

地区の差別意識の強さとのあいだに一定の関連性があるように思われる。

　表23は、本人または家族員の誰かが直接的な被差別体験をしたかどうか、いくつかの場面に分けて質問している。直接的な被差別体験について尋ねているので、表21や表22に比べると数値は大きく減るものの、全体的には農村地区のほうが被差別体験ありとする場合が高い。そのなかでも中原、打田、久世の3地区は非常に高い結果を示している。とくに「結婚について」の数値は異常に高いと言わざるを得ない。表17-2でもこの3地区は「B　夫婦の一方が一般地区」が10％前後と低い。この二つの数値からはこれらの地区の差別の厳しさを垣間見ることができる。

　その他の地区でも、錦林では学校生活・就職、西成では就職、加増では職業上・学校生活・結婚、右田では職業上などで高い割合を示している。

4　1967年調査について

　1962年に同和対策審議会調査部会が実施した全国部落実態調査から5年後の1967年、今度は同和対策協議会が特別措置法制定のための基礎調査として全国部落実態調査を実施した。ど

表23　差別言動の有無（以下、「あり」の割合）(%)

	錦林	西成	高木	宮前	加増	馳向	吉野	中西外	右田	一宮	西脇	中原	田ヶ谷	打田	久世	柿浦
近隣つきあい	7.7	0.7	2.0	5.7	6.4	0.2	3.1	3.2	4.4	2.3	14.4	62.0	7.7	29.1	31.2	12.6
PTAなどのつきあい	10.9	2.0	0.6	3.0	6.4	0.1	2.3	0.8	1.8	0.9	8.0	17.3	1.3	13.2	13.6	1.8
職業上のつきあい	14.1	2.7	4.6	13.1	18.3	0.3	2.3	4.9	16.7	11.1	8.1	13.8	9.0	31.0	43.2	4.9
友人とのつきあい	9.5	3.0	1.4	10.6	12.7	0.1	2.6	4.1	4.4	5.7	7.4	44.9	11.5	24.0	24.4	2.7
学校生活を通じて	19.5	2.3	4.6	11.0	23.0	0.2	2.2	4.1	2.6	4.6	14.4	37.9	3.7	17.5	18.7	2.2
転居について	3.6	1.7	0.3	2.3	2.4	0.0	0.2	4.1	1.8	2.3	2.3	79.6	3.3	3.5	6.8	0.0
進学について	7.3	1.3	0.6	1.2	1.6	0.1	0.6		0.0	0.9	2.3	1.0	1.7	1.3	5.7	0.4
就職について	15.7	27.1	2.6	15.6	7.1	0.2	0.1	3.3	8.8	8.6	10.1	8.3	6.7	17.5	36.4	1.3
結婚について	12.3	2.0	0.6	11.3	18.3	0.2	3.1	4.1	11.4	12.5	11.4	79.3	24.4	48.5	46.0	5.4

ちらも日本の高度成長期の調査であるから、これについても簡単に触れておく。なお、同和対策協議会が1966年に設置され、その3年後に同和対策事業特別措置法、いわゆる同対法が制定されるが、その過程については第7章を参照していただきたい。

　67年調査は、62年調査と同様、全地区基礎調査と抽出地区精密調査の2部から成る。全地区基礎調査の内容は基本的に前回と同じであるが、異なるのは地区数、人口（地区全体と同和関係）、世帯数（地区全体と同和関係）、混住率の数値をすべて都府県別に一覧表にしているほか、世帯規模別地区数、男女別・年齢別人口、人口密度、さらには地区産業（商業、製造業、単純労働、専業農業、兼業農業、漁村、山村）の類型別地区数や、15歳以上の就業者がどのような産業に従事しているかを都府県別一覧表で表しており、とくに産業・就業に関するより正確な部落の全体状況をとらえるようにしている。抽出地区精密調査に関してもいくつかの違いがある。一つ目は調査目的である。62年調査でも67年調査でも部落の実態を明らかにするという点は当然同じだが、67年調査の場合、同対協は特別措置法案とともに同和対策長期計画案を策定するという重要な任務をおびていた。そのため、調査の内容も、①地区の概況のほかに、②地区における同和関係施策の実施状況、③地区における同和関係施策の将来の展望が加えられ、「それぞれの地区の実態を明らかにするとともに、地区改善のための総合計画のありかたについて検討するよう努力した」とある。

　二つ目は調査方法である。62年調査では約90から成る質問を基本的に地区住民に尋ねるという悉皆調査の方法をとっているのに対して、67年調査では視察は行うものの、上記の3点に関して調査を委託された当該自治体や地元関係者から説明を受け、提出された資料を検討するという方法をとっている。したがって調査はほぼ3カ月で終了している。

　三つ目は調査の対象である。62年調査のように都市型か農村型かだけではなく、産業構造や就労形態などを基準に、スラム型、伝統産業型、労働型、出稼ぎ型、農村型、漁村型、山村型と細かく類型化し、全国から14地区が選定され、簡易調査としてあと8地区が追加され、全部で22地区が対象となった（表24参照）。「これらの地区類型に対応する施策のありかた」を調査す

表 24　1967 年調査の類型化（14 地区＋ 8 地区）

スラム型	三条（京都）、千代（福岡）、＊西郡（大阪）
伝統産業型	養老町（岐阜）、芦原（和歌山）、大福（奈良）、＊名残（静岡）、＊平野（愛知）
労働型	上野市（三重）、上池（兵庫）、金田町（福岡）、＊砥部町（愛媛）、＊宇部市（山口）
出稼ぎ型	一宮（徳島）
農村型	粕川村（群馬）、児玉町（埼玉）、大田市（島根）、＊会津坂下町（福島）、＊塩田町（長野）、＊高田市（新潟）
漁村型	大方町（高知）
山村型	日野町（鳥取）

＊は簡略な調査（8 地区）

ることが目的であるとしているが、施策に対する関心は、産業・就労や住環境といったハード面、あるいは学校教育では進学率の向上とか同和教育の推進という面に中心が置かれ、市民に潜在する部落への差別意識を解消させるために長期的で総合的な施策をどのように考えるかという視点を欠いていた。

おわりに

　余談になるが、この調査部会委員であった北原は、実態調査を行った 1 年前の 1961 年には「部落民は大部分がきわめて貧困で、最低のみじめな生活水準に置かれており、文明国民とはいえないわるい環境にとじこめられている。ひと口でいえば、「部落」は日本社会の最下層の底辺をかたちづくっているのだ」（「底辺からの民主主義の創造」『部落』139 号、1961 年 8 月）と述べていた。ところが同対審での実態調査を経て、答申作成から 2 年後の 1967 年には、「戦後の日本の社会は大きく変化した。民主的諸改革が日本社会の民主化を促進した。ことに、昭和三十年以来の日本経済の高度成長にともなう社会の近代化は著しい」「日本の社会は、前近代的な身分社会的性格を克服して近代社会へと進化しつつある」（「部落問題の基本的認識に関する覚書」『部落解放理論委員会解放 3 号』、1967 年 9 月）として、このように「日本の社会が民主化され近代化がすすめば、それに応じて部落差別のような旧時代の遺物はしだいに取り除かれる方向へと、国民の意識が成長し、差別をゆるさない人間が多くなる」（「部落問題の現状と解放運動の課題」『解放理論の創造・

部落解放研究第 1 回全国集会報告書』、1968 年 3 月）という考えを示し、この考えはやがて国民融合論と結びつく。戦後日本社会の変化が部落にもたらした変化の象徴として北原は混住化を取り上げ、「同和対策審議会で、1967 年 6 月 1 日（1962 年の間違い——筆者注）現在で全国の同和地区の実態調査をおこなった結果によると、全国平均 50 パーセントの混住率をしめしていました」「都市化の現象がいちじるしいところほど混住状態が目立ち、在来の部落民より新たに流入した一般民のほうが多数を占めているという同和地区もあります」（北原泰作・榊利夫『対談　部落解放への道——国民的融合の理論』新日本出版社、1975 年）と述べている。彼の近代化論の是非や、発言中の年代や混住率の数値の間違いはさておくとしても、これまで述べてきたように、地区精密調査も含めて報告書のデータを正確かつ慎重に分析整理していれば右のような表現にはならない。彼は自身の近代化論を補強するために数値を都合よく利用したとしか思えない。

　本来、高度成長期の部落の実態を明らかにするためには、この時期に行われた各地の実態調査に関する論考を参考にするべきであろうが、私には荷が重すぎる。本章はあくまで、この報告書から見える高度成長期の部落の実態にすぎない。しかも、精密調査での質問項目のうち利用したのはその一部である。別の質問項目や、私とは別の観点から報告を整理すれば別のものが見えるかもしれない。関心のある方はぜひトライしていただきたい。

　また最近では、国勢調査小地域集計を使って、周辺地域と比較しながら部落の変化と現状を分析する研究が行われている。（妻木進吾「不安定化する都市部落の若年層」『部落解放研究』189 号、2010 年 7 月、妻木「国勢調査小地域集計から見る姫路市 T 地区の変化と現状」、堤圭史郎「国勢調査小地域集計から見る丹波市 N 地区の変化と現状」、内田龍史「国勢調査小地域集計から見る神戸市 B 地区の変化と現状」、以上「特集　国勢調査を活用した部落問題調査」『部落解放研究』195 号、2012 年 7 月、井岡康時「国勢調査小地域集計にもとづく奈良県同和地区の変化と現状に関する考察」『奈良人権部落解放研究所紀要』第 32 号、奈良県立同和問題関係資料センター、2014 年）。ただしこの国勢調査小地域集計は 1995 年から実施されているので、同じ手法はそれ以前の調査には使えない。ただ、こうした研究が積み重なれば、現代の部落の現状を知ることがで

きるし、ぜひそうなることを期待したい。

　本章の冒頭に、「報告書は……これまであまり顧みられてこなかった」と書いたが、執筆終了後に刊行された『講座　近現代日本の部落問題』（朝治武、黒川みどり、内田龍史編、解放出版社、2022年）の第1巻・小林丈広「被差別部落の類型と存在形態」では、調査報告書が示した4類型を手掛かりに、地区の沿革史や立地条件などを分析に加え、新たな類型化を試みている。また、第3巻に内田龍史「同和問題に関する意識調査からみる部落差別意識の変容」では報告書の意識調査の部分を取り上げ、さらに第2巻・石元清英「高度経済成長と部落における就労の変化」では、これまでの高度成長期の部落実態に関する言説を批判的に検討している。

　最後に。私自身は高度成長期に大阪市内で幼少期と青年期を過ごしているので、この時代の変化や雰囲気を皮膚感覚として持ってはいるが、ただ近くには被差別部落はなく、ほとんど部落問題を意識することなく過ごした。したがって、この時期の部落をまったく知らない。本章はあくまで報告書の数値から見える部落の姿であり、実際に当時の部落を知る読者には違ったイメージを持たれる方も多いかと思う。そうした意見も総合して新たな高度成長期の部落の実態をいつか描くことができればと思う。

第**7**章

特措法時代の幕開け

同和対策事業特別措置法の制定過程

1　同対審答申の評価をめぐって

　今から約半世紀前、1969年に同和対策事業特別措置法が制定された。略して「同対法」。半世紀も経てば、「何をいまさら……」という世代と、「ドータイホー？」という世代に分かれるのであろうか。同対法は、その後、地域改善対策特別措置法（略して地対法）、地域改善対策特定事業に係る国の財政上の特別措置に関する法律（略して地対財特法）と名称と内容を変えるが、同和対策事業に関する特別措置法の時代、いわゆる「特措法の時代」は2002年3月まで33年間続いた。その「特措法の時代」が終了してからもすでに20年以上が経過する。同対法など特別措置法がその後の部落のあり様や部落解放運動に与えた影響は計り知れない。半世紀を経過して、今後の解放運動を展望するうえでも、これらの特措法が果たした役割と問題点について考える時期に間違いなくきている。しかし本論はそのことについて論評するものではない。ただ、当時の部落の人たちの熱い思いと期待を込めて作られたこの同対法がどのような議論や過程を経て成立したのかを振り返ることで、議論の一つの材料になればと思っている。

佐藤政権の登場と社会開発

　戦後の部落解放運動や同和行政の歴史についてはここでは省略する。ただ、同対法が制定される直接のきっかけになった同和対策審議会答申、略して「同対審答申」については述べなければならない。1957年、ときの首相岸信介が国会で初めて部落問題を取り上げ、1960年には同和対策審議会設置法が制定される。その5年後、同和対策審議会は内閣総理大臣から受けた諮問「同和地区に関する社会的及び経済的諸問題を解決するための基本的方策」に対する答申を1965年8月11日に岸の実弟である首相佐藤栄作に手渡した。

　この1年前に池田勇人が自民党総裁選で3選を果たすが、その直後に病に倒れ、辞意を表明、そのあと前回の総裁選で敗れた佐藤が首班指名を受けた。突然、政権を移譲された佐藤体制はけっして盤石ではないうえに、所得倍増論を掲げて高度成長路線をひた走りに走ってきた池田政権もその末期にはそ

れに伴う歪みが表面化、また岸政権以来の課題である日韓基本条約やILO87号条約（結社の自由及び団結権の保護条約）の批准、さらにはオリンピック景気後の経済不況への対応など、多くの難題を抱えての船出であった。

　その佐藤政権が最初に政策理念の一つとして掲げたのが社会開発である。第47臨時国会での初の首相所信表明演説（衆議院本会議、1964年11月21日）のなかで佐藤は次のように述べている。「経済と技術が巨大な歩みを見せ、ともすれば人間の存在が見失われがちな現代社会にあって、人間としての生活の向上発展をはかることが、社会開発であります。経済の成長発展は、社会開発を伴うことによって、国民の福祉と結びつき、真に安定し、調和のとれた社会をそくり（作り――筆者注）出すことが可能であります。私は、長期的な展望のもとに、特に、住宅、生活環境施設等、社会資本の整備、地域開発の促進、社会保障の拡充、教育の振興等の諸施策を講じ、もって、高度の福祉国家の実現を期する考えであります」。すなわち経済成長を何より優先させてきた結果、全国で起こった公害・薬害、都市への人口集中による都市問題の噴出、地方の過疎化、スタグフレーション（不況下のインフレ）など国民生活に深刻な問題を生み出した。こうした歪みを是正すべく打ち出したのがこの社会開発であり、経済開発とともに均衡のとれた社会開発を進めることによって福祉国家の建設を目ざそうとしたのである。

　前述の答申の前文でも、「時あたかも政府は社会開発の基本方針をうち出し、高度経済成長に伴う社会経済の大きな変動がみられようとしている。これと同時に人権尊重の精神が強調されて、政治、行政の面で新らしく施策が推進されようとする状態にある。まさに同和問題を解決すべき絶好の機会というべきである」と大きな期待を寄せている。もっともこうした流れは池田前内閣のもとですでに実行に移されていて、国民の健康と老後の安定的な生活を保障するための国民皆保険・皆年金制度が実現される（1961年）とともに、社会的弱者である高齢者（老人家庭奉仕員制度の導入＝1962年、老人福祉法の制定＝1963年）や障害者（精神薄弱者〈その後、知的障害者と改称〉福祉法、身体障害者雇用促進法＝1960年）、子ども（児童扶養手当法＝1961年、母子福祉法＝1964年）に対する福祉制度も整備されていく。佐藤政権のもとでは公害対策基本法（1967年）が成立している。[2] こうした政権の方針のもとにあっ

て部落問題を解決する絶好の機会と考えたことが、さきほどの答申の前文の
ように新政権に対する大きな期待となって表れたのであろう。

1960 年代の部落の現状

　当時の部落の状況について答申は、「経済的・社会的・文化的に低位の状
態におかれ、現代社会においても、なおいちじるしく基本的人権を侵害され、
とくに、近代社会の原理として何人にも保障されている市民的権利と自由を
完全に保障されていない」「戦後のわが国の社会状況はめざましい変化を遂
げ、政治制度の民主化が前進したのみでなく、経済の高度成長を基底とする
社会、経済、文化の近代化が進展したにもかかわらず、同和問題はいぜんと
して未解決のままでとり残されている」と結論付けたうえで、実態調査の結
果から、「同和地区における人口、住宅の過密性、道路、上下水道、居住形
式など物的環境の荒廃状況はきわめて顕著である」「商工業の零細経営やそ
の雇用労働者や単純労働者が多く、近代産業への雇用労働者は少ない」「農
業の経営規模は、きわめて零細で、ほとんどの地区は平均 4 反前後である。
そのため、専業農家はきわめて少なく、大部分は兼業農家で、日雇労働、雇
用労働、行商、出稼ぎ、わら加工などに従事している場合が多い」「学校教
育における児童生徒の成績は、小学校、中学校のいずれの場合も、全般的に
かなり悪く、全体的にみると上に属するものもいるが、大部分は中以下であ
る」「中学生徒の進路状況は都市的地区、農村的地区ともに就職者が大部分
であって、進学者は少なく、進学率は一般地区の半分で、30％前後である」と、
具体的に部落と部落民の環境、産業・労働、教育における低位性を示した。

　さらにこのように部落が低位な状況に置かれている原因は、日本の経済と
社会の二重構造にあると指摘している。経済の二重構造とは、「一方には先
進国なみの発展した近代的大企業があり、他方には後進国なみの遅れた中小
企業や零細経営の農業がある。この二つの領域のあいだには質的な断層があ
り、頂点の大企業と底辺の零細企業とには大きな格差がある。なかでも、同
和地区の産業経済はその最底辺を形成し、わが国経済の発展からとり残され
た非近代的部門を形成している」こと、また社会の二重構造とは、「一面で
は近代的な市民社会の性格をもっているが、他面では、前近代的な身分社会

の性格をもっている。今日なお古い伝統的な共同体関係が生き残っており、人々は個人として完全に独立しておらず、伝統や慣習に束縛されて、自由な意志で行動することを妨げられている」ことを意味し、こうした日本の経済や社会の二重構造すなわち非近代的要素が今日なお部落差別を残す根拠だと理解した。

　当時社会党なども二重構造の是正を訴えていたが、1950年代から急速に進展する高度成長により中小企業の設備や組織の非近代化、大企業との賃金の格差、大企業の従属性なども徐々にではあるが解消し始めていたし、一方、伝統的な日本的共同体社会も農村の崩壊とともに地域や家族間のきずなは薄れ、都市化や核家族の進行というかたちで、すでに答申の言う社会の二重構造も解体し始めていた[3]。この点について答申の附属文書として提出された産業・職業部会報告でも、「いわゆる二重構造は、けっして日本経済の宿命ではなく、経済の高度成長と近代化の発展によって解消するものである」と認めつつ、ただ、「経済発展の自然の動きにゆだねて自動的に解消するものではない。二重構造のメカニズムの変化には、そのことを目的とする意識的な独自の経済政策、労働政策、社会政策などを積極的に実施することが必要である」としている。ちなみにこの部分は、部落解放同盟の中心的メンバーであり同和対策審議会委員の一人であった北原泰作による執筆と思われるが、北原は同時に、「二重構造が解消して経済社会の全面的近代化が実現」すれば、「少なくとも問題を解消の方向へ前進させる基礎的条件が経済的、社会的に準備されることは確実である」として、戦後日本の民主化と高度成長に大きな期待を寄せた。

　たしかに実態調査を詳細に見れば、この時期の部落にも高度成長による影響や変化の兆しを感じることはできる（詳細は、第6章を参照）。とはいえ全体的にみれば、変わりゆく戦後社会のなかで依然として部落住民だけが差別と貧困にあえぐ状況にそれほど大きな変化はなかった。1960年代には国民の多くが高度成長の果実を享受し、その9割が中流意識を持つ時代にあって、こうした時代から取り残されようとしている部落の人びとの不満や怒りが、その後の答申完全実施への大きな期待となって表れたのであろう。

画期となった部落解放同盟第 20 回大会

　答申が出た 1965 年は部落解放同盟にとっても画期となる年であった。戦後の解放運動は、簡単に言えば日本共産党系のグループと朝田善之助を中心とするグループとのあいだによる主導権争いの歴史であったと言えよう。前者は、1960 年に作られた部落解放同盟の綱領、いわゆる 60 年綱領に示されているようにアメリカ帝国主義とそれに従属する日本独占資本こそが部落差別の元凶であり、部落の完全解放は解放運動が労働者階級を中核とする人民統一戦線の一翼を担うことによって可能だと主張する。これに対して後者も部落差別は本来的には民主主義の問題ではあるものの最終的に社会主義革命を実現しなければ部落の完全解放はないとする点では同じである。しかし、平和と民主主義一般の政治課題を押し付けるのではなく、部落大衆の日々の具体的な生活課題から差別の本質を学び、具体的な要求闘争を通じて大衆の政治意識の向上を図るべきだとして、そのためにはなにより行政闘争を重視する。すなわち最終的な目標は同じでも、そのための運動の進め方＝戦略をめぐって両派は激しく対立する。

　ちなみに表 1 は、共産党グループが主導権を握っていた第 19 回大会の運動方針と、朝田グループなどが主流派を形成し運動の主導権を取った第 20 回大会の運動方針を比較したものだが、世界や日本、部落の現状認識、さらには部落差別の本質に関しても大きな違いはない。ところが、「部落解放運動の基本的なあり方」や「差別行政反対闘争の意義」「同和行政に対する認識」をめぐって鋭く対立する。

　60 年綱領が作られた 1960 年の第 15 回大会以降、両派の争いはし烈を極める。その詳細は師岡佑行『戦後部落解放運動史　第 4 巻[4]』に詳しいのでそれに譲るが、第 19 回大会まではおおむね共産党系グループが同盟執行部の主導権を握っていた。彼らにすれば、自民党は独占資本の代弁者であり打倒すべき対象であるから、その内部に作られた同和対策審議会の動きに対しても関心を払ってこなかった。答申が出される直前の『解放新聞』にも「（答申作成のための——筆者注）起草委員会の草案は……恩恵的な社会福祉政策の面だけで、政府の「同和対策」をすすめようとするもの[5]」と切り捨て、答申にほとんど期待を示していない。

一方で、全国の婦人集会や青年集会など解放同盟の集会に共産党員などを多数送り込んだり、部落解放同盟中央執行委員長の松本治一郎が立候補する1965年7月の参議院選挙に政党支持の自由をたてに共産党候補を同盟の推薦候補にするよう提案するなど党派的な行動がめだち、次第に多くの同盟員の反感を買うようになる。こうした状況のなかで朝田グループは多数派工作を図り、「従来かならずしも好くなかった松本（治一郎——筆者注）、田中（織之進——筆者注）ら社会党員と朝田とが手を結ぶこととなった」。その結果、答申から2カ月後の10月4〜5日に開かれた第20回大会では、前任の6人の中央執行委員のうち岡映を除いて共産党グループに属していた三木一平、米沢正雄、中西義雄の3人が再選されず、新たに北原泰作、八木一男、西岡智、藤沢喜郎が中執に加わった。北原は第17回大会（1962年）には中執に選ばれていたが、それ以後は、解放同盟を代表して同対審の委員に加わりながら中執には選ばれていなかった。しかし、この第20回大会でひさびさに中執に返り咲くとともに本部の執行体制で事務局次長、教宣部長、さらに答申に関する特別委員会の委員にも選ばれる。ともかく第20回大会では朝田グループなど主流派の考え方が支持され、答申の完全実施要求と行政闘争を強力に推進していくための体制を固めるとともに、これ以降、共産党系グループは同盟組織内での主導権を完全に失うことになる。

　第20回大会の一般運動方針では、答申に関して「十分満足できないにしても、部落問題の解決は国の責任であることを確認し、根本的に解決する基本的方向として市民的権利と自由を行政的に保障する施策を行なうべきことをはっきりうちだしたことは、われわれの闘争の大きな成果」だと積極的な評価をするとともに、これまでの方針を転換して「この同対審の答申を政府が尊重して行政施策を積極的に実施するように政府に要求してたたかうことが同盟の当面の行政闘争の主要課題」だとした。

　ただ、このような運動の盛り上がりのなかで、行政闘争を先頭に立って主導してきた朝田は、同時に行政闘争の持つ危うさを感じていた。「大切なことは、要求闘争はまず功利主義を組織することからはじまるということ、しかし要求は手段であり、目的は大衆の意識を変革し、同盟のもっている完全解放という目標にすべての大衆を変革してゆくことを忘れてはならない。大

表1　第19回大会と第20回大会の運動方針の比較

	第19回大会運動方針	第20回大会運動方針
世界情勢の認識	社会主義体制の発展にひきかえ、資本主義はぜんたいとして停滞し、不況が深刻となり、新らたな全般的危機がひろがっています	資本主義の国々は、国内のいろいろの矛盾や欠陥が大きくなって経済の成長は低下しており、文化は不健全なものとなり、病人か老人のような衰えが現われています
	全世界の動きは、平和、独立、民主主義のたたかいと、社会主義体制の発展をはっきりしめし……	社会主義の国々は、国内でも人民大衆の幸福な生活を保障し、国外では、民族解放運動を助け、独立をまもるうしろだてとなっています
日本情勢の認識	池田自民党政府の…高度成長政策は「所得倍増」どころか、物価倍増をひきおこし……不況と混乱の局面に入ってきました	自民党政府の高度経済成長政策…などはすべて独占資本の利益本位におしすすめられて……物価高と重い重税が勤労大衆の生活を苦しめて……農業は依然として前近代的な零細経営のままでとり残され……
部落の状況認識	米日反動の軍国主義、帝国主義復活政策は、ますます苛酷な搾取と収奪をつよめ、無権利と貧乏の苦しみに追いこんできました	差別のため労働の権利を保障されず、臨時工、社外工、職人などの低賃金労働者として差別され酷使されてきた部落の労働者は今日の経済不況のなかで、いっそう圧迫を受け、苦しめられています
部落差別の本質	米日独占資本が部落差別を温存することによって、いっぱんの労働者農民を搾取、収奪する手段とし、労働者階級はじめ、農民そのほか、全勤労者を分裂支配する手段として利用している	差別の本質である就職の機会均等が保障されていないため、部落民は生産関係から除外され、労働市場の底辺をささえ一般労働者の低賃金、低生活の死錘としての役割を果し、政治的には部落民と一般民とを対立させる分裂支配に利用されています
部落解放運動の基本的なあり方	部落解放同盟の綱領（1960年綱領）のもとに、いっさいのもんだいや要求を政治的、階級的観点にたって明らかにし……敵はだれか、どうすれば完全解放を実現できるか……つねに大衆的に明らかにし、部落民全体の政治的・階級的自覚をたかめ……部落解放運動が日本の労働者と勤労人民の基本的な要求である独立・民主・平和のたたかいの重要な一部分であり、そのたたかいのための統一戦線の強化と前進をめざす一翼であることが、部落解放運動を発展させる土台です	部落解放運動の任務はあくまで民主主義革命（である。）けれども…今日の日本のように…経済も政治も独占資本が握っている段階においては民主主義的変革は不可避的に社会主義的変革に発展することは疑う余地は（ない。）しかし、…わが国が当面している客観的な社会的変革は、民主主義的変革（である。部落問題も）前近代的な社会・経済関係からの解放が問題（であり、）部落問題の解決が全国民的な課題として社会的に承認され、「超党派的な協力」によって国会でとり上げられてる根拠はここにある

	第19回大会運動方針	第20回大会運動方針
部落解放運動の基本的なあり方	われわれの生活と権利は保障されず、より収奪と圧迫がつよめられてきました。もちろん収奪と圧迫は、われわれのうえにだけのしかかっているのではなく、全勤労人民全体のうえにのしかかっている	（解放同盟は）政党のように政治目標や権力獲得の手段について意見の一致する者が集まった結社ではなく、現在の状態におかれている大衆の利害によって集まった団体（であり、したがって）大衆運動は大衆の要求から出発するものであって、決して敵を明らかに認識して出発するものではない。……敵を明らかにすることは、部落の大衆の日常生活におけるいろいろの矛盾の具体的なあらわれに対し、部落の要求をとり上げて闘うなかでその矛盾をばくろして大衆の意識を高め、目を開かせることによってはじめて出来る
	（そのためには）「要求別」の組織を発展させて、広はんな大衆を行動にたち上がらせるとともに……すべての部落民がぜんたいのたたかいに団結し、統一させるために奮闘することが大切であります	（⇒要求別、階層別組織は重要だが）部落の諸階層をそれぞれの要求闘争をつうじて同盟の外に別の組織をつくろうと（している。）…この方向にすすめば、生活と健康を守る会のように階層別・要求別の組織は部落解放運動ではなく一般化された生活と権利のための闘争となり、同盟の組織は拡大するどころか弱体化（する）
差別行政反対闘争の意義	たんに部落だけの利益ではなく、地域住民の生活向上と権利保障のための深部のたたかいである	要求闘争は、たんに部分的な要求をたたかいとることだけが目的ではなく、その闘争の過程で大衆を教育する学校の役割をはたす
	人民相互の団結・平和と民主主義の思想をつよめていくたたかいであって、たんに物をとればよいというものではありません	部落大衆にとっては、自分たちの功利的な要求をかくとくすることそれ自体が目的である……けれども同盟は、部落の完全解放という究極の目標をめざして目的意識的に大衆の要求闘争を発展させ、より高い闘争に高めていかなければなりません
同和行政に対する認識	わずかな予算によって恩恵をうりつけ、われわれを眠りこませようとする「ごまかしの手段」である	（⇒階級闘争主義的偏向は）民主的合法舞台における活動を無視する傾向（があり）これは内閣の同和対策審議会に対する過小評価にあらわれています
	答申案も環境、産業教育と、戦前の融和事業の延長としてまとめようとしており、部落問題の政治的社会的意義をうすめようとしている	答申の内容は……部落問題の解決は国の責任であることを確認し、根本的に解決する基本的方向として市民的権利と自由を行政的に保障する施策を行なうべきことをはっきりうちだしたことは、われわれの闘いの大きな成果であります

出典：『部落解放運動基礎資料集Ⅰ　全国大会運動方針1〜20回』

衆の功利主義を組織した要求が、ただ要求獲得という目的に終るならそれは改良主義であり融和主義である。逆に要求が目的でなく、大衆がおかれている差別の現実を認識し階級的自覚をたかめる手段となるとき完全解放を目ざすことになるわけである。要求が目的にだけ終るなら、目的を達成したなら大衆を解放運動の外においやる結果に終るだろう。要求闘争が功利主義の助長に終ってはならない。それを克服するのは、要求に含まれている階級的な性格、つまり差別の本質をあきらかにして、大衆の社会的な階級的な自覚をたかめるとき、それが功利主義の克服となるのである[8]」。

　一方、共産党も『アカハタ』で党の見解を表明[9]、「これ（答申——筆者注）を利用して一定の改善、改良をかちとることができないといっているのでは」ないが、答申の本質は「米日「二つの敵」が、解放運動を反共主義、融和主義のわく内にひきいれることにあり」「政府はこの範囲内で一定の経済的な利益を部落大衆にあたえながら、これを軍国主義、帝国主義復活の政策をおしすすめる道具にしようとしている」ものであり、「かれらがいっている闘争は、議会主義、融和主義とよばれる改良主義のわく内での闘争をさす」として、その後の解放同盟が進める同対審答申完全実施を求める運動とは一線を画し、あくまでアメリカ帝国主義と日本独占資本に対する闘いを押し進めるよう呼びかけた。

2　まぼろしの同対法

答申完全実施要求国民運動の展開と同対法

　背景説明がずいぶん長くなったが、いよいよ 1965 年の答申から 1969 年に同対法が制定されるまで、どのような道のりをたどったのかを見ていくことにする。私はこの 4 年間を大きく三つの時期に分けて話を進めたいと思う。第 1 期は答申が出されてから第 51 通常国会が終了する 1966 年 6 月 27 日まで、第 2 期は同対協が第 1 回総会を開く 1966 年 7 月 8 日から第 1 次存置期間が終了する 1968 年 3 月 31 日まで、第 3 期はそれ以後、同対法が成立するまでとする。まずは第 1 期から話を始めよう。

答申はその「結語」で政府に対して六つの宿題——①特別措置法を制定すること、②政府内に同和対策推進協議会を設置すること、③国の財政的助成措置を強化すること、④政府資金の投下による事業団形式の組織を設立すること、⑤特別の融資等の措置を講ずること、⑥同和対策の長期計画を策定すること——を与えた。これらの課題を政府に完全実施させるために最初に動き出したのは当然解放同盟であった。答申から約2カ月後の1965年10月4日に第20回全国大会を東京で開催し、中央執行部の体制を入れ替えると、同月6日、新中央執行委員らが各省を訪れ、答申実現に向けてどのように取り組むのかを質した。総理府福田参事官は「特別措置法をどういう内容とするのか、いつの議会に提案するかについては検討をはじめたばかりである」が、「（イ）基本法的なもの。（ロ）財政的な特別措置を規定する。（ハ）実質的に財政措置を強化し、事業の具体的推進をはかることを主眼としたい」[10]と回答した。

　解放同盟も10月23日に「同対審の答申に関する特別委員会」の第1回会合を開き、同盟内でも早急に「完全実施の具体策とそれを要求するたたかいをどう組織するか」[11]を検討すべきだとし、11月15日の第2回会合では特別措置法を次の通常国会（第51通常国会は12月20日に開会）で制定させること、また「「同対審答申」完全実施を要求する国民運動」[12]を全国展開することを第2回拡大中央委員会で決定[13]。翌1966年1月28、29日には部落解放同盟を中心として各政党、労働組合、民主団体、地方自治体、地方議会などから約1500人が東京に参集して中央集会を開催、「基本方策ならびに具体的施策について」を決議し、そのなかで立法措置について「この法律は、前文あるいは総則の基本条文に「同和対策」の意義と目的、国が行なう「同和対策」の基本方策、国および地方公共団体の行政責任などを明確に記述するとともに、他の各条において、「同和対策」を具体的に実施し、積極的に推進するための特別措置の根拠となるべき制度的規定を明確、かつ具体的に記述すること」[14]として法案の内容に一歩踏み込んでいる。

　1966年に入り、政府内でも2月19日に閣議でこの問題が話し合われ、「今国会に「同和対策基本法案」（仮称）を提出する方針を固め、総理府が中心になり法案の準備にとりかかった」「「特別措置法」の制定を検討した結果、

ただちに制定するのは技術的に困難なので、とりあえず「基本法案」を提出することになった」「「基本法」は、部落問題がいぜんとして残っており国および地方公共団体にこの問題を解決する責任があることを明らかにし、国および地方公共団体があらゆる面で助成すべきであると規定することになろう」[15]と政府の前向きな姿勢が『解放新聞』で報じられている。ここでの基本法とは、宣言法ないし理念法的な中身にとどまり、具体的な対策についてはこのあとに設置される同和対策協議会で検討されるだろうとした。

国会での論戦はじまる

こうした動きを踏まえて法律制定の主戦場である国会に舞台は移される。1966年2月2日、衆議院本会議で社会党の多賀谷真稔が代表質問に立ち、「同対審の結語に示された同和対策特別措置法がいまだに提案の運びになっていないことは、はなはだ遺憾であり、早急に作業を促進し、少なくとも2月末までに国会に提出すべきであると思うが、総理の決意はどうでしょうか」と質したところ、佐藤総理は「特別措置法につきましては、ただいま関係各省の間において協議中でございますから、いずれ2月末まで、かように私は約束はいたしませんが、必ず結論が出てくるものだ、かように思います」と答えている。2月17日、衆議院予算委員会でも同じく社会党の八木一男が「措置法を3月以内にお出しになる、そのことについての御決意をぜひ前向きに御披露をいただければ非常にしあわせだと思います」と再度確認をしたところ、やはり佐藤総理は「十分心してただいまの御要望に沿うように最善の努力をいたします」と前向きな答えを返した。

2月23日、ふたたび八木が衆議院予算委員会に登壇しこの問題を取り上げ、法律の内容について少し掘り下げて質問をしている。「明確な位置づけ、制度的保障ということになりますと、普通基本法というようなものを置いて、前文に、そのものをちゃんと理解するようにうたって、それから国の責任なり地方公共団体の義務づけなり、まず第1にそういうものを何らかの法律で強力に、明確にうたわなければならない」としたうえで、ただ、行政機構の確立、基本的な総合計画など、「できる限り具体的に一つの法律でぱちんとうたうことが一番いい……技術的にできないときには、これは私どももしかたがない

と思いますけれども、そういう方針でやっていただかなければならない」と
主張したのに対して、安井総務長官は「法律をつくります場合の根本的な態
度でございますが、御承知のとおり、各省にわたって非常に複雑な体系に相
なろうと思います。そこで、いま言われたような（基本法的な——筆者注）位
置づけというものをまず最初にやりまして、そうしてその次にはいまの協議
会をも生かして、大いにその協議会でもってさらに具体的な案を練るといっ
たような方策も続いて必要になるんじゃないか。そういう方針のもとにいま
つくろうと思っております」と二段階論で対応したいとの立場を示している。

　同じく2月25日の衆議院予算委員会第1分科会でも安井総務長官は「（部
落問題は——筆者注）各省に問題がわたっておりますだけに、これを簡単な
形で取りまとめるということは、技術的にも非常に困難なものがございまし
て、いまこれはせっかく検討中でございますが、私どもの考えといたしまし
ては、まず基本法的なものを考えまして、全体を総合して基本法であるべき
姿というものを出しまして、さらに、それの具体的な肉づけにつきましては、
協議会を通じてさらに拡充していく、肉づけをしていくという方向でやって
まいりたい」とここでも二段階論を繰り返している。これに対して質問者
の湯山勇（社会党）は「結局、いま長官の言われたように、基本的にどう取
り組むかという基本法と、それからそれを具体的にどうするかということに
ついてもまた法律の裏づけがないためにいまのようなことが出てくると思い
ます。そこで、いまいろいろ各省にまたがるからむずかしいんだという長官
の御意見は、それはそのまま各省にわたってむずかしい問題であるがゆえに、
特別措置法ではできるだけ各省の施策もそれによって拘束する、方向づける、
こういう態度があってほしい」と訴えた。

　2月28日の衆議院予算委員会第3分科会で八木は、「政府のほうで同和対
策基本法の草案をいま練っておられます。同対審の答申では、同和特別措置
法という名前をうたっておりますが、二つにするか一つにするか、どちらに
しろ、その法律の中では、これを全国民的な問題であって、国の責任を明確
にする、地方自治体の義務を明確化するということが……当然中の当然」だ
としたうえで、3月1日の同じく予算委員会第3分科会で同和対策事業が行
われる際に事業予算に対して国庫補助がなされる場合の補助率の問題を取り

あげ、「少なくとも基本法であっても特別措置法であっても、その中に補助率の一般的規定、補助率は9割以上でなければならないというような規定」を明記しなければいけない、さらには予算単価を実質単価にすべきであると主張したが、これに対して政府から明確な答弁を受けることはできなかった。当初、社会党内でもこの法律に対する具体的なイメージが固まっているとは言えず、自民党が構想する基本法案が先行する形になったが、これに対して必ずしも反対はしていない。ただ、その場合でも国や自治体が同和対策事業を推進するための明確な根拠となる規定が必要であることを次第に訴えることが多くなる。同時に、自民党と社会党のあいだに法律に対する具体的なイメージに溝があることが次第に明らかになってきた。

　この直後の3月3日から開かれた解放同盟第21回全国大会では、その運動方針で「国会においても、衆院本会議および予算委員会でとりあげられ社会党の代表を中心として答申の早期完全実施を政府にせまり、ついに今通常国会に「同和対策基本法」案の提出を政府方針とさせるまでに至っております[16]」と、このときの八木たちの取り組みを高く評価している。
　ところが、大会後の3月15日の拡大中央執行委員会では次のような報告がなされている。「政府各省は、3月10日各省連絡会議をもっているが、「同和対策基本法」について、法制局が、基本法または特別措置法として特別な法をつくると、差別があるということを法に規定することになり、憲法に抵触する、さらに、部落住民の規定が困難である、などから基本法に難色を示している[17]」。これは後述するが、一部の自民党議員の意見を反映したものと言える。

立ち消えとなる
　こうしたことが影響したのか、2月から約1カ月、あれだけ集中的に行われた国会での論戦も、なぜかこれ以後は散発的に取り上げられることはあっても（3月18日衆議院内閣委員会、3月29日参議院内閣委員会）、事態の進展はほとんどなく、6月27日に通常国会は会期を終え、このときの同和対策基本法構想はまぼろしとなって消えた。解放同盟の側にしても、当時はもとも

と自民党政権下で出される答申には期待していなかったし、また期待すべきでもないと考えていたから、答申によりにわかに注目を浴びだした立法化という問題に関してその具体的な構想があったとは思えない。話が急速に進むなかで、とにかく早急な法制定を社会党が民社党とともに求めたが、同盟内における法制定に向けた事前の準備不足は否めない。だとしても、なぜ突然に議論が立ち消えになってしまったのであろうか。また、3月以降、政党間でどのような話し合いや動きがあったのかも定かではない。唯一、のちになって八木がこのことについて以下のような文章を残しているので、少し長いが紹介する。

　この公約（2月2日の答弁――筆者注）に従って佐藤総理は安井総務長官に対し、各党共相談をして至急特別措置法を作るように指示を出しました。3月総理府より連絡があり、副長官をまじえて、各党代表の会議が開かれ自民、秋田大助、大石八治、社会、八木一男、湯山勇、民社、吉川兼光、無所属、田中織之進の各氏で会議をもちました。「同対審」答申尊重と推進では意見の一致を見ましたが、自民党秋田大助氏は特別措置法には積極的ではなく、特に「同和」という名前の立法には強硬に反対したため、連続会議を持つことになり、旬日後に各党メンバーを増して（前記議員のほか、社会、河野密、民社、佐々木良作、自民、渡海元三郎、奥野誠亮の各氏をふやし）、安井総務長官と副長官も出席して開会。田中、湯山氏と私が、「同和」対策特別措置法の至急提案を熱心に主張しましたところ全野党議員は賛成し、政府側も与野党の一致を希望しながらも、われわれの意見に賛成でありましたが、自民党秋田大助氏が「同和」の名を冠した立法にあくまで反対、奥野氏も秋田氏に同調して意見の一致を見ずに終わりました。
　その後、私は前記4氏および他の自民党の「同和」対策議員懇談会のメンバー特に、灘尾、堀木氏等々にも面接、立法の緊要性を説き、情勢展開の空気を作ることに努力、総理府にも直接間接にしばしば推進を要望しましたが、総理府自体がILO問題と祝日法提案とで手がいっぱいだという状況で総理府自体の提案準備も各党協議の開会推進も実現せず、この国会提出の実質上の日限を越え、ついに法案提出ができなかったことは非常に

残念でありました。会期末佐藤総理より、私に、提案が実現せず申し訳ない、次の通常国会には必ずよい法案を提出するから了承してほしいとの自発的な挨拶があり、自民党の否定的乃至消極的態度で将来の難航を予想されましたが総理、総裁との確約を楯にとることが本問題を推進する技術的な鍵であると信じたわけであります。そして、それを本当に推進する力は国民運動の展開であると同盟の指導者とともに決意をいたしたのであります[18]。

　社会開発を看板に掲げる佐藤政権のもとでは、山間部や離島などのように開発から取り残された地域と同じように同和地区に対しても一定の地域振興事業を行うことについて自民党内でも異論はなかったと思われる。しかし、それはあくまで一般法を活用しながら住環境整備や福祉の枠内で行われるべきであり、特別法というかたちで、しかも「同和」の名を冠した法律を作ることについてはあくまで反対する勢力が党内に相当程度存在していたことがうかがえる。そのことは今回の国会での立法作業を遅らせる原因になったし、これ以後の制定過程にとって大きな壁となって立ちはだかる。

　八木は、自民党のこうした動きの原因を次のように分析している[19]。第1に、「法律で国や地方自治体の責務を明確にすれば、解放同盟を中心とする要求行動を避けたり逃げたりすることはできなくなる」、第2に、予算上の措置に留めておけば「実際に対処するようなジェスチャーを示してその実は、財政上の理由等で増額を少なくおさえ」ることができるし、補助率も法律に明記しなければ行政の自由裁量で決めることができる。できれば「自民党に年じゅう頼みに行かなければならないようにしておきたい」。第3に、たとえ法律を作るとしても、「同和」という名称を用いず人口過密地帯という名称を用いたりして問題をあいまいにする、法文には補助率、実質単価など財政上の事項を明記しない。

　第1と第2の理由は、後述するようにとくに当時の大蔵省あたりから相当に強く主張されたことは想像に難くない。さらに勘ぐれば、離島や山間地域への補助金は自民党票として返ってくるが、社会党や共産党の影響力が強い部落への補助金は自民党にとって投資効果が少ないと見たのではないか。ただ、第3の前段の理由は「寝た子を起こすな」という意識がその背景にある

ことは推測できるが、むしろ当時は人権問題や差別問題を法律で扱うことに抵抗があったのではないか。ともかくも仕切り直しであり、舞台は同和対策協議会に移る。

3　同和対策協議会へ

同和対策協議会の設置

　さきに述べた答申の結語の②の「政府内に同和対策協議会を設置すること」を受けて、政府は答申を受けた直後の1965年8月17日に閣議決定により臨時同和問題閣僚協議会および同協議会幹事会を設置するとともに、翌66年3月31日に総理府設置法15条を改正して総理府の附属機関として同和対策協議会（略して同対協）を設置した。同対協の役割について同和対策協議会令1条は次のように定めている。

1　同和対策協議会は、同和対策として推進すべき施策で関係行政機関相互の緊密な連絡を要するものに関する基本的事項を調査審議する。
2　協議会は、前項に規定する事項に関し、内閣総理大臣又は関係各大臣に意見を述べることができる。

　同対協は答申が結語で示した六つの課題を中心に協議することになるが、同和対策事業の長期計画の策定とともに、結局法案を国会に提出できなかった政府に代わって特別措置法の基本的内容を確定することが主要な任務となった。同和対策審議会が内閣から受けた諮問に対して意見を述べるにとどまるのに対して、同対協はいつでも内閣総理大臣および関係各大臣に意見を述べることができるとともに、「会長は必要に応じ、適当と認める者の会議への出席を求め、その説明又は意見を徴することができる」（同和対策協議会令規則5条）として大きな権限が与えられている。

　ただし同対協の存置期間は1968年3月31日までの2年間であり（総理府設置法附則4号）、しかも同法に基づき同和対策審議会令が制定されたのが6月16日、委員が任命され第1回総会が開催されたのは7月8日であるから、

残された期間は1年9カ月しかない。このわずかな期間のあいだに与えられた上記の課題を解決するために委員たちの悪戦苦闘が始まる。

　幸いにもこの同対協での議事が速記録[22]としてすべて残っているために、その委員たちがどのような発言をしたのか知ることができる。そのなかでとくに法案作りをめぐる議論を中心にして見ていきたいと思う。

同和対策協議会の委員

　同和対策協議会の委員は20人とし、同和対策審議会と同様、半分は学識経験者から、残りを関係行政機関の職員から内閣総理大臣が任命する（同和対策協議会令2条）。委員は以下のとおりである。

　磯村英一（東京都立大学名誉教授、1903年）

　井戸内　正（全日本同和会理事、1926年）

　石見元秀（姫路市長、1900年）

　北原泰作（部落解放同盟常任中央委員、1906年）

　木村忠二郎（全国社会福祉協議会副会長1907年）

　橋本正之（山口県知事、1912年）

　堀木健三（国際観光振興会副会長、1898年）

　本城和彦（東京大学教授、1913年）

　柳井政雄（全日本同和会会長、1908年）

　米田　富（部落解放同盟奈良県連合会委員長、1901年）

　関係行政機関の職員（総理府総務副長官、法務、大蔵、文部、厚生、農林、通産、
　　　労働、建設、自治各事務次官）

　学識経験者10人のうち同和対策審議会の委員または専門委員であった6人（磯村、石見、北原、木村、柳井、米田）が引き続き同和対策協議会の委員に選ばれている。部落解放同盟系が2人（北原、米田）、全日本同和会系が2人（柳井、井戸内）でバランスをとっている。ただ、同対審では専門委員であった山本政夫が外され、替わって当時弱冠40歳の井戸内が選ばれている。なお、石見は任期途中に行われた姫路市長選挙で敗れたため自ら委員を辞任し、

替わりに大阪府内で 3 市が合併してできた東大阪市の初代市長に選ばれた辰巳佐太郎が任命されている。なお、カッコ内の職名は委員任命当時のもので、そのあとの数字は生年である。[23]

同和対策協議会から新しく委員になった 4 人について簡単に紹介する。

まず**堀木鎌三**。1898 年生まれで三重県松阪市出身。この同対協では山本政夫とともに最高齢で、同対協会長としてその強烈な個性で会議を牽引していく。東京帝国大学法学部を卒業後、鉄道省に入省。その 2 年後に佐藤栄作が鉄道省に入省しているから佐藤の先輩にあたる。その後、鉄道畑一筋で、大戦末期の 1944 年には『総力戦と輸送』を著すなど戦時体制を支えた高級官僚の一人と言えよう。戦後 1950 年に第 2 回参議院議員通常選挙の全国区に出馬し初当選し政界に転身。1957 年の第 1 次岸内閣改造で厚生大臣に就任（岸派）。翌 1958 年 3 月 11 日の衆議院社会労働委員会で八木から部落問題に対する政府の取り組みへの決意を問われた岸は、「この問題は……日本の民主主義政治の恥辱であり、従って民主主義の完成の上からいいますと、政党政派を超越し、内閣のいかんを問わず、われわれは力を合せてこの問題の解消ないしそういう事態のなくなるように努力すべきものである」と答え、1959 年に自民党の政務調査会の中に同和対策特別委員会を設置、委員長に堀木、委員長代理に秋田大助を選任、同委員会は同年に同和対策要綱や同和対策十カ年計画をまとめ、以後、これに基づいてモデル地区事業など自民党の同和対策が進められている。したがって堀木にとってもこの問題は自らに残された課題の一つだったのであろう。[26] 余談になるが、柳井の話によると、彼を全日本同和会の会長と同和対策審議会の委員になるように口説き、引き上げたのは佐藤栄作と堀木であった。また全日本同和会結成準備会には橋本正之も参加している。[27]

井戸内正。1926 年生まれで島根県松江市出身。早稲田大学専門部法律科を卒業。1960 年に全日本同和会が結成されると幹事に、同年に全日本同和会島根県連合会が結成されると会長に就任する。また 1963 年から 8 期松江市議会議員を務める。66 年同対協発足当時 40 歳で委員の中でもっとも若い。そのためか発言回数はそれほど多くなく、また同じく同和会から参加している柳井とは違うタイプで、どちらかといえば具体的に問題を提起したり施策

を理論的に提案するタイプである[28]。

橋本正之。1912 年生まれで山口県下松市出身。1935 年に京城帝国大学法文学部法科を卒業。戦前は朝鮮総督府に勤務。朝鮮総督府では特別高等警察で金日成ら左翼革命家の追跡を担当していたという。戦後は山口県庁に入庁し、副知事を務め、1958 年から衆議院議員（自民党）を 1 期、1960 年からは山口県知事（自民党）を 4 期務めた[29]。部落問題との関わりはわからないが、岸や佐藤と近いからか。

本城和彦。1913 年生まれで東京都出身。1938 年に東京大学工学部建築学科を卒業し、戦後は経済安定本部、建設省、日本住宅公団を経て東京大学教授。専攻は住宅地計画。1973 年には国連地域開発センター（UNCRD）の所長を務める。同対審委員であった高山英華（1910 ～ 99 年）も東京大学工学部建築学科であったからその入れ替わりになるのか。同対協での部落実態調査は彼を中心にして進められた。

専門員には当初、次の 4 人が任命されている。

野本武一（部落解放同盟中央執行委員、1912 年）
藤範晃誠（和歌山県監査委員、1899 年）
宮崎元夫（千葉大学助教授、不明）
山本 登（大阪市立大学助教授、1912 年）

野本、藤範の 2 人は同対審の専門委員であった。なお山本政夫（全日本同和会常任理事、1898 年）は 1967 年 12 月 19 日に正式の専門委員に任命されて、第 11 回総会から会議に参加している[24]。山本は全日本同和会のブレーンとして 1960 年の結成には参加したものの、柳井とそりが合わなかったため、同対協発足のメンバーからは外された[25]。当時、実質上同和会から離れていた山本を、解放同盟と同和会の数的バランスを欠いてまでなぜ専門委員に加えたかったのか。山本が同対協に参加したのは総会で法案作りの議論が始まる頃で、同和会に対しても早く試案を提出するように会長の堀木から責められていた時期であり、それと関係があるのか。

第1回から第5回まで

　本論に入る前に、もう少しだけ余談にお付き合いを。同対審と同対協の違いである。法律論上の違いではない。いわばその雰囲気である。

　同対審は多くの場合、運動体関係者が主導権をとって審議が進められ、答申の作成も事実上磯村とともに、北原、山本など運動体関係者が中心になりまとめられていった。しかし、予算を伴う法律や具体的な長期計画の策定などに関わる同対協では、運動側の委員が増えたものの（同対審では10人中2人、同対協では10人中4人）、さすがに関係各省庁いわゆる官僚たちが議論の主導権を握るのではないか、と当初、私は推測していた。しかし、私の予測に反して、ここでも北原、米田、柳井ら運動体の委員たちによる発言が中心となって会議は進行していく。もちろん、具体的な施策や予算案の説明などは大蔵省や各省担当者が発言はするが、多くが北原らの質問に対して答えるというかたちが多い。ただしかし、最終盤になると……。

　もう一つの大きな違いは何と言っても会長の「キャラ」である。審議会の会長である木村忠二郎はあくまで議事進行に徹し、自らほとんど意見を述べることはない。委員から意見を求められても、「それは皆さんがお決めになることで……」とかわす。何度も「辞めたい」と磯村に漏らすほど、生真面目なタイプでもある。これに対して堀木は、委員の発言に対してその一つひとつに自分の意見を加える。政府への中間報告案を策定する際には、自ら関係各省を訪ね意見を聞いてまわり、事務官たちを使い試案をまとめたり、法案づくりの際にも、そのたたき台となる案、いわゆる堀木試案を提示するなど、良くも悪くも同対協の主役を演じ、会議を主導した。また、首相に対してもあるときは「あいつ」とか「栄作」などと呼び捨てたり、官僚に対しても面と向かって「最近は、たいへん頭のいい官僚がそろいやがって、うんざりするよ」などと嫌味を平気で言う。木村とはまったく違うタイプであった。岸内閣当時、同和対策に閣僚として関わってきた経歴と、官僚・政治家としてのキャリアがそうさせるのであろうか。

　さて**第1回総会**が開かれたのは答申が出てから約1年後の1966年7月8日である。会長には柳井の推薦により、それを全員が同意するかたちで堀木

が、また副会長には堀木の指名により磯村が選ばれた。最初に福田総理府参事官から、同対協が設置されるまでの経過と同対協がなすべき役割、それからすでに決まっている1966年度同和関係予算について簡単に説明がなされた。当面の課題としてまず翌1967年度予算の編成期が間近に迫っているので、いそぎ各省からそれぞれの同和関係予算案の報告を受け、それに答申の意見がどれぐらい反映されているかを検証してはどうかという提案が堀木から出された。

　これに対して北原から、予算も大事だが、まずは「施策の総合的な計画の立案」と立法措置の問題を取り上げるべきではないか、また法案に関して事務局に腹案があれば示してほしいとの意見が出された。これに対して細川吉蔵総理府総務副長官から第51通常国会での法案をめぐる経過についての報告があった。要約すると、当初は同対協で法案を練ろうという意見もあったが、首相がこの問題に対して前向きな答弁をしたため、総理府でもいくつかの案を作ったという。すなわち「法律案も草案でございますけれども、つくりましたわけで、これも1本でなくて2本も3本も実はつくっております。実は衆議院の予算委員会の段階におきまして、総理並びに総務長官から、今国会にぜひ提案をいたしたい……そういう答弁も、かなり明確な答弁もしておりまして、総理も何とか出したい、そして出す以上はこの問題に関しては三党一致といいましょうか、与野党一致してスラッと通るものにして出そう、こういうわけでございまして」「いろいろ最後まで努力を盡したわけでございますけれども、結論的には与野党の間に本質的な問題っていいましょうか、中身の問題といいますより、むしろ法律の名前の立て方、要するに動議っていうものを出すかどうかという点につきまして、ちょっと意見の調整がつかない」ために見送ったということである。八木の言う法律に「同和」という名称をつけるかどうかということ以上に、佐藤の積極的な姿勢とは反対に、法律を出すことそのものに自民党の中では相当に抵抗が強かったということが見えてくる。ただ、この時点である程度法案の骨格はできていたということであろうか。

　なお、北原から同和対策協議会令4条に基づき専門委員を早めに決めてはどうかとの提案があり、これに基づいて8月18日付で専門委員として野本、

藤範、宮崎、山本（登）の 4 人が選任され、第 3 回総会より出席している。

　第 2 回総会は 1 カ月後の 8 月 18 日に開かれる。まず、第 1 回総会を受けて 1967 年度の同和関係予算案を各省の担当者が説明、それを受けて北原が、この予算案はこれまでの事業の踏襲で、「答申を受けた画期的な、根本的解決をするという気がまえのもとにおける新しい新規事業というものが全然頭をあげていない」とバッサリ切り捨て、総合的長期計画をこの同対協で検討することが必要と再度提案。また、住宅建設や職業訓練所などの例を挙げて、どれだけ同和予算を積み上げても実際に部落に役立つ施策は限られている（柳井）など、運動側から批判が続出する。そして同和向けの住宅や職業訓練所の建設、中小企業に対する金融公庫などの設置（柳井）、団体育成諸集会事業費の増額のほか、事業費の補助率や補助単価の引き上げ（井戸内）などが提案された。堀木も、各省の予算案を聞いていると長期的なビジョンがないことは明らか、かといってすぐに長期計画案をまとめることは難しい、そこでまずは当面の同和予算を組む際に目安となり、また今後策定すべき長期計画のための基準となるような方針案を 9 月中に作ろうと提案する。以後、第 5 回総会まではこの方針案の作成に全力が注がれることになる。
　第 2 回総会終了後、各委員から文書で方針案についての意見を受けたうえで 2 度の専門委員会や、関係各省の主管局長との懇談や会議を開催し、12 月にようやく「同和対策に関する長期計画の策定方針について（案）」をまとめている。

　この第 2 回総会の少し前の 8 月 11 日、部落大衆を中心に民主団体、労働組合、自治体関係者など約 6000 人が福岡市役所に結集し全九州総決起集会を開催、その後、約 1200 キロの全行程を歩く 12 人の行進隊員とともに数百人が東京に向けて「同対審」答申完全実施要求国民大行進を開始、山口、広島、岡山、大阪と進み、行進隊員は行くさきざきで部落大衆の歓呼の声に迎えられ、8 月 30 日には 7500 人で埋め尽くされた京都・円山公園に到着、熱烈な拍手に迎えられる。一方、9 月 1 日には東日本隊が同じく東京に向けて長野を出発、9 月 12 日には西日本隊と合流して東京に到着、文京公会堂で

中央国民大集会を開催、5000人が参集し会場の外にまで人があふれたという。部落の解放を求める当時の部落の人びとの思いと熱気が伝わる。[30]

　一方、この年の11月21日、「解放の父」と言われた部落解放同盟中央執行委員長の松本治一郎が亡くなる。松本は生前、「事業法は解放運動を堕落させる危険性をはらんでいる。金に目がくらむ奴が出てきて解放運動がダメになる」として事業法の制定には批判的だったと言われているが[31]、結局、法の制定を見ることなく旅立った。

　第3回総会は、翌1967年1月10日に開催される。この間、世間では政財界癒着による黒い霧事件が大きな問題となり、66年12月に政権は解散に追い込まれるものの、翌67年1月29日の総選挙では自民党は議席をわずかに減じるにとどまった。またこの選挙で公明党が登場25議席を獲得し、民社党も23議席から30議席と伸ばし、野党の多党化現象が現れた。

　会議冒頭、専門委員会がまとめた「同和対策に関する長期計画の策定方針について（案）」が朗読される。これに対して、たとえば農家の経営規模の拡大を図るとしてもそれは他方で零細農家の離農を伴うので、雇用対策など労働省などとの政策調整が必要になるが、それは誰がするのか（農林省）、そのためには連絡調整する省庁の設置をすべき（米田）、各省は部落問題を完全に解決するためのビジョンをもってそれから具体的な施策を考えるべき（北原）、各省は部落の実態をどこまで把握しているのか（柳井）など総論的な批判が出たが、それに対して堀木から、連絡調整はまず各省庁が自ら他省に出向き調整を図るべき、それでもだめなら当面総理府がすればいい、ビジョンはすでに答申に示されている、今はそれを具体化する時期だ、などの反論がなされた。

　また、「特別措置法に関する考え方が全然この中にはない」（藤範）という指摘に対して、堀木は「法律に基本的な方向を盛りこんで、具体的な方向はこれにまかす」「両方をにらみあわせながら法律をつくっていかなければならない」と今後の方向性を示す。堀木には、法は基本法的なものとし、事業の具体化は長期計画の策定によるとする二段階方式、いわば自民党的な考え方と共通するところがあった。

このほか、個別には、部落の場合、日常の生活空間と生産活動が一戸の住戸内で行われることが多いが、環境整備を考える場合にはこうした点を考慮してほしい（北原）、この問題に対する地方自治体の責任をもっとはっきり示すべき（磯村）、今後、地区の指導者となるべき青年層が出稼ぎなどで流出している（井戸内）、同和地区外住民への同和教育の施策がほとんどない（藤範）などの意見が出された。そこで次回の総会までに各自が方針案についての意見を文書にまとめ、事務局に提出することが決められた。

　第4回総会は約1カ月後の2月7日に開催。提出された各委員の文書に基づき委員全員が方針案についての意見を繰り広げたが、ここでその紹介は省略する。最終的には、起草委員会を作って、そこで方針案をまとめようということになる。委員には北原、柳井、木村、磯村、本城、山本（登）が選ばれている。

　なお北原、米田から、政府が作ったとされる法律案を見せるようにとこれまで繰り返し要求されていたが、この日の総会で、「第51国会において、政府当局が同和対策に関する法律案を提出することについて検討いたしました際にまとめたもの」（堀木）が委員に配られた。しかし、速記録の中ではその中身については明らかにされていない。柳井が会議中に「第1条　同和問題に関する国の政策の目標を明らかにし」「第3条　差別的取扱いの禁止」と読み上げているが、その部分はこのあとに出てくる第1次堀木試案と重なる。堀木によれば、いやがる事務局を叱咤して無理に出させたが、中身は「試案ともいえないし、試案の試案」と言うから、示されたものはよほど簡単なものだったのだろうか。とはいえ、法律案の全体的な骨子は示されたことになる。米田はなお、首相が会期内に法律案を提出すると言っているのだから、もっとはっきりしたものがあるはずだからそれを出してほしいと食い下がるが、「そこまでは段階的に進んでなかったんじゃないか」（堀木）とかわされ、それからは水掛け論で真相ははっきりしない。

　なお、この方針案に立法措置が必要であるということを付記してほしいとの要望があり（藤範）、最終的には附帯意見の中に「法的措置に関しては、本協議会においてその必要性を認め、今後ひきつづき検討する」との一文が

付け加えられることになった。

　本総会終了後、2月の15日、16日に起草委員会が開かれている。

　第5回総会は2月25日に開催。起草委員会がまとめた「同和対策長期計画の策定方針に関する意見（案）」が朗読される。これについてもまた字句の訂正などの意見が出されたが、それよりは答申から1年半経過するのにいまだ同和対策が前に進んでいない現状に対する運動側委員のいらだちから、政府各省や自治体、さらには同対協のあり方への不満や批判が多く出された。しかし、すぐには法律案や施策の基本方針が定まらない現実のなかで、当面、各省庁や自治体に対する施策の推進のためには早くこの中間報告をまとめるべきだとする堀木や磯村の意見に結局は押し切られる。ただ運動側としても、部落大衆の大きな期待を背負って同対協に臨んでいる以上、いい加減な法律案や長期計画をまとめるわけにもいかず、その意味では大きなジレンマのなかで協議を進めるしかなかった。ともあれ、案は「同和対策長期計画の策定方針に関する意見[32]」（以下、中間報告と言う）として同日、政府に提出された。同対協はようやく一つの仕事を仕上げた。しかし、同対協に残された期間は1年しかない。

第6回総会から第9回総会

　少しさきを急ごう。第5回総会から3カ月後の5月24日に**第6回総会**が開かれる。中間報告には、「各省庁施策に関し、計画の達成すべき社会的、経済的水準の設定及びこれに基づく具体的計画の策定には、実態の把握が必要」「各省庁は、すみやかに実態調査を行なうこと」と書かれているが、実際に実態調査の実務を担うのは同対協である。実態調査は同対審時代の1962年に行われている（以下、62年調査と言う）ので時間の無駄ではないか（柳井）という意見もあったが、それから5年経過していることや今後の具体的な計画立案のためには新たな視点からの調査が必要との意見（中間報告）により、結局は実施されることになる。

　62年調査と違い、調査の実施主体はあくまで関係各省庁であり、各省庁が長期計画立案のために必要となる調査項目をあげ、それを同対協のほうで

整理をしたうえで、総理府を通じ各自治体に委託して実施するというかたち
をとっている。調査は62年調査と同様、全国基礎調査と抽出地区精密調査
からなる。同対協では調査のための特別委員会を作り、委員には北原、柳井、
野本、藤範、山本（登）、本城が指名を受け、委員長には本城が就いた。実
際にはこの特別委員会が調査のためのほとんどの作業を担い、抽出地区の視
察も含め、膨大な作業量をこなしながら短期間のうちに報告書を作成するこ
とが求められた。

　一方、こうした状況に対して解放同盟側はかなり不満だったようである。
「同対協の活動が同盟側委員と専門委の立法促進の主張にかかわらず5カ年
計画樹立（中間報告のことか――筆者注）、そしてそのために実態調査に重点
がおかれ、特別措置法の問題が第二義的にされている状態であったので米田、
北原、野本氏と協議しつつ国会と協議会との中で立法促進を要求していく[33]」
ことになったという。
　第6回総会の直後の6月7日、解放同盟代表団は社会、公明、民社3党と交渉、
各党とも立法に向けて協力を約束、ただ共産党だけは事務局長が対応して「同
盟から申し入れの趣旨を議員団につたえる[34]」と回答するにとどまった。翌8
日には塚原俊郎総理府総務長官、秋田大助自民党同和対策特別委員会委員長、
堀木同対協会長と交渉、早急な立法化を申し入れたが、塚原は「①自民党内
での意見が一つにまとまっておらず、党と政府が必ずしも意志統一ができて
いない。②関係各省間の連絡調整に手まどっている。こうした理由によりい
まだ政府案をもつところまで行っていない[35]」、また秋田は、「①党内問題とし
て、部落解放の問題について自民党が必ずしも熱心でないこと、②部落差別
の存在と重要性は理解しているが、立法化については疑念をもち、法制化よ
りも財政措置が第一義的と考えている。③党としてはいまだ立法にふみきっ
ていないが、「同和対策」という名称ではなく一般的な、たとえば「過密地
区対策」のようなものであれば賛成できる[36]」、さらに堀木は、「"同対協"と
しても、立法化については試案を出すよう努力するが、自民党も熱がなく社
会党も八木代議士だけにまかせず全党をあげてこの問題を進めるべきだ[37]」と
野党の姿勢にも注文を付けている。これに対して『解放新聞』は「秋田議員

が「同和」という字句にこだわり、これは差別をみとめたことになり、差別はないという憲法に違反するという奇妙な議論をもてあそんで「答申」をふみにじり部落大衆の要求にこたえようとしていない[38]」と反論している。

その一方で同じ時期の6月20日に「部落解放同盟中央本部中央執行委員長・朝田善之助　教宣部長・北原泰作　事務局長・谷口修太郎」の連名で解放同盟の都府県連・支部に対して「真の解放行政の実現のため、政府が実施する全国部落の実態調査が有効に行なわれるように監視し、協力しよう」という通達が送られている[39]。そのなかで「この調査がデタラメに行なわれ、非科学的・非民主的なお粗末な調査におわるならば、長期計画の内容もお粗末なものになることは必定であって、われわれが要求する解放行政は実現しないことになる」「部落のおかれているきびしい差別の現実を明らかにし、その中での部落大衆の生活とそこから出てくる解放へのねがいと要求を掘りおこし結集してたたかいつづけることこそ基本である」と訴えた。これまで、政府との対決を前面に出して闘われてきたこれまでの解放運動の流れが少しずつ変わりつつあることが見て取れる。

話を同対協に戻そう。長期計画の策定とともにもう一つの主要な課題である立法措置について、同対協もこの問題をまったく無視してきたわけではなく、中間報告でも「法的措置に関しては、本協議会においてその必要性を認め、今後ひきつづき検討する」とあり、政府が法律案を示さない以上、同対協が法律案を作り、政府に法律の制定を促すしかないというのが、委員全体の意見であった。

第6回総会終了間際に北原から「私ども法案……」が提出され朗読されたが、残念ながら速記録ではその内容は省略されている。北原は「基本的には、法律の性格としては基本法というような抽象的な宣告的法律ではいけない。やはり法律事項を詳しく中身のある法律にすべき……特別措置法とか、促進措置法とか、そういうものが望ましい」「総理府のほうから、前の国会のときに急いで出そうというときにつくられたその案（第4回総会のときに示されたものか——筆者注）を骨子にし、参考にして、また農業基本法、離島振興法などを参考にして考えたもの」と説明している。この試案の作成にあたっ

ては北原が主要な役割をはたしたことは間違いないだろうが、「私ども法案」
という表現にあるように、米田や野本の協力も当然得たであろうから、いわ
ば共同提案ということになる。それにこの試案を解放同盟の了解をとらずに
提案したとも思えない。とすればこれがこの約半年後に示される解放同盟案
の基礎となったものと考えられる。

　最後に堀木から、他の委員も法律に関する試案や意見書があれば次回まで
に提出せよとの指示がなされた。

　第7回総会は翌月の6月13日に開催された。この総会では実態調査に関
する話が大部分を占め、立法措置に関して、とくに前回提出された北原案に
ついて議論が深められることはなかった。そのことに米田から、「私のほう
から試案（第6回総会に北原が提案したものか──筆者注）を出したという程
度で終わっている……それの続行をしていただきたい」と不満が述べられて
いる。調査特別委員会と同様の特別委員会を作ってはどうかという提案もな
されたが、堀木はただ、各委員は早く試案または意見書を出すように催促す
るだけであった。

　第7回総会から第8回総会までのあいだに2度調査特別委員会が開かれ、
全国基礎調査の「大綱」や抽出地区精密調査の「要領」の作成作業が進めら
れている。

　第8回総会は7月21日に開かれたが、他の委員はもちろん柳井など同和
会側委員からも法律に関する試案や意見書も出されることはなく、ここでも
実態調査に関する議論を中心に話は進められた。北原としては何としても立
法化の話を前に進めたいので、まずは「最近、地方を歩いてみますと、こう
いう空気がある」「こんどの（実態調査の調査項目にある──筆者注）必要事
業量として、それを回答……すると、国の姿勢がきまらないので、前の経験
に徴して考えると、ひどい目にあう」「それでこんどの必要事業量の調査項
目には非常に消極的なものしか出さない」と、だからこそ「そういう不安や
危惧を解消するには、やはり国がこういう態度で、こういう方法で、同和対
策をしっかりやるんだ、という法律を制定して……」と前置きし、総理府で

も試案を作ってほしい、立法措置のための特別委員会を作ってはどうか、自民党で立法に反対している議員を協議会に呼んで意見交換をしてはどうか、など様ざまな提案をするが、事態は一向に進まない。いつもは歯切れのよい堀木も、「きみたちと同感なんだよ。だけど、むずかしさもきみら、わかりながら、おれだけ責めてもはじまらないので、さあ、どうしたらやれるのか、一ぺん相談しようじゃないか」「いまの政治の状態からいえば、いろいろな手を用いなければ……。いまの政治の情勢をみていると、すなおになかなかいうこときくような卓見者、一人もいやしないじゃないか」と愚痴とも泣きごととともとれる発言を繰り返すが、さきほども言ったように、その陰には自民党のなかに立法化に頑強に反対している勢力がいるということを伺うことができる。

　第9回総会は1967年11月29日に開かれている。第8回と第9回のあいだがずいぶんあいているのは、このあいだに全国基礎調査と22地区の抽出地区精密調査が実施されたからである。まず、その実態調査の成果に関する報告と、関係各省庁における1968年度予算要求の内容に関する報告がなされ、最後に法的措置に関する問題が取り上げられた。そこで堀木から「**堀木試案　未定稿　同和対策の促進に関する特別措置法案要綱（仮称）**」[40]（以下、これを**第1次堀木試案**と言う。章末参考資料、参照）が提出され朗読された。また米田からも「私ども部落解放同盟の小委員会を設けまして、そして私どもの考えたままを法案の形式になっております」として正式の同盟案が示されている。そこでともかく小委員会を作って、これらの案を参考に同対協案を作ろうということになり、委員には堀木の指名により解放同盟にも同和会にも属さない6人の委員（堀木、磯村、木村、橋本、辰巳、本城）が選ばれ、また部会長には堀木が選ばれた。以後、この小委員会は法律部会と呼ばれる。

　第9回総会から少し経った12月10日夜10時から、東京・松本治一郎事務所に部落解放同盟中央本部の行政対策部会が開かれ（八木部長、野本、北原、米田、川口、西岡、上田）、同盟としての法律案の内容を検討している。まず八木から同盟案の説明があり、また同対協会長案（第1次堀木試案）も検討

され、最終的に同盟案が決定された。これが**部落解放対策「特別措置法」草案**（章末参考資料、参照）である[41]（ただし同対協では「同和対策特別措置法案草案（部落解放同盟案）」と呼ばれている）。この経過について八木も「12月初めに、協議会の3氏と私で同盟の特別措置法案の原案を作り、執行部の決定を得て協議会に同盟案として委員から提案[42]」してもらうとともに、「協議会の中で特別措置法の答申を急ぐことを推進する[43]」ことになったと言っている。ただ、そうだとすると、11月29日の第9回総会に米田から提出されたものは何だったのだろうか。まったく別の同盟案が短い時期に二つ作られたとは考えにくいから、おそらく八木、北原、米田、野本らによってすでに成案化されたものが、12月初めに解放同盟の正式な機関決定を受けたと考えるべきであろう。

第10回総会から第13回総会

第10回総会は第9回総会から約2週後の12月11日に開かれ、この間に一度、法律部会が開かれている。

会議冒頭、文部省の「生徒指導の事例とその考察（生徒指導要領第3集）」のなかに、「授業を妨害し、乱暴する生徒」Kが住んでいる「近隣はヘップサンダルの内職をしている家庭が多く、生活程度の低い特殊地区、不良少年が多く環境が良くない……」と書かれていることが新聞に掲載されたことを堀木が取り上げ、文部省の姿勢を質した。文部省の下手な言い訳はここでは省略する。

つぎに本城調査部会長から、今回の実態調査を通して、法案にどのようなことを盛り込むべきかについての報告があり、そこから第1次堀木試案に対する様々な論点に関して議論が交わされたが、その議論の中心は国の財政上の措置、とくに国庫負担の補助率に関してであった。堀木試案では、「必要と認められる財政上の措置を講ずる」というように抽象的にしか表現されていないのに対して、同盟案では補助率を含めて詳細な規定を設けている。運動側の委員はもちろん橋本なども法律により国が財政的裏づけを明示しなければ地方の事業促進につながらないとしたのに対して、本城は「この問題が非常に弾力的な取り扱いを要するだろうという点から申しまして、むしろ

政令にゆだねるほうが適当ではないか」と堀木試案を支持している。当の堀木は、「結局、政治的な力でどこまで押し切れるかという問題に入ってくるとは思うけれども……各省の方も実際のところは迷っている。ことに財政硬直化の時代をどう考えるかという、こういう問題に入ってくると思うのです。高度の政治的判断も必要になってくる」と曖昧な表現であるが、どうも政治経済状況や自民党・官僚のなかの反対勢力に対するある種の「忖度」が働いているように見える。

　ここで、これまでほとんど積極的に発言してこなかった大蔵省の委員から、「いま財政硬直化で非常に問題があるときでございまして……」「法律の段階では、いま堀木試案である程度のことにしておいて、そしてできるだけ努力するということにいたしたいと思います」、また補助単価に関しても実質単価にすべきだとする意見に対しては、実質単価にすべきことは当然で、「これだけについて書くという筋合いのものではない」と、同盟案に対して反対論を展開した。結局、議論がかみ合わず、次回に持ち越される。

　なお、ここに財政の硬直化という言葉が出てきたので簡単に説明する。東京オリンピック（1964年）後の不況から脱出を図るために政府は財政によるテコ入れの必要に迫られ、国債導入政策も含めた積極的財政に転換した結果、再び経済の実質成長率が10パーセントを超える高度成長期（いわゆる「いざなぎ景気」）に入った。しかしその一方で、財政均衡いわゆるプライマリーバランスを歪める結果となり、そこで1968年度予算の本格的な編成作業を控えて、大蔵省が「財政硬直化」という耳新しい用語を使い、硬直化の打開を予算編成論議の前面に打ち出した。ここでいう財政硬直化とは「予算を構成する諸経費の膨張圧力がだんだん激しくなって、この膨張圧力を十分コントロールできなくなってきた状態」[44]をいう。同対協総会で大蔵省が運動側委員の意見に強く抵抗したのもこうした背景があった。[45]

　第11回総会は、年が明けて1968年の2月20日に開かれている。同対協に残された任期はあと1カ月である。最初に「抽出地区精密調査中間報告―総括―」が読み上げられたあと若干の質疑応答が行われ、そこで北原が調査報告書に対する希望を述べている。そこには当時の北原が部落問題をどのよう

にとらえているのかがよくわかる部分があるので紹介する。「戦後の民主的改革、制度的改革の大きな変化」のなかで「同和問題がどのように変化を来たしているか、どういう方向に進みつつあるかということを大ざっぱにつかむということ、これが大事だ」として、「同和地区の問題というのは身分的な、前近代的な身分差別の問題という要素と、貧困という要素、二つの要素」があり、前者の問題は「日本社会の大きな変動につれて、だんだんそれが希薄化される方向に進んでいる」のに対して、「あとに残ってくる貧困の問題というのが、資本主義社会の矛盾から生まれる貧困の問題と結びつけて、それが深刻な問題になってくる」。しかしこれも部落産業や部落民の雇用関係の近代化をより促進することによってかなりの問題が解決される。いわゆる北原の近代化論である。北原は1967年の時点で自らの近代化論を理論的に整備された形で表明していたが、ここでも同様の見解を展開している。

つぎに「昭和43年度同和対策関係予算」の報告の質疑応答がなされたあと、前回に続いて立法措置の問題について話し合われた。これまで第9回総会から第11回総会までのあいだに法律部会が何度か開かれ、そこで堀木試案や解放同盟案が検討されたが、結局は第1次堀木試案をベースに修正された案が第11回総会に提出されている。これを**第2次堀木試案**という。法律部会の部会長でもある堀木から第1次堀木試案の修正点が述べられ、そこから議論が始まる。堀木試案やその修正点に対して細かな議論もなされたが、委員たち、とくに運動側委員には期限が迫ることへの焦りが感じられ、議論がかみ合わない場面も見られたが、結局は、財政上の措置を法案にどのように明記するかという問題に行きつく。山本(登)は、補助率に関して事業ごとに「5分の4とか何とか規定していくとすれば、逆に非常に具体的に規定していかなければならない。公営事業については5分の4、これについては5分の3だとか、全部やらない限り法案にはならない」、しかもそうすると事業が限定的になり「今後やらなければならぬものが入れられなくなってしまうという逆のマイナスがある」として補助率を具体的に明記することに反対した。

なお、今総会から専門委員として山本政夫が参加するとともに、ようやく柳井、井戸内、藤範の3人の連名で**同和対策特別措置法（案）**（章末参考資料、参照）が示されている。いわゆる全日本同和会案であるが、その内容は同盟

案を下敷きに、さらに簡略化したものにとどまっている。

　第12回総会は3月12日に開催された。同対協の存置期間は残り1カ月を切る。堀木は体調が悪く欠席、副会長の磯村が会長代理として議事の進行に当たる。

　最初に、前回報告した「全国同和地区実態調査　抽出地区精密調査報告——総括」について若干修正された部分が読み上げられ、大きな意見もなく全員で了承・採択された。つぎに前回に引き続き1968年度同和関係予算に関して議論された。このなかで柳井が文部省に対して「同対審のときから、われわれはいまの文部省は同和問題に対する基本方針を示せ」（原文ママ）と言っているが、いまだに実現していないとして同省の姿勢を質したが、「原案を作成中」との答弁にとどまった。

　そして議題は立法措置の問題に移る。前日に法律部会が開かれ（北原も出席）、そこで第2次案を修正した**第3次堀木試案**が示される。最大の論点である財政措置に関しては、若干の修正はあったものの大きな変化はなかった。そのために運動側委員はもちろん辰巳や橋本からも一斉に反発の声が上がる。これに対して、大蔵省は「本年度は財政硬直化という問題がございまして、予算編成方針におきまして、今年度は特に補助率は一切上げないという閣議決定のもとでいろいろやっておる」「ひとつ法律の表現としましては、私どもの希望といたしましては、ぜひ堀木第2次案程度あるいはまあせいぜい私はこの辺（第3次案——筆者注）じゃないかと思いますが、その辺でひとつご勘弁を願いたい」、また同和事業団、同和金庫の問題が取り上げられていないのではという山本（政）の質問に対して、通産省から国民金融金庫など既存の制度を活用したいとして新たな制度の採用を退けた。ここにきて各省の抵抗が大きな壁となって立ち現れた。

　北原は「ハンデキャップを取り除くための特別の配慮と特別の措置というものがなければ、そういう不当にはばんでいる諸要因を排除することができない」「この問題はこういう特別な配慮と措置が必要な問題なんだということを主張される立場に立ってもらわないと問題の解決にはならない」、また米田は「臨時行政調査委員会から出しました意見書」には「節約したり緊

縮をしたりする中にも、こと人権に関する問題とか、低所得者の生活については、これを積極的にやるようにというような意味の文句がうたわれていた……それを大蔵省はどうごらんになっているか」と反論する。仲裁に入った磯村は、大蔵省に対しては「もう少しご勉強を願いたい」「ひとつ深刻にお考え願いたい」とたしなめるものの、運動側委員に対してはおのおのの意見は法律部会で検討するとしながらも、「あまりむずかしいことが重なり合ってまいりますと、せっかくの機会を逃すおそれもございます」「この法律を通すという意味におきましてお考えください」と譲歩を求めた。ともかく意見のある委員は早急に意見書を同対協に提出し、それに基づいて法律部会で検討するということになった。

　いよいよ**第13回総会**が3月30日に開かれる。同対協の期限は3月31日だが、翌日は日曜日なので、実質上この日が同対協の最終日となる。今回も堀木は病欠で磯村が会長を代理する。第12回総会を受けて各委員（北原、野本、辰巳、藤範、山本（政））から意見書が提出され、3月20日（法律部会専門委員のほか、北原、米田が出席）、3月25日、3月26日（両日とも同じく法律部会専門委員のほか、北原、米田、藤範、山本（政）が出席）の3回にわたり法律部会が開かれている。北原、米田ら運動側委員の執念が感じられる。さらに修正が重ねられ**第4次堀木試案**、**第5次堀木試案**と進み、第13回総会にはその第5次試案が提出されている。

　きっと3回の法律部会では、とくに「財政上の措置」に関して相当の議論が交わされたと推測されるが、第13回総会では試案の内容に関する細かい論点について意見は出ず、むしろこの第5次試案の取り扱いと今後の政府への対応について議論が集中した。運動側委員もこれ以上、議論を蒸し返すことはかえって事態を悪くすると判断したのであろう。

　同対協がとるべき態度について、いくつかの選択肢が考えられた。政府に対して、①法律案についていっさい意見を示さない、②第5次堀木試案を法律部会の意見として出す、③同じく同対協の中間報告として出す、④同じく同対協の最終意見として出す。①は、委員としてもこれまで積み重ねてきたものが無駄になるのであるから避けたいし、とくに運動側委員にとっては政

府に法案を提出しない口実を与えることになるから絶対に認められない。逆に④は、運動側委員としては「財政上の措置」に関してはどうしても譲れないところであるから、これも賛成できない。そうすると②か③になるが、②はやはり政府に同対協の消極的態度として見られる。そうすると③しかない。ともあれ、どんな形をとるにせよ、多数決ではなく総会全員一致の決定という形をとりたいというのが磯村の強い希望で、その点は他の委員も異論はない。

　ところが、ここに厄介な問題が一つまた持ち上がる。この日、欠席した柳井が同対協宛に意見書を送り付け、第2の「基本的人権の尊重」に「不当な差別に対しては司法的な処分をすること」、また第7の「財政上の措置」のところでは「必要に応じて補助金（5分の4を交付しなければならない）、また特別交付税の交付等について適切な特別の措置を講ずるように努めなければならない」、この2項目を明記するよう要求してきた。とてもこの2項目を委員全員がすんなり了承するはずもなく、といってこれを無視すれば全員一致ではなくなる。

　そこで、磯村が、「財政上の措置」に関して付帯意見を付け、今後も同対協でこの問題については議論を続けるということにしてはどうかと提案する。藤範も磯村の提案に賛同しつつ、さらに第4次試案にあった「財政上の措置」のなかの「特別の措置」という文言は残してほしいと最後の抵抗を示す。そこからまた米田と大蔵省や自治省とのあいだに議論が勃発する。窮した磯村は「このままで進みますと、法律部会の中間報告を総会は受けたということで終わるおそれがございますが、よろしゅうございますか」と居直る。審議室長も「政府与党ことに自民党のほうなんですが、自民党のほうから法案の提出はできるだけ遠慮しろ、どうしても必要なものだけに限定するというかなり強い要請を受けておりますので、これは協議会としてどういう形できょうの取りまとめた結果を政府に対してものを申されるのか、これは協議会としてお考えいただくことではありますけれども」とじわりと圧力をかける。ここまで言われては運動側委員としても引き下がらざるを得ない。

　いったん総会を中断して、磯村の指名により本城、北原、藤範の3名により付帯意見の文言づくりが行われ、結局、次のような文言を付したうえで法

律部会の提出した法律案を同対協として了承し、**同和対策の促進に関する特別措置法案要綱**（章末参考資料、参照）を政府に報告するということになった。磯村は、運動家と官僚が一つのテーブルの上で一つの法律案をまとめるのは「針の穴に象を通すようなもの」と言っているが、ともかく苦しみもがきながらも、象が針の穴を通り抜けたのである。

　昭和43年3月30日の同和対策協議会総会において、別紙法律部会提案による同和対策の促進に関する特別措置法案要綱中間報告を了承し、採択した。
　なお、下記の点について、今後において、特別の慎重な検討を行なうべきであるという意見が提出された。
記
　「第7　財政上及び資金上の措置」については、特別の措置を講ずべきである。

解放同盟案

　あらためて解放同盟案と堀木試案、同和会案の中身をそれぞれ検討してみる。各法案の内容に関しては章末の参考資料と各法案を比較した表2を参照されたい。
　ただその前に、以前より私が引っ掛かっていることについて少し考えてみたい。それは、これまでも何度かでてきた「基本法」という言葉である。基本法とは本来、憲法を指すが（たとえば古くはボン基本法〈西ドイツの憲法〉など）、そのほかに「特定の行政分野における基本政策あるいは基本方針を宣明するために制定される法律[47]」にも使われる。ところがこのカテゴリーにある法律に基本法という名称を用いるのは日本（あと韓国と台湾）だけなのだ[48]。日本には基本法という名称の法律は2016年12月現在で失効した法律も含めて54と非常に多いが、その大半は平成期（1989年〜）になってからであり、同対法ができる以前には七つしかない（教育基本法1947年、原子力基本法1955年、農業基本法1961年、災害対策基本法1961年、中小企業基本法1963年、森林・林業基本法1964年、消費者基本法1968年）。また、基本法という確定し

た概念があるわけではなく、基本法以外の法律でも、ある特定の行政分野に関して基本的な理念や方針を示した法律は存在するし、逆に基本法と名乗っても災害対策基本法のように前文や理念規定を設けていない法律もある。

　同対法の制定過程でよく言われた「基本法か特別措置法か」という対立も、その場合の基本法は、教育基本法に代表されるような抽象的で理念的な法というイメージとしてとらえられていたのであろう。たとえば解放同盟案の前文「法律の性格」には、「いわゆる「基本法」は宣言的法律であって、国の部落解放対策に関する基本方針を抽象的に規定し宣明するにとどまるので、それのみでは部落問題の完全な解決を図るための実質的な効果は期待できない」とあるが、これはそのことを示している。ただ、解放同盟がめざしたものは「基本法的な性格をもつとともに、施策の実施方針をも法的な事項としてできるだけ具体的に規定する中身のある法律」であった。すなわち前文で基本理念と方針を示すとともに国および地方公共団体の責務（2条、3条）、それと国民に対する責務（4条）を明確にする同盟案はまさに「部落解放基本法」の性格を持つものだった。

　このことに関連して――。以前は、解放同盟は当初から基本法をめざしたという言説を運動関係者からよく聞いた。[49]さきに述べたことからすれば、それは半分は正しい、と言える。しかし、半分は正確ではない。たしかに答申からしばらくのあいだは、解放同盟も社会党も同和対策基本法という言葉を使っていたが、その後は意識的に特別措置法という言葉を使ったし、これまで見てきたように同対協のなかでも、国会や政党間の話し合いのなかでも、もっぱら事業の財政措置に関する議論が中心で、同盟案のこの前文規定が持つ意義や内容を含めたはば広い観点からの議論はほとんどなされなかった。解放同盟としては、理念的な基本法のみで終わらせようとする自民党側の動きに対抗するために、あえて基本法という言葉を避け、理念よりも地域の住環境整備や地域住民の福祉といった実利を優先させたのだろう。やむを得ない面があるとしても、そのことが、成立した同対法が同盟案に比べて明らかに事業法、なかでも同和地区およびその住民に向けた事業法へと法の性格が変質されていくことにつながったとすれば残念ではある。

表2　各法案の比較 （簡易版）

部落解放対策「特別措置法」草案（解放同盟案）	全日本同和会案	第1次堀木試案（ ）内は第5次試案	同和対策事業特別措置法案要綱（4党協議会案）	同和対策事業特別措置法
一、法律の性格 二、前文をつけること	法律の性格			
			(1) 名称	
第1条　法律の目的	第1条　目的	第1　目的	(2) 目的	第1条　目的
				第2条　同和対策事業の定義
第2条　国の責務 第3条　地方公共団体の責務 第4条　国民の責務	第2条　国の責務 第3条　国民の責務 第7条　地方公共団体の責務	第2　差別的取扱の禁止 （→基本的人権の尊重） 第3　国及び地方公共団体の責務	(3) 国民、国、地方公共団体の責務	第3条　国民の責務 第4条　国、地方公共団体の責務
第5条　政策の目標		第4　政策の目標	(4) 同和対策事業の目標	第5条　同和対策事業の目標
第6条　国の施策	第4条　国の施策	第5　国の施策	(5) 国の施策	第6条　国の施策
第9条　地方公共団体の施策ならびに国の援助		第6　地方公共団体の施策	(7) 地方公共団体の施策	第8条　地方公共団体の施策
第8条　国の財政的措置 第10条　部落解放対策特別交付税	第5条　財政的措置	第7　財政上及び資金上の措置	(6) 特別の助成（国庫負担割合） (8) 地方負担の軽減	第7条　特別の助成 第9条　地方債 第10条　元利償還金の基準財政需要額への参入
第7条　計画の策定				
第11条　計画実施対策地区の指定等				
第12条　計画実施の義務				
第13条　報告の義務				
第14条　施策実施上の配慮		第8　施策の実施上の配慮		
第15条　行政組織の整備等		第9　同和対策に関する行政運営の改善等	(9) 関係行政機関等の協力	第11条　関係行政機関等の協力
第16条　総理府に連絡調整機関の設置				
第17条　「同和」対策協議会	第6条　「同和」対策協議会			
第18条　部落対策金融金庫	第8条　事業団の設置			

さて同盟案であるが、八木によれば同対協の委員 3 人と八木で原案を作ったということになっているが、そのなかでもやはり北原が中心的役割を果たしているものと思う。答申の「結語」のなかに「立法措置」と書かずに「明確な同和対策の目標の下に関係制度の運用上の配慮と特別の措置を規定する内容を有する「特別措置法」を制定すること」とあるのは、すでにこの頃から北原には法律に関して一定の構想があったのではないか。事実、答申が出される約 1 年前の 1964 年 4 月に北原は「答申についての意見書（案）[50]」を執筆しており、そのなかには「内閣直属の機関として審議会を設置し、年次計画を策定して計画的に行政施策を実施すべき」、また予算措置に関しても「地方公共団体に過重の負担を負わさないよう施策、事業などにたいする補助率を一律に 3 分の 2 とし、特別の事情により必要とみとめられる施設、事業にたいしては全額国庫負担とする」「経費算定の基準単価を物価や人件費高騰の実情に即して引上げる」「地方公共団体に交付される特別平衡交付税」の再検討などが触れられており、それらは解放同盟案でも含まれている。さらに各分野に関する具体的施策についても詳細に論じているから、これらを組み合わせ総合すれば少なくとも同盟案の基礎に当たるものはできたのではないか。さらに、同対協のなかでも北原は総理府案、離島振興法、農業基本法などを参考にしたと言っていること、第 9 回総会の同盟案以前にも第 6 回総会で北原案が出されていること、なにより北原の構想力や高い文章能力から見て、そのように推測するのが自然だろうと考える。

　これもあくまで推測であるが、北原は法文作成に当たって離島振興法など三つを挙げているが、たぶんそれ以外にも当時基本法と呼ばれているものはもちろん様ざまな法律を比較検討したと思われる。三つの法文を簡単にコピペすればたちどころにできるというほど法文を作るのは簡単ではない、ということを前提にして言うならば、前文は農業基本法や教育基本法を、事業の実施計画や審議会の設置規定などは離島振興法（1953 年制定）を参考にしたと思われる。国や地方公共団体、住民（国民）の責務規定は基本法では災害基本法に初めて出てくる。また国がなすべき具体的な施策（同盟案第 6 条）に関して部落の実態を踏まえて総合的に施策を立案するには、同対審時代から実態調査や答申・部会報告の作成に深く関わりまとめてきた北原こそが最

適であったと思われる。

　財政措置に関して離島振興法は「第5条第1項の離島振興計画の事業に要する費用について国が負担し又は補助する割合は、……別表の通りとする」として、全額国の負担か非常に高い補助率を定めている。同盟案が補助率を5分の4と定めているのも（9条2項）、こうした規定を参考にした結果と思われる。さらに同盟案は地方債や特別交付税にまで触れているから、そのほか多くの法律を参考にしたと思われる。

　ただ、同盟案には、「この法律における部落住民とは、部落出身者及びその子孫で、現在他地区に居住する者を含む」（5条2項）との属人規定が設けられているが、ではそれを誰がどのように認定するのか、具体的な施策との関係はどうかなど不明な部分が多く、同対協のなかでもこの点に関して議論された形跡はない。

堀木試案

　つぎに同対協案の基礎となった堀木試案を見ていく。堀木試案と言われる以上、第1次案は堀木を中心にして作られたのであろう。戦前は鉄道省の官僚で政策立案にも関わり、戦後は岸内閣のもとで厚生大臣を務め同和対策十カ年計画（当時、堀木構想と呼ばれた）をまとめた堀木にすれば、総理府や法制局の協力があれば法案づくりはそれほど困難な作業ではなかったろう。堀木試案は第1次から第5次まであり、法の名称を「同和対策の促進に関する特別措置法案要綱（仮称）」としている。同対協が最終的に政府に提出した法案も同じく「同和対策の促進に関する特別措置法案要綱[51]」という。

　第1次試案と同盟案を比較したとき、その構成や順序などに大きな違いはないものの、堀木試案は最小限度の規定にとどめられている。その一例が「第7　財政上および資金上の措置」であり、この条文をめぐって同対協は二転三転する。当初、「政府は、同和対策を推進するために<u>必要と認められる財政上および資金上の措置を講ずる……</u>」（下線は筆者）とあったのが、第3次試案では運動側の要望により下線部分を「必要に応じて補助金の交付、起債の許可、特別交付税の交付等について適切な」という具体的な文言に、さらに第4次試案では最後の「適切な」が「適切な特別の」に置き換えられる。

ところが、大蔵省などから「適切な」のなかには「特別」という意味が含まれるし、常に特別である必要はないとの反論から、第5次試案では「特別の」が削除される。第13回総会で藤範が最後に食い下がった「特別の」という文言はこの部分である。これを削除するかわりに同和会からの要望であった「資金の融通の円滑化」（第7）が挿入された。

つぎに、「第1　目的」では第2次試案で、「この法律は」のあとに「憲法の基本的人権の理念及び世界人権宣言の精神に則り、同和問題のすみやかな解決を図ることは、国の責務であると同時に国民連帯の課題であることに鑑み」という一文を入れたのは、同盟案に配慮した結果である。それが第5次試案でも「世界人権宣言の精神」は削られたもののそのままの形で残っている。少なくともこの時点まではこの法律の目的が「同和問題のすみやかな解決を図ること」だとされていた。しかし成立した同対法では、「この法律は……生活環境等の安定向上が阻害されている地域……に必要な特別の措置を講ずることにより、対象地域における経済力の培養、住民の生活の安定及び福祉の向上等に寄与すること」とされた。

「第4　政策の目標」では、第1次試案には最後に「……同和地区住民の社会的経済的地位の向上等を不当にはばむ諸条件の消除」とあったのが第2次試案では削られた。柳井が悪質な差別事件にこの法律は対処できるのかという意見に対して、堀木がそのようなことを想定して前記の文言を入れたという反論から、第3次試案で復活する。

「第5　国の施策」では、第1、第2次試案はそれぞれの施策が簡単に羅列されていたが、藤範から「具体的に国の施策としてはこういうことをやらなければならないということ」を入れてほしいとの要望があり、それ以後は、第5次試案にあるような具体的施策の例が挿入された。

「第8　施策の実施上の配慮」では、堀木の「同和地区住民は、みずからの社会的経済的地位の向上のために、やっぱりそういうみずからの社会をよくしようという意欲が非常に大切ではないか」という意見に基づいて第2次試案では第2項として「同和地区住民は、自らの社会的経済的地位の向上のために努力を怠ってはならないものとすること」という一文が追加されたが、柳井、米田の反対により第3次試案では削除された。また、第1項の「同和

地区住民の独立向上の意欲をそこなうことのないように配慮しなければならない」も、第3次試案では「同和地区住民の自主性を尊重し、独立向上の意欲を助長するように配慮しなければならない」に変更された。

同和会案

　最後に全日本同和会案について簡単に触れる。同和会案と同盟案とは似ているところが多いが、そのなかでも特徴的なことは、同和会案では第4条の国の施策として、「同和問題に関する啓発等国民の理解と態度の養成を図るために、同和教育の振興と施設の整備を充実すること」を最初に挙げている。これは藤範や山本政夫などの考えに基づくものであろうか。この点、第1次堀木試案でも「国民の同和問題に対する正しい理解と態度の養成を図ること」を最初に持ってきている。ちなみに解放同盟案では、「部落問題に関する啓発」と「人権擁護機関の民主的充実」は第6条の最後の7番目と8番目に置かれている。あと、第8条で政府資金による同和事業団（仮称）の設置を求めている。これは柳井の年来の主張である。

　さきほど、同和会案は解放同盟案を下敷きにして作られたと言ったが、これに対して、「同和会の案が解放同盟のそれよりあとにつくられたからといって、解放同盟の案であることを知ってうつしとることはありえないことであって、もととなった共通の文章は第三者によって作成され、両者に示されたものではないかと考えられる。しかも部落問題にくわしいばかりでなく、「法」制定にかなり深く関与しているものであろう。たぶん、同対協委員のなかの学識者のひとりか、あるいは政府職員だと推測される[52]」とする意見もある。ただ、その根拠は示しておらず、またそうであれば、山本か北原がなんらかの証言を残していると思うが、そうしたものも見当たらない。速記録からもそのようなことを窺わせるような発言も残念ながら見当たらない。ただ、表3で見るように、法文の全体構成が3案とも似通っていることはたしかにそのとおりである。1966年に国会で審議されたときの総理府案がそのもとになったのか、それ以外にも様々な推測は可能だが、いまとなっては知る由もない[53]。

4　ふたたび国会を舞台に

4党協議会で

　さて舞台はふたたび国会に戻る。ただ今回の主戦場は国会の表舞台ではなく裏舞台である。与野党の国会議員数名が議会の外でああでもないこうでもないと話し合っているのだから、本当のところ何が起こったのかよくわからない。唯一、八木一男がこの時期の動きを記録にとどめているので、それを頼りに話を進めたい[54]。

　同対協が法律案を政府に示した直後の 1968 年 4 月、自民党から 4 党会談の申し入れがあり、この問題について話し合いが自民＝秋田大助・大石八治、社会＝八木一男、民社＝玉置一徳、公明＝沖本泰幸の 5 人により持たれたが不調に終わる。再び自民党から 4 党会談の要請があったが、野党側としてはいたずらに時間を引き延ばされないために、話し合いは法案の早期提出とその成立を目的とすることなどの条件を付けたが、自民党はこの条件を了承し、4 月末に 4 党協議会が開催されることになった[55]。

　八木によれば、この時期、野党だけで法律案を国会に提出すべきだという強硬意見も強かったが、自民党内部ではいまだ法律制定に反対する意見が根強いため、その法案が可決される見込みもなく、「社会党または野党がいいかっこうをするだけで本当に問題を推進することにならない。ここで隠忍自重をしながらねばりにねばって、自民党を法案提出にしかたなしでも同調させる方が法案成立を可能にし、また早めることができるという判断のもとに対処した」とある。

　4 党協議会のメンバーは、自民＝秋田・大石・奥野誠亮・上村千一郎・横山ふく、社会＝八木一男・八木昇・広沢賢一、民社＝玉置、公明＝沖本の 10 人である。（以下、たんに「八木」とある場合は八木一男を指す。）

　5 月 21 日、解放同盟第 5 回中央執行委員会で野本中執は 4 党協議会の動きに関して「4 党間で、参院選直後の臨時国会で成立させるよう努力する申し合わせがなされていること、自民党も大勢としては国会に政府案を出さざるを得ない方向にまとまりつつあり、4 党の申し合わせについて福田（赳夫――筆

者注）幹事長も了解している[56]」と報告しているが、八木によれば、自民党側は12月に開催される次の通常国会までに間に合わせればよいという空気であったという。

　ともかく会議を重ねるうちに、少なくとも法案に関しては4党協議会で意見を一致させて国会に提出し成立を図ること、また、事業実施にあたっては国の負担を多くし地方自治体の負担を少なくすることでは一致したものの、法文に明記することには反対があり、名称や理念に関してはとくに八木と秋田のあいだで十数回会議を開き議論を重ねたが、どちらも決着を見ないまま12月を迎える。

　一方、12月3日から3日間にわたって東京で「同対審」答申完全実施要求・「特別措置法」即時制定要求部落解放国民大行動が展開され、第1日目には日比谷公会堂で中央集会が開かれ5000人が参集、特別措置法の即時制定を求めた[57]。このときの様子を八木は「あの大公会堂がぎっしりで入りきれない人が多数あったほどの大盛会で、美濃部東京都、左藤大阪府両知事、中馬大阪市長の出席もあり、そのほか自治体同議会代表も多数参加、総理府副長官、各政党、労働組合、民主団体代表、挨拶も熱意積極性にみち、すばらしい盛会であり、続く（12月4日、5日――筆者注）政府各省交渉も非常に熱意の下に進められ」「各省交渉の際、社会党議員も多数参加……熱心に努力された」とあり、最終盤になってなんとしても法律を制定させようとする人たちの強い熱気が感じられる。

　一方、同じく12月10日より臨時国会が開催され、12日の衆議院本会議で社会党の柳田秀一が「同和対策特別措置法は、従来の総理の言明からするならば、おそらく次の通常国会では制定されるものと理解しますが、いつ提案されるのか」と質問、これに対して佐藤総理は「私も、この問題が今日なお解決を見ないこと、まことに残念に思っております。本年の5月以来、4党の間で鋭意協議が進められているところでありますし、その結論を待ちまして善処することをここにお約束いたします」と答弁。さらに14日には同じく社会党の横山利秋が「政府が4党の協議に対して、それに藉口して責任のがれを言うことは、これは許されない」と詰め寄ると、佐藤は「私どもは責任をもって結論を出す、そうして次の国会ではこれを御審議をいただくよ

うにいたしたい」と言明。こうなると、どのような形であれ、4党のあいだ
で何らかの結論を出さざるを得なくなった。

4党国対委員長会談で

　12月27日に第61回通常国会が開催されると、国会裏でも新たな動きを
見せる。八木によれば「12月中央集会等の盛り上がりの情勢が影響して、
秋田大助氏から、私は「同和」を冠する名に反対をし続けて来た、いまだに
その考え方は変わらないが、皆さんが「同和」を冠することを熱心に主張し
ておられて協議が進まないので別の機関の協議に移管して話を進めてはどう
か、その協議機関で「同和」を冠することに決定された時は、私もそれに従
うつもりであるとの提案」があり、その結果、これまでの4党協議会の議論
を踏まえて、4党の国会対策委員長による国対委員長会談に舞台を移すこと
になった。この会議には実際は、国対副委員長（自民＝渡海元三郎、社会＝八
木昇、民社＝玉置徳一、公明＝伏木和雄）が出席して協議をすることになった。
その裏では、野党側は八木が、自民党側は秋田の依頼により奥野が相談役を
演じている。

　奥野誠亮は1913年奈良県に生まれ、戦前は内務省に入省、戦後は日本の
地方財政の確立に深くかかわり、1963年に政界に転身。彼の回顧録『派に
頼らず、義を忘れず』[58]に「同和問題の立法化を実行」の一文が残され、この
頃の様子を記している。ただ、「同和対策審議会か何か審議機関がありまして、
そこで同和問題に関して立法すべきだというような答申をした」とか「差別
は憲法で禁止していますから、同和問題はないはずなんです」というような
発言を聞くと、部落問題に関して彼がどれほど精通していたのか疑問に感じ
る。ともかく「佐藤（栄作――筆者注）さんは、3年間、「前向きに考えます、
前向きに考えます」と言っていたのです。もうこれ以上「考えます」とは言
えないわけで、政調会長の根本龍太郎さんが、佐藤さんに頼まれて、灘尾弘
吉さん、渡海元三郎さん、亀田孝一さん、秋田大助さん、私など、5～7人
が相談に駆り出されました。みんな同和問題の立法化に反対なんです」、な
ぜ反対かというと、「それを法律で書くと寝た子を起こすようなものであっ
て、差別解消にはつながっていかないわけで、やはりだんだん時間をかけて

解消していくべきだ」と。そこで奥野が「法律の作りようによっては、ご心配にならんような作り方があるんじゃないでしょうか」と進言すると、「皆いっせいに私に問題をふりあててきた」、さらに「当時の内政審議室（内閣官房に置かれた企画調整機関として各省庁から人材が集められる——筆者注）長の大蔵省の橋口収君で、彼を党本部の総務局長室に呼びまして、趣旨を説明して、「政府立法でやれんか」と言ったら「やります」と言ってくれまして。そして、彼が私の言ったとおりの法律案を作って国会に提出してくれまして、成立したんです」と。まるで奥野の一人舞台であるが、回顧録というものはそういうものなのであろう。ただ後年、山本政夫も「各党間の協議の中心になったのは自民党奈良県選出の奥野誠亮氏で、大体、措置法は奥野案ですよ。そのときの意見の対立は、自民党の奥野案と、同じ奈良県選出で社会党の八木一男案でしたが、最終的には奥野案にまとまった」[59]とある。これもあまりにもそれまでの経緯を無視するものであり正確な回想とは思えないが、奥野がこの最終段階でまとめ役として一定の役割を果たしたことはまちがいない。

　ふたたび八木の話に戻る。4党国対副委員長会談は翌1969年の2月、3月にわたって続けられたが、具体的にどのようなやり取りがなされたのかは明らかでない。ただこの年の2月12日の「官報」[60]に「同和対策の促進に関する特別措置法案（仮称）」が掲載され、同対協案が4項目に短くまとめられている。ところが事態は急転する。八木としては「最初は、名称と理念等と国庫負担率の大幅引き上げだけを国対で確約し、また4党協議会で煮つめるつもり」であったのが、「実際は全体のベースが短期間にこの会談でまとめる方向に行ってしまう結果」になったという。というのも「国対副委員長会談は、まとめようという気持ちが、どうあるべきかという気持ちよりも先行する情勢でありましたので自民党の抵抗をうまく押し切って、野党側のいい分がすらりと通った」というのである。たとえば、「大体国対副委員長会談でまとまってしまった状態になりましたが、国庫負担率明記がされていない状態なので私は、渡海、八木昇両氏にこのままでは承知ができない、国庫負担率明記が入れられなければ決裂したいと思う。決裂をさけるため自民党の陰のまとめ役である奥野氏と私が直接会談をし、そこでまとまったことは副委員長会談も認めるようにしてほしいという了解をとりつけ、奥野氏と専門

家会談をいたしました。そして3分の2の国庫負担、補助率明記を熱心に主張、奥野氏も同意してくれて現在のような条文になりました。さらにすでに4党協議会の時、大体話がまとまり、国対会談でもまとまっていた補助裏の辺地債方式による元利償還、その比率の引き上げも要請し、結局10分の8という高率で条文化されました」。

　話がトントン拍子に進みすぎて、どうも私にはこの展開が腑に落ちない。それはさておき、臨時国会に続いて翌1969年2月、第61通常国会でこの問題が集中的に取り上げられているので、それを見ていきたい。まず2月10日の衆院予算委員会で八木が「4党の話し合いがただいま続いている状態であります。総括が終わったころに4党国対副委員長会談がすぐ行なわれ」る運びになっているというから、4党協議会も水面下では行われていたのであろう。つづいて措置法の内容に関して、名称には「同和」を冠してほしい、国の責任を明確にしてほしい、高率の国庫負担が必要である、この3点を実現するよう総理に迫る。これに対して佐藤は「法案の中身の問題については比較的にまとまりがいい」「補助率はどういうふうにするかとか、地域住民の施設で何が一番大事に考えられるか等々のことは、比較的にまとまりがいい」と楽観的な見通しを示したが、ただ法律の名称についてだけは「どうも特別扱いしないほうがいいのじゃないかなという一般的な考え方のほうに実は賛成する」が、それも「胸襟を開いて話し合えば必ず解決ができる」と答弁している。

　2月15日衆院予算委員会でふたたび八木が壇上に立つ。「同和対策特別措置法について4党で協議が行なわれておりまして、かなりまとめる方向において協議が行なわれております」と佐藤の見通しと同じ方向に進んでいることを示したうえで、「国庫補助率の引き上げの問題と、実質単価と補助対象を必要なものをすべてを補助対象にするということ、それから交付税の問題、それから起債の優先認可の問題、元利補給の問題、そういう問題、ありとあらゆる問題について、特別に急速に進めなければならないという精神を体してやっていただけるものと確認をいたしておきます。——いま縦に首をお振りになりましたので、再度御登壇願わなくても、それで確認をしたことにいたします」とダメ押しをする。2月26日衆院予算委員会第1分科会、同じ

く民社党の玉置が「4党の打ち合わせを完了いたしまして、政府の御審議と並行して、ただいま取りまとめをやっております。ほぼ9割9分9厘近くまでいったかと思う」、また翌2月27日衆院予算委員会第2分科会では八木が「いま同和対策特別措置法の問題で、4党は話を前向きにいたしておりまして、かなり協議が煮詰まってきております」、これらの発言から舞台はいよいよ最終段階に来たことが窺える。最後に八木は、たとえこの「4党の協議がまとまらない場合にも総理府の責任で提出される」と総理は約束したのだから、その公約を実行してほしいと総理の決断を迫った。

同対法の成立

　この国会論戦の約1カ月後の4月2日、ようやく4党国対委員長会談は**同和対策事業特別措置法案要綱**（章末参考資料、参照）をまとめ政府に提出、それを受けて同月10日政府事務次官会議で同和対策事業特別措置法案を了解、翌11日、閣議で同和対策事業特別措置法案を決定、国会に上程。6月12日に衆院本会議で、同月20日に参院本会議でそれぞれ可決、同法が成立することになった。また、1968年4月に再開された第2期の同対協でも第1期に引き続き同和対策事業のあり方について協議が重ねられ、69年3月には同和対策長期計画案を政府に提出し、同年7月8日に閣議で了承された。約4年の闘いはここで一応の終止符を打つのである。

　さきほど腑に落ちないと言ったが、同対協の議論でもあったように、秋田の名称問題や、財政措置に対する官僚側の抵抗、さらには立法化そのものに強く抵抗していた自民党議員がいたにもかかわらず、1969年に入って、それこそ八木の言うように「国対副委員長会談は、まとめようという気持ちが、どうあるべきかという気持ちよりも先行する情勢でありましたので自民党の抵抗をうまく押し切って、野党側のいい分がすらりと通った」のはなぜだろうか。

　ここからはもちろん想像である。最初に思いついたのは、1960年に同和対策審議会設置法が成立したときのように、勤評闘争、警職法反対闘争、三井三池争議、さらには安保改定などをめぐって与野党が激突したため、一種

の懐柔策として自民党が妥協したのではないかということである。それで当時の新聞を繰ってみたいが、団塊の世代なら当然ご存じだろうが、1969年前後に社会でもっとも注目されていたのが東大、日大を中心にして全国の大学に広がったいわゆる学園闘争である。国会でもよく取り上げられていた。ただ、たしかに彼らが投げかけた戦後民主主義に対する根源的な問題提起は学生を中心に一定の支持を受けたものの、そのラディカルな運動スタイルはより多くの市民の共感を受けることがなく、70年安保といっても、早くより自動延長を自民党は示していたので60年安保のときのような状況を作り出すことはできずにいた。

しかしその一方で、1963年に飛鳥田一雄が横浜市長に、1967年に美濃部亮吉が東京都知事に、1968年に沖縄で行われた初の主席公選で革新統一候補の屋良朝苗が当選、1971年には黒田了一が大阪府知事に当選するほか、1965年の都議会選挙では自民党が惨敗、その他の地方選挙でも自民党の得票率は過半数を切っていた。また、各地で頻発する公害問題や都市問題さらにはベトナム戦争を通して戦後の民主主義のあり方を問うような市民運動がこれまでの既成政党の枠にとらわれず広がっていた。60年代には少なくとも中央政界で常に300近い議席（衆議院議員）を占めていた自民党も、こうした地方や草の根レベルでの反乱や党勢の地盤沈下に危機感をもったとしても不思議ではない。事実、70年代になると衆議院選挙においても自民党の議席は凋落傾向に入る。こうした背景のもとで展開された解放同盟の運動や、あるいは民主主義を求める広範な運動が自民党を追い詰めていったと評価しても、それはそれで間違いではない。ただ、それだけであろうか。

自民党議員や官僚の一部に立法化に対して根強い反対意見があったとしても、後述するが、戦後保守政治の変化のなかで俯瞰して見れば、自民党としても同対審答申や同対法の成立に関して一定の範囲で受容することはすでに織り込み済みだったと考えるほうが自然であろう。だとしても、なぜこの時期に、名称問題や補助率の問題に関してあれほど抵抗していた政府の姿勢が変わったのであろうか。奥野が言うように彼の仲介役が功を奏したのか。たしかに、もっとも問題になっていた国庫負担の割合など財政に関わることは彼の専門領域であり、その筋のエキスパートであるから、この点をまとめて

いくには適材であったのだろう。しかし、代議士になって5年程度のキャリアしかない彼に、流れを大きく変えるほどの力があるとは思えない。

　私は、最終決断をしたのは佐藤自身ではなかったかと思う。奥野が言うように、たしかに佐藤は国会の場でも一貫して立法化に対して前向きな発言をし続けた。彼の政策や後年の政治手法に対する評価はいろいろあるだろうが、少なくとも部落問題に関する姿勢はブレずに一貫していた。最初にも触れたように首相就任当初、派閥政治全盛の時代に彼の政権基盤はけっして盤石なものではなかった。しかも首席秘書官をした楠田實が言うように「「日本には本省の課長の数だけ政府が存在する」というのは、京極純一・東大教授の説だが、それがやっとうなずけた」「我が国の内閣制度のもとでは、一体ダレがものを考えることになっているのだろうか。民間の会社でさえ、社長室や企画室というのがあって、基本的な経営戦略を練っている時代に、政権の基本的な政治戦略はどこで練ることになっているのか」[62]と不満を漏らすほど、官僚や派閥の存在は大きかった。

　しかし、政権を担当して5年が経過した1968年11月27日の自民党総裁選では、三木武夫、前尾繁三郎に圧倒的大差をつけて3選を果たし、当初、懸念された経済も1965年から再び高度成長期に入り、ベトナム特需などを経て1970年まで好景気を維持した。いわゆるいざなぎ景気である。一方で部落問題の立法化に対し一貫して前向きな態度を示し続けてきた佐藤にとって、兄の岸から引き継いだこの問題にこのまま決着をつけることができなければ、それは彼のメンツにも関わるだろうし、さらには、解放同盟・市民・労働者の特措法を要求する運動をさらに刺激することは目に見えている。それならばある程度の財政的支出を認めても、事業を通じて解放運動を体制内に取り込むほうが有利と判断したのであろう。立法化に向けて事態が大きく動き出したのも、こうした状況のなかで政治運営や経済に自信を深めた彼の政治決断ではなかったか。

　もう一つの疑問は、奥野が言った「法律の作りようによっては、ご心配にならんような……」というのはどういう意味であろうか。八木の言葉を借りれば、立法化の動きに対する反対意見は、①国や地方自治体の責任を明確にすること、②予算措置に関して補助率などを明確にすること、③同和とい

う名称を付けること、という点に向けられていた。しかし、①に関してはそれほど強く主張する者はなく、②についても1968年の4党協議会のなかで、おそらく大蔵省の反対にもかかわらず自民党側としても財政措置に関してある程度譲歩することについては覚悟していたであろうし、実際、大蔵省の財政硬直化キャンペーンにもかかわらず、1969年度予算ではそれほどの歳出削減には至っていない。したがって、あとは国庫負担率、補助率を運動側の要求に対してどれくらいに抑えるかであろう。また③の名称問題についても、反対論の急先鋒である秋田も譲歩している。残る問題としては、この法律の制定によって「寝た子を起こす」ようなことにならないかということである。そのためには、名称問題は譲歩しても法律の中身から「部落」や「差別」の色をできるだけ抜き、あくまで経済的に遅れた地域に対する地域振興法としての色を強めることであろう。そして解放運動もできればその枠内に閉じ込めることではなかったか。

　それを象徴的に表しているのは法律の名称である。同盟案、同和会案、同対協案そのすべてに「事業」の二文字は入っていないが、4党国対委員長案や政府案は「同和対策事業特別措置法」となっている。そのことは法律の「目的」をみればもっとはっきりわかる。同盟案では「部落問題の完全かつ速やかな解決を図ること」、また同対協案でも「同和問題のすみやかな解決を図ること」として、部落問題の解決こそがこの法律の目的であるとしているのに対して、政府案では「対象地域における経済力の培養、住民の生活の安定及び福祉の向上等に寄与すること」を法律の目的としている。また、国や地方公共団体の責務も同盟案や同対協案では「同和問題のすみやかな解決に努める」としているのに対して、政府案では「同和対策事業を迅速かつ計画的に推進すること」となる。

　ともかくも結果として「同和」という名を冠した法律を勝ち取ったことは運動側の主張が通ったことになるが、その中身は住環境整備や福祉対策を中心とした事業法であることは自民党側の主張が通ったことになる。ただ、解放同盟としても財政措置に関して具体的に明文化させ事業を推進させるための法的根拠を得るとともに、財政上の措置として地方公共団体が行う事業の3分の2を国が負担すること、地方公共団体が負担する残り3分の1の経費

も地方債（国からの借金）によって充てること、地方債の元利償還にあたっては100分の80を地方交付税によって充てることになったため、その結果、これがそのまま実施されれば、地方公共団体は15分の1の財政負担で同和対策事業が実施できることとなるのだから、今後の行政闘争を進めるうえで大きな武器を得たことになる。いわば名を捨て実を取ることのほうを当時の運動状況のなかでは優先させたのであろうから、おたがいにとって妥協できる範囲であったのだろう。こうしていわゆる「特措法の時代」の幕が切って落とされることになる。

　ちなみに、それから13年後の1982年4月、同和対策事業特別措置法はその名称を地域改善対策特別措置法へと変える。自民党が長いあいだの宿願を13年かけて実現したと言える。一方、解放同盟も16年後の1985年に「部落解放基本法案」を発表した。

5　同対法の評価とその後

　これまで同対法ができるまでの4年の歳月をたどってきたが、いかに多くの人の思いが交錯するなかでこの法律が作られてきたかを改めて知ることになった。なによりも長い歴史にわたって苦しみぬいてきた部落大衆の差別からの解放への熱い思い、このことなしには法律の制定はあり得なかった。1966年6月に最初の同対法の動きがまぼろしに終わったとき、八木が「本当に推進する力は国民運動の展開である[64]」と述べているが、部落大衆とそれを支持する市民の声なしには、自民党や官僚の壁を突き崩せなかった。私自身は1966年の全国大行進を知る世代ではないが、きっと行進隊は各地の部落で熱烈な歓迎で迎えられ、一日も早く法律の制定を願う無数の部落の人たちの思いを背負って送り出されたのであろう。

　この4年間、表面的には何としても立法化を勝ち取ろうとする運動側・社会党とそれに抵抗する自民党・官僚という構図のように見えるが、八木も言うように「自民党の中にもいろいろな方がおり名称にこだわらない人もかなり多く、また名称にはこだわっても、他のことでは熱心な方もおり[65]」、「秋田氏は名称問題にこだわりましたが、その他のことでは他の与党側のメンバー

よりは積極的で熱心であった[66]」し、その点では同対協会長の堀木も、同対協総会の最後のほうでは病床から代理の磯村に指示を出していたというから、この問題にかける意気込みは並々ならぬものであった。一方、社会党議員のなかでも、同対法の成立に向けて山場を迎えた1968年11月に長男を癌で亡くしながらも[67]、終始国会論戦で先頭に立った八木のような人間もいれば、国会で「それじゃ「同和」対策だけ、どうしてもこれをやらぬとしかられますから……[68]」というような失言をする代議士もいた。いつの時代も単色ではないのである。

同対法の評価をめぐって

　この法律が制定されるとすぐにそれぞれの立場から声明が出されるが、その評価は分かれた。法律制定から5日後、部落解放同盟は『解放新聞』において次のような声明を出した[69]。まず部落差別の本質について「(全国水平社が結成されて——筆者注)50年を経た現在、部落差別が単に部落だけの問題ではなく、その本質は部落民が市民的権利を、中でもとくに就職の機会均等の権利を行政的に保障されていないことにあると規定するにいたった。すなわち、部落民が差別によって主要な生産関係から除外され、労働市場の底辺を支え、一般労働者の低賃金、低生活の錘（しずめ）としての役割を果し、政治的には部落民と一般市民とを対立抗争させる分裂支配の役割をもたされている」と説明する。いわゆる朝田理論であるが、わかりづらい文章である。要するに政府自民党やその政策実行者である行政が部落民から就職の機会均等の権利を奪うことによって、一般労働者が自分たちよりもさらに低い生活に置かれた部落民を見て、差別をしたり自分たちを慰めたりすることで労働者の目を問題の本質（＝独占資本による労働者の搾取収奪）からそらすことができるだけでなく、一般労働者と部落民とを絶えず対立抗争させておく、すなわち分裂支配こそがまさに部落差別の本質だと考えている。これは1950年代以降から変わらぬ解放同盟の一貫した考えである。だからこそ「部落差別は単に部落だけの問題ではなく」と言っているのである。一見、市民的権利＝基本的人権の問題かと考えてしまうが、この論の行き先は、部落を完全解放するためには独占資本と政府自民党を倒すことこそが運動の最終的な目

標となる。

　つぎに同対法の性格について、「「答申」および「措置法」の成立とその内容は、完全解放というわれわれの要求からみれば、糊塗的、偽瞞的性格をもっている」。何が「糊塗的、偽瞞的」かと言うと、「「同和」事業に限定し、かつて戦前に行なわれた融和政策と本質的に何ら異るものでない」「すべて地方自治体まかせであり、積極的に部落対策事業を実施するという国としての主体的なものが不十分」「国の根本的施策を推進させるための総合的な企画、立案、推進の機関としての行政組織の確立」がない、などである。しかも「その（同対法──筆者注）成立過程からみても、「措置法」実施を怠りさらには融和団体を手先として分裂支配にこの法を利用するであろう自民党政府の性格は明らかである」「「特別措置法」の偽瞞的、糊塗的性格はいまや覆うべくもない」。ここまでは酷評とも言えるような厳しい評価である。

　それにもかかわらず一転して、「国家をして、われわれの主張をいく分なりとも受けいれさせ、日常要求獲得闘争の法的根拠を設けさせたことは、歴史上かつてないことである」「われわれは闘いの力によって、法律をかちとり、解放への一里塚を築いた」として、運動の成果とこの法律の成立の意義を高く評価している。今後の運動課題として、「政府に対しては、一、行政組織の整備確立、二、総合計画の樹立、三、十分な予算措置」の実現を求めていき、「「措置法」を武器として部落差別の本質に挑む就職の機会均等を保障させる運動を軸として、一切の日常諸要求を市民的権利要求の内容として、行政闘争の水準を飛躍的に高めねばならない」と結んでいる。その後の経過は、一に関しては 1965 年に設置された臨時同和問題閣僚協議会・同幹事会を随時開催するとともに、1974 年には内閣総理大臣官房同和対策室を設置、二についても、同対法成立の直後に同対協から提出された同和対策長期計画を閣議で了解、三も、1969 年の国の同和予算を 100 とすれば 3 年後の 1972 年は 170、5 年後の 1974 年は 263、10 年後の 1979 年にはじつに 573 になる。このほか、関係各省事務次官連名による「同和対策事業特別措置法の施行について」を都道府県知事・教育委員会、指定都市市長・教育委員会あてに通知、そのなかで「本法が 10 年間のうちに十分な成果をあげるためには、同和対策審議会の答申を尊重し、国及び地方公共団体において具体的施策の総合的

計画的な推進をはからなければならない。……地方公共団体においても、この計画に準じて、関係各省と緊密な連けいを保ちつつ、具体的施策の推進に努められたい」[70]と自治体に対して積極的措置を講じるよう促している。このように、実質単価や県単事業など問題は残るものの、国が認めた同和対策事業に関しては、ほぼ全額を国の負担により実施されるなど、運動側の評価とは反対にほぼその要求に沿うかたちで進む。

　一方、共産党も同対法が成立したその日に、日本共産党国会議員団副団長岩間正男の談話を『アカハタ』紙上に発表、問題はあるものの「わが党は、本法にたいして条件付き賛成の態度」[71]であると一定の評価をした。しかし同対法が成立する数カ月前の1969年2月に発刊した『今日の部落問題』では、これまでと同様に「部落差別を温存し、これを独占資本本位の「近代化」や「合理化」、「地域開発」や「労働力流動化」などに最大限に利用している張本人である自民党政府の「施策」にたよって、部落問題の根本解決がありえないことは、あらためて説明するまでもない」[72]との認識に立ち、いま進められている特別措置法案には期待を寄せていなかった。そして解放同盟が進める同対審答申完全実施要求国民運動にも共産党が敵対勢力と判断した「日本のこえ」が参加しているから行動を共にできない、国会での闘いも民社党や当時共産党と激しく対立していた公明党を4党協議会から排除して、「共産党、社会党の共闘を中心に……部落住民の身分差別に反対する諸要求実現に真に役立つ「特別措置法」の制定をたたかいとる」べきであるとした。また、共産党がこの法律に要求する当面の政策として七つを掲げ、さらに七つの重要事項をあげた。いまの共産党からは信じられないが、そのなかには「特別措置法は……無期限とすること」「従来の天下り的な対策をあらため、部落住民の要求や意見を積極的に反映すること。このためには部落解放同盟をはじめとする部落内の民主的な大衆組織の団体交渉権を保障すること」などが示されていた。さすがに最後の二つは成立した同対法の内容には盛り込まれなかったが、それ以外の要求項目はほぼ満たされていたのである。これではさすがに共産党も反対しようがなかったし、いつまでもこの法律に背を向けていれば同対法の成立に期待をかける部落大衆の反感を買う。その結果が前

掲の談話であり、最後には「戦前戦後を通じて一貫して部落対策を放置してきた自民党政府を本法の立法化においこんだことは、未解放部落住民と部落解放同盟が、わが党をはじめとする民主勢力と共同してたたかってきたこれまでの闘争の一定の成果である[73]」と自らの運動の力と努力を誇って見せた。

　また、解放同盟内で主導権を失った共産党グループは、同対法制定から1年後の1970年6月7日に部落解放同盟正常化全国連絡会議（略称、正常化連）を組織し、その結成大会が岡山市で開かれた。翌71年から部落問題研究所理事となる馬原鉄男は、「（同対法の成立によって——筆者注）あたかもこれをもって部落差別が根本的に解決されるかのような論議がふりまかれている[74]」とか、その正常化連の結成に加わった塚本景之は「がまんならないほど粗末な「特別措置法」に「好意的な評価」をあたえている」「ほとんど無条件で「特別措置法」を賛美する[75]」と言うように解放同盟中央本部の反応を冷ややかに見ている。また同対法の本質について、「政府自民党の同和政策は、運動の前進におされて、一方で一定の譲歩をしめしながら、他方、独占資本の人民収奪政策の一部分にこれをくみこむとともに、融和政策をつよめることによって部落解放運動の戦闘性を弱め、部落内部に新たな分裂をもちこもうとしている[76]」、「自民党政府は「答申」いらい、これを最大限に利用して、部落解放運動を右翼改良主義、融和主義の方向にひきこむ策謀をめぐらしてきたし、今日では、「特別措置法」制定を十分に運用し、部落住民の要求をたくみにそらしつつ、部落を自民党の支配下にくみいれる政策をつよめています[77]」という評価をしている。

　しかし、解放同盟がこの法律を「無条件に賛美」しているわけでもないし、この法律が政府の分裂政策の一環であり、「糊塗的・偽瞞的」であるとする点についてもじつは一致しているのである。さらに言えば、この時期の情勢分析も、塚本ら共産党グループが「米日独占と自民党政府は、安保、沖縄問題を基軸にしつつ、いっそう軍国主義政策を強化し、海外進出をさらに積極的に企図し、帝国主義復活へのあゆみをつよめています。そして、部落解放運動ぜんたいを反共右翼化の方向で変質させ、人民分裂の有効な道具として最大限に利用する策動もいっそうつよめられています[78]」としているのに

対して、部落解放同盟第25回全国大会における「1970年の運動方針」でも「政府独占の国内基本路線を、反動と差別におき……さらに支配と収奪をつよめようとしている。これに抵抗し国民の権利と生活を守ろうとする民主勢力に対する分裂支配を強行しながら、さらに差別をつめようとしている」[79]と、どちらも1960年当時の状況認識と変わっていない。ただ、この法律をめぐり運動の進め方に関して解放同盟は、問題はあるにしてもこの法律を最大限武器にして、その要求闘争のなかで問題の本質を明らかにし、部落民自身の階級的自覚を高めていくべきだと主張するのに対して、共産党グループは「「措置法」を部落住民の要求実現に役だたせるように実施させ、「措置法」の不十分さや、反動的な面を、たたかいの力によって実質的にあらためさせるようにしなければ」ならないとしつつも、それはあくまで「社、共両党の団結を土台にした全民主勢力の統一を強化・発展させる立場を部落解放運動の基本路線」とすること、「すべての民主勢力との団結をうちたてて、共同闘争・統一行動を前進させるという同盟綱領（60年綱領──筆者注）の基本精神を、いっさいのたたかいのなかでつらぬく」[80]べきだとしている。しかしこれでは同対法の成果を事実上打ち消していることと変わりがない。

北原と近代化論

　最後に、同対審答申の作成や同対法の制定だけでなく、戦後の解放運動のなかでキーパーソンとしての役割を果たした北原のその後と、彼の近代化論について述べる。本稿の初めにも触れたが、いわゆる60年綱領をまとめたことにより1961年の解放同盟第16回全国大会でじつに5年ぶりに常任中央委員に返り咲く。翌62年の第17回大会、翌63年の第18回大会にも中央執行委員に選任されたが、64年の第19回大会には中執に選ばれていない。この時期、解放同盟の代表として同対審委員に参加しているにもかかわらず、である。同対審に対する当時の解放同盟の評価の表れであろうか。答申が出た1965年10月の第20回大会で再び中執に選ばれ、3年間中執の座にあった。この間、66年10月には中央執行委員会で「同和対策審議会の答申に関する特別委員会」の委員の一人に選ばれる[81]とともに、自らの近代化論をもって解放同盟に方針転換を迫るべく、同盟内に理論・綱領委員会の設置を提案[82]、自

ら事務局長に就き意気込むが、部落解放同盟第23回全国大会の一般活動報告によれば、実際には「その活動に大きな期待をかけられながら、必ずしも充分な活動はできていなかった」（翌年の一般活動報告でも同文の記載）、また『解放新聞』（1967年10月5日付）でも理論・綱領委員会の9月例会の様子が掲載されているが、「社会の近代化がすすむにしたがって、封建的身分差別はしだいに弱まり薄められて行く、という北原氏の見解をささえている根底の問題に対して、多くの委員から異論が出された。それは一つには何より現実の部落、部落大衆の生活を見れば、差別がなくなって行くというような問題の出し方は、あやまっているのではないかという反論である[84]」という状況で、結局、68年には活動は事実上休止状態になる。

　また、67年に開催された部落解放研究第1回大会でも北原が基調提案を行い、自説を展開したが[85]、共産党グループはもちろん、解放同盟の主流派でも彼に賛同する者は現れなかった[86]。1968年3月、第23回全国大会で再び中執に選ばれたものの、大会直後に北原は辞表を提出したが受理されなかった[87]。そして同対法が成立するのを待たず、69年3月に開催された第24回部落解放同盟全国大会では中執の座を追われた。

　さて、その北原の近代化論である。アメリカ帝国主義とこれに追随する日本独占資本、その政治的代弁者を倒す、すなわち最終的に社会主義革命を経なければ部落の完全解放はないとする60年綱領を執筆した北原がなぜ、いつごろ資本主義のもとでも解決可能だとする近代化論に転じたのかについては興味深い論点ではあるが、ここでは論じない[88]。

　近代化という言葉をどのような観点からとらえるかについて様ざまな立場があるが[89]、北原にとって近代化＝近代社会とは成熟した資本主義社会のことを指す[90]。そして「近代社会の特質は、第1に、人間が自然に発生し成長した「家」や村落のような共同体の拘束から解放され、個人として独立した存在であり、自分の意志で自由に行動できる社会であるということ」「第2に、人間が封建社会の身分階層的秩序から解放され、対等の人間関係のもとに生活していること、そこには出生地や家柄や職業などによって差別をうけるような身分関係は存在しない」とする。なぜなら、「資本主義は商品を生産する経済制

度であり」「その商品の本質は自由・平等」なのだから、当然「この商品の性質に照応する人間の結合が基礎となって、自由・平等の社会が発展する」のだと説明する。この考え方は、「あらゆる社会には土台があること、その土台というのはそれぞれの発展段階における社会の経済制度であること、政治も法律も宗教も哲学も芸術も、そのほかの精神生活のもろもろの現象はすべて土台のうえに成長する上部構造であること、したがって上部構造の性格は土台の性格によって規定されるのだから、土台が変われば上部構造もそれに照応して変化する」、いわゆる下部構造がいっさいの上部構造を規定するという唯物史観にもとづく。

　この公式に従えば、封建制に由来する部落差別は、本来、明治維新以降、日本の近代化資本主義の発展のなかで当然消滅すべきものであった。それがなぜ消滅しなかったかと言うと、日本の資本主義は遅れて出発したために様ざまな非近代的要素を抱え込み、このような社会の二重構造を独占資本が自らの発展のために温存利用したからだと理由づける。しかし、戦後、日本は民主的改革が進み、経済も高度成長のもとで発展を続け、もはや独占資本もこのような二重構造を利用しなければならない必然性はなくなった。戦後、日本は「形の上での民主化と近代化が急速にすすみ……日本の社会が民主化され近代化がすすめば、それに応じて部落差別のような旧時代の遺物はしだいにとり除かれる方向へと、国民の意識が成長し、差別をゆるさない人間が多くなる」、すなわち封建遺制である部落差別も近代化＝資本主義の発展のなかで消滅するのは歴史の必然だと考えるのである。だとすると、少なくとも部落問題は資本主義の体制内における課題であって、階級闘争とは切り離すべきだとしたのである。

　以上が北原の近代化論の要約である。北原は同対審や同対協での全国実態調査に関わることによって、部落の実態や日本社会の変化を率直に認め、実態に即した解放理論を提起しようと試みた。しかし彼の近代化論は、60年綱領のときと同様、公式的な唯物史観を単純化して解放理論に適用したにすぎなかった。すなわち、戦後の高度成長による資本主義の発展は、日本を西欧型民主主義に近づけ、その結果、封建的残滓である二重構造や部落差別は当然解消する必然にあると理解するのである。

これに対して60年綱領を支持する共産党は、独占資本が人民の分断政策のため、さらには自民党の労働力の流動化政策により部落大衆を低賃金労働者として搾取するため、部落差別を温存利用しようとしているのであり、答申の本質もまさにここにあり、北原の近代化論はこうした独占資本と権力者の意図を隠すものだとして激しく批判した。

　たしかに近代はそれ以前の様ざまな封建的呪縛から人びとを解き放したのも事実である。しかし同時に、近代は国家が人びとを国民という名のもとに統合してできた社会であり、それはその内と外に二重の差別と排除の構造をはらんでいた。女性を含めてマイノリティにとっては資本主義社会のもとでも、生産のための技能や能力があってもそれ以外の属性によって差別される例はいくらでもある。その意味では、北原の近代認識は歴史的制約を考慮したとしてもあまりに機械論的にすぎたと言えよう。

　さらに二重構造についても、実態としてはたして本当に解消過程にあったのかについて、当時より異論があった。たしかに高度成長と労働力不足の結果、賃金格差が相対的に縮小したとしても、1960年代より新たな二重構造＝格差社会が形成されつつあり、こうした構造と部落差別の関係についていまだ十分には議論や検討がなされていない。

戦後日本の変容と同対法の再評価

　同対法制定から15年が経過したころから、同対審や同対法を戦後史のなかでどのように位置づけるべきかを試みる論稿が見え始めるので簡単に紹介する。まず、『戦後部落解放運動論争史　第4巻』[91]では、解放同盟と共産党との論争を軸に答申から同対法制定までの過程を丁寧に追い、双方の主張の検証作業を行っている。広川禎秀「部落問題解決理論の史的考察——北原泰作を中心として——」[92]では、戦後部落解放理論の流れのなかでとくに北原文書の調査、分析などを通して、当初は広川自身も同対審答申を「革新勢力分断のための政策とみる研究に説得力があると考えてきた」が、答申は必ずしも「支配者の論理によって貫かれているとは言えない」、答申の作成過程を経るなかで北原が「資本主義体制のもとでの部落問題解決の可能性を探求し始め」[93]る重要な契機となったとして答申の再評価を求めた。

また、鈴木良「日本社会の変動と同和行政の動向—同和対策審議会から同和対策事業特別措置法へ—[94]」では、これまでの運動史観ではなく戦後日本政治の枠組みのなかでとらえるべきだとして、1950年代後半からの高度成長を起爆剤として国民の福祉や社会保障を重視する政治政略に舵を切り始めた自民党の政治のなかでは、答申も同対法も十分実現可能であり、「同和対策審議会が解同の運動の圧力で作られたとか、運動の圧力でやむなく政府が譲歩したという評価は事実ではない。政府がいだいた恐れは部落に基礎を置き統一を目指す潮流がその勢力を拡大することであった」「解同内の右翼的潮流に譲歩を見せかけ、民主運動との統一をめざす潮流との対立を作り出そうと狙っていた[95]」のであり、同対法に関しても、「自民党が緊急の政治課題としている革新自治体の拡大を阻止し、これを支える革新共闘を破壊する」「革新自治体の基礎となっている社会党と共産党との共闘を分断・破壊する課題に、自民党が解同の力を利用できると考えた[96]」、その結果が同対法だということになる。

　ただ、戦後自民党政治の政策転換から戦後同和行政を見ようとする視点は師岡も同様であり、たとえば1966年に9月に開かれた「同対審答申」完全実施要求中央国民大集会で同対法制定を求める決議が読み上げられるなか、集会に出席した総理府副長官上村千一郎は「部落を解放する対策の基本計画、具体的な施策について、総合的、全般的な見地からの効果を急速にはかるよう検討している」と述べるが、これは「決議にもられた事項ぐらいは実施することができるという財政的余裕がそれを可能にしたといえる。しかも解放同盟が完全実施をもとめる同対審答申とは、いうまでもなく総理府の一機関である同和対策審議会が策定したものであって、そのかぎりでは解放運動は政府の敷いたレールの上を走っており、政府にとって安全、無害このうえないものだった」「政府・自民党はすでに同対審答申のなかで、解放運動に譲歩していた。しかし、それは……日本経済の高度成長をバックとする新しい支配構造の生成を意味するものであった」と分析している[97]。

　佐々木隆爾は、1960年代から福祉など積極的政策を打ち出した自民党政治の変化をロストウ路線すなわち「アジアのいたるところで発展しつつあった民族解放戦争、革命闘争、ゲリラ闘争などに対処しようとしたアメリカが、

軍隊や警察力では期待された抑圧の実効が挙がらないことを痛感し、発想を変えて編み出した革新勢力抑圧の戦略[98]」からとらえなおそうとしている。同対審答申や同対法の本質もこうした革新勢力の分断を図ることが目的だとする点では鈴木と共通する。

　渡辺俊雄は、1960年代以降を「日本型大衆社会」すなわち日本国憲法を肯定し、いわゆる戦後民主主義を維持する体制であったととらえ、そこには差別や人権に対する視点が弱く、その枠内で成立した同対審答申も同様の限界を有していたと指摘している[99]。

　最後に、師岡は同対法の成立がその後の解放運動にもたらすかもしれない危険性を訴えている[100]。「これまでの解放運動のなかで強調されたのは、要求闘争の重要性であった」、なぜなら「要求の実現を通じて一人ひとりが部落民としての社会的自覚を高めると考えられた」からである。ところが、「部落民としての社会的自覚を高める契機としての要求の実現が法の制定によって維持できるか」、つまり「法のもつ普遍性が個々の要求を先取りし、吸収してしまうのである。これは、要求闘争を通じて部落民の社会的、階級的自覚をうながす契機が一挙に失われてしまうことになるからである」。師岡も同対法やそれに基づく同対事業を否定しているわけではない。同対法が持つこの特質に無自覚でいることに警告を発したのだろう。

　さて、鈴木や師岡が指摘する戦後保守政治の変化のことである。近年では、戦時下の総力戦体制をキーワードに戦前戦後の連続性を論じる研究者が増えてきている。それに従えば、戦前の世界恐慌をきっかけに機能不全に陥った近代議会主義に代わって、戦争遂行のための高度にシステム化された社会すなわち総力戦体制が世界に出現、そのもとで構想実現された政策体系は戦後にも引き継がれ、戦後日本の民主化や高度成長政策もすでに戦時下の総力戦体制のなかで構想され一部実現されていたということになる。とくに戦後に自民党政権下で進められた福祉政策も戦前の総力戦体制とともに始まったものだとする指摘がなされている[102]。

　岸信介は、戦前に商工省の高級官僚として満州帝国の建設に大きな役割を果たし、帝国日本の総力戦体制に寄与した人物の1人である[103]。その岸が戦後

Ａ級戦犯に問われ（不起訴処分）、公職追放を経て再び戦後の政界に蘇った。1955年の保守合同にも大きな役割を果たすが、その少し前に彼は次のような言葉を残している。「保守政党は、労働者或いは広く勤労階層に対しても社会政策的見地に立って相当なことをやらなければならない」「国民の関係からいえば、勤労大衆は国家復興の根本であり、数からいっても非常なものであるから、これに重点を置いた現実の政策を考えていく。このことは必然的に福祉国家という問題になっていくであろう[104]」。

　これまで戦後政治に関しては、改憲・再軍備を主張する岸政権から経済成長路線の池田政権への移行にその転換点を求めるのが一般的であった。もちろんそうした一面は否定できないが、それだけではなく、近年では1955年の保守合同以前の民主党に属していた鳩山・石橋・岸が合同以後の自民党政権を担い、そのもとで進められた政策がその後の自民党政治に大きな影響を与えたと指摘されている[105]。すなわち、占領体制が終わり、日本の国権と国力を回復するためにまずは保守の基盤を強固なものにしなければならない。そのためには完全雇用の達成、社会保障政策、格差の是正などにより国民の不満を和らげ生活を安定させる。その実現には、吉田茂のような自由主義経済よりも経済計画のもとに官民合同で推進しようと考えた。これが高度成長の始まりであり、池田や佐藤はこうした一連の政策を引き継いだと言える[106]。

　このようにして見てくると、さきほどの岸の国会での答弁や、1959年に自民党が同和対策要綱を作り、モデル地区事業を実施、同和対策十カ年計画を策定していることも腑に落ちるし、同対審答申や同対法もこうした戦後の保守政治の流れの中に位置づけて考えることそれ自体は重要である。ただ、彼が描いた戦後日本の国家構想もそのベースにはナショナリズムや国家主義がある。日本国憲法に規定した国際協調や基本的人権さらには民主主義でさえも彼にとっては国家構想実現のための付与条件であり、目標ではない。

　さらに言えば、運動側が自らの運動の成果を強調しすぎることが運動史観だとすれば、こうした権力の側の意図や流れだけを強調しすぎれば今度は権力史観に陥る。これまで見てきたように同対法の場合も、運動側と権力との緊張関係のなかで、様ざまな人たちの努力のもとに具体的な歴史は作り上げ

られていく。八木や北原を含めて解放同盟の運動の力、そして部落大衆のあと押しがなければ、同対法はまったく別のものに作られていた可能性はある。

　また、かつて共産党は同対審答申や同対法を自民党の民主統一戦線に対する分断政策だと見て、解放同盟もそうした側面を否定はしなかった。当時はそのことを比喩的に「毒まんじゅう」などと言っていたが、しかしすでに事態は解放同盟が「毒まんじゅう」を食うかどうかというような次元ではなく、革新の側が主張した政策を保守の側が積極的に取り入れることで、もはや保守と革新との政策の違いが明瞭ではなくなり、そのことは革新そのものの存在意義が問われようとしていた時期ではなかったか。[107]

特措法時代・戦後同和行政の再点検への期待

　同対法の制定過程の歴史は以上である。最初に述べたようにそれから33年間「特措法の時代」が続き、1969年から2002年3月までに投入された国の同和対策予算は約4兆3000億円[108]、同和地区が約4400（1993年調査）だから、1地区当たり約10億円になる。これに府県や市町村の地方自治体が単独事業として行った同和事業予算を加え、さらには物価スライドを勘案すると、今日で言うといったいどれくらいになるのだろう。国の予算だけに限れば、4兆3000億円のうち建設省予算の約2兆円を含めてほとんどが物的事業に費やされ、法務省、文部省、労働省などの人的（ソフト）事業はその1割にも満たない。その額や使われ方が適正であったかどうかは別にして、少なくとも当時の活動家の予想をはるかに超えていたであろう。それは解放同盟の主流派であるか少数派であるかを問わず、当時の認識で言えば、独占資本の手先であり反動的な政府自民党が本気でこの問題に取り組むか、かなり懐疑的であっただろう。しかし実際には大量の同和予算が投入され、だいぶ遅れたとはいえ部落も高度成長の波にのり、この50年で少なくとも部落の外観は大きく変貌した。

　また解放運動の状況もずいぶん変わった。解放同盟主流派と対立した共産党グループは1970年に正常化連を結成、75年前後には60年綱領の「二つの敵」論を捨て、それまで批判していた北原の近代化論に乗り換え国民融合論を打ち出した。一方、解放同盟は1985年に懸案だった部落解放基本法案

を発表、1997年になってようやくそれまで棚上げになっていた60年綱領を全面的に改定した。その新綱領の内容の是非はともかくとして、その際に示された「部落解放同盟基本文書（案）」において、「こうした成果（反差別人権の取り組みの広がり——筆者注）の反面、差別への怒りが弱まり、一部に物取り主義的傾向と自力自闘の精神の欠如を招いている」との現状と反省を踏まえ、「これまでの同和行政によって部落の環境や差別の実態は大きく変化した。そして自立層や青年層の地区外への流出の増加は、新しい要求や運動の課題を提起している。これまでの運動の総括・総点検を実行し、部落解放運動とは何かを問い直し、新しい解放理論のもと、新しい時代の運動へ転換させる時がきた[109]」と結んでいる。

　2011年の第68回全国大会でも再び綱領改正が行われたが、その間にいわゆる「特措法の時代」は終わり、世界はグローバリゼーションとインターネットの普及などにより60年代には考えられないような社会が現出している。このような複雑化し多様化する時代にあるからこそ、部落差別の完全解決のための道筋を示す新たな解放理論の創造が求められるのであろう。そのためにも、50年前の先人たちの運動や議論を踏まえ、その後、とくに特措法のもとで各部落のなかでいったい何が起こり、何を獲得し、何を失ってきたのか、そうした過去を検証したうえで、さらに差別・被差別という両方の視点から今日の部落差別の現状を問い直すことが求められているように思う。その意味で、部落白書運動が提唱された1960年代当初に部落住民が手弁当で自分たちの地区の実態調査を行ったと聞いているが、こうした草の根の運動が再び起こることを期待する。

注

（1）八木一男『部落解放運動とともに』部落解放同盟中央出版局、1969年、87頁〜。
（2）佐藤政権の社会開発政策に関しては、「現実の経済政策は高度成長の推進を基本として、社会開発は先の公害対策などにみられるように、後始末的におこなうにとどまった」（宮本憲一『昭和の歴史10　経済大国＝増補版』小学館、1989年、258頁）とする評価もある。このほか高坂正堯「佐藤栄作——「待ちの政治」の

虚実」（渡邉昭夫編『戦後日本の宰相たち』中央公論社、1995 年、88 頁〜）も
同様の評価。

（3）安場保吉・猪木武徳編『日本経済史 8 　高度成長』岩波書店、1989 年、286 頁。
これに対して「1970 年代初頭の時点でかつての二重構造論が問題にした「労働
市場の二重構造」が解消したかというと実際には形をかえて、新たな役割をもっ
て再編されたと言わなければならない。かつての「不完全就業」とは特定低賃
金業種の労働者、臨時日雇、自営業者、家内労働者などが主たる形態であった
が、高度成長を経過した時点では独占資本は社外工や下請け労働者などの「不
安定雇用」を単なる景気調整弁として利用するのではなく、積極的に高蓄積の
手段として恒常的に活用するようになったのである」（伍賀一道「XI　戦後日本
の雇用管理と雇用・失業政策の展開」『戦後社会政策の軌跡』啓文社、1990 年、
233 頁〜。そのほか古川哲「帝国主義と階級諸関係についての一考察」『帝国主
義の研究』日本評論社、1975 年、289 頁、武田晴人『シリーズ日本近現代史⑧
高度成長』岩波新書、2008 年、94 頁〜、参照）との評価や、福祉国家と貧困と
いう新たなテーマが提起され（岩田正美『戦後社会福祉の展開と大都市最底辺』
ミネルヴァ書房、1995 年）、それは今日の格差社会やマイノリティと貧困の課
題でもある。

（4）師岡佑行『戦後部落解放論争史　第 4 巻』柘植書房、1984 年。

（5）『解放新聞』1965 年 7 月 25 日付、323 号。

（6）前掲注（4）『戦後部落解放論争史　第 4 巻』89 頁。

（7）『解放新聞』1965 年 10 月 15 日付、329 号。

（8）『解放新聞』1966 年 1 月 5 日付、336 号。

（9）「部落解放同盟内の反党修正主義者、右翼社会民主主義者の反共的分裂活動に
ついて　上　下」『アカハタ』1965 年 12 月 12、13 日付。同年 12 月 19 日付『ア
カハタ』でも、あくまで「部落を基礎に要求にもとづく大衆闘争、大衆運動を
大きく発展させ、この運動のなかで、「答申」のなかにある諸要求をかちとる」
とした。また、共産党が内部通達ということで口述筆記させたもののなかにも、
「答申に期待をかけ、これによりどころをかけ運動をすすめることは運動の方
向をあやまらせる」とある（大賀正行『部落解放理論の根本問題』解放出版社、
1977 年、120 頁）。

（10）『解放新聞』1965 年 11 月 5 日付、331 号。

（11）同前。

（12）『解放新聞』1965 年 11 月 25 日付、333 号。

（13）『解放新聞』1965 年 11 月 15 日付、332 号。

（14）『解放新聞』1966 年 2 月 5 日付、339 号。

（15）『解放新聞』1966 年 2 月 25 日付、341 号。

（16）『部落解放運動基礎資料集 II 全国大会運動方針 第 21 〜 29 回』部落解放研
　　　究所編、1980 年、17 頁。

（17）『解放新聞』1966 年 3 月 15 日付、343 号。

（18）前掲注（1）『部落解放運動とともに』27 〜 28 頁。

（19）同前 36 頁。その他、八木一男『怒涛 八木一男の闘いの記録』部落解放同盟
　　　奈良県連合会、1977 年を参照。

（20）総理府編『同和対策の現況』1973 年、15 頁。

（21）総務庁長官官房地域改善対策室編『同和行政四半世紀の歩み』中央法規出版、
　　　1994 年、106 頁。

（22）国立公文書館蔵。

（23）前掲注（20）『同和対策の現況』14 頁。

（24）同前 16 頁。

（25）「対談 山本政夫・北原泰作 当事者が語る同和立法のうらおもて」『部落』
　　　1979 年 8 月、382 号、25 頁。

（26）堀木鎌三『"らくじゃねぇよ"』鉄道弘済会、1975 年、199 頁。

（27）同和会山口県連合会編『同和運動の歩み』1992 年、189 頁。

（28）井戸内に関しては、割石忠典「島根県の被差別部落と差別撤廃闘争――その
　　　歴史と現状」（私家版）を参照。

（29）Wikipedia を参照。

（30）『解放新聞』1966 年 8 月 15 日〜 9 月 15 日付、358 〜 361 号。

（31）部落解放同盟中央本部編『上杉佐一郎伝』解放出版社、2002 年、193 頁。

（32）前掲注（21）『同和行政四半世紀の歩み』109 頁。

（33）前掲注（1）『部落解放運動とともに』30 頁。

（34）『解放新聞』1967 年 6 月 15 日付、385 号。

(35) 同前。

(36) 同前。

(37) 同前。

(38) 同前。

(39) 公益法人住吉隣保事業推進協議会保存資料。

(40) 同前。

(41) 『解放新聞』1967 年 12 月 25 日付、402 号。

(42) 前掲注（1）『部落解放運動とともに』32 頁。

(43) 同前。

(44) 大蔵省財政史室編『昭和財政史　昭和 27 ～ 48 年度　予算（2）』東洋経済新
　　　報社、1996 年、181 頁。

(45) 大蔵省『国の予算』（昭和 43 年度）12 頁。

(46) 部落問題研究所編『戦後部落問題の研究　第 3 巻　資料戦後同和行政史』
　　　1979 年、140 頁。「同和対策特別措置法案草案」とするものもある。

(47) 『法律学小辞典』第 5 版、有斐閣、2016 年、204 頁。

(48) 詳しくは塩野宏「基本法について」『日本学士院紀要』63 巻第 1 号、2008 年、参照。

(49) たとえば『部落解放史　熱と光　下巻』（部落解放研究所編、1989 年、135 頁）
　　　の「同法（同対法のこと――筆者注）は同和対策協議会の中では当初、同和対
　　　策基本法という名称で検討されていた」などもその例であろう。

(50) 筆者所蔵資料。

(51) 前掲注（21）『同和行政四半世紀の歩み』117 頁。

(52) 前掲注（4）『戦後部落解放論争史　第 4 巻』192 頁。

(53) ちなみに法が実際にどのような過程を経て作られるかについて、興味深い話
　　　があるので紹介する。衆議院法制局第 5 部長・峯嶋誠によると、「いわゆる議員
　　　立法（議員提出の法律案）というものは議員さんの御依頼で法制局が法文化す
　　　るのであるが、その態様は様々であって、議員さんと法制局との関係もいろい
　　　ろである。八木先生の場合は、立法依頼の際に要綱を作成して来局され、丁重
　　　に依頼されるだけでなく、依頼のし放しということではなく暇を見つけては来
　　　局され、われわれと何時間でも論議されるのが常であり、その御熱意には、まっ
　　　たく頭の下がる思いであった。その意味では、先生は最も効率的に法制局を利

用された方であった」（峯嶋誠「八木先生の想い出」前掲注(19)『怒涛』214〜
215頁）。野党の議員が提出する立法案でも法制局が関わるというのは初めて
知ったが、同対法の場合はたしてどうだったのであろうか。

(54) 前掲注(1)『部落解放運動とともに』33頁〜。

(55) 前掲注(20)『同和対策の現況』420頁では5月8日。

(56) 『解放新聞』1968年6月25日付、420号。

(57) 『解放新聞』1968年12月25日付、436号。

(58) 奥野誠亮『派に頼らず、義を忘れず』PHP研究所、2002年、176頁〜。

(59) 前掲注(25)「当事者が語る同和立法のうらおもて」27頁。

(60) 「官報」1969年2月12日、12646号。表題は「第61国会・内閣提出予定　法
律案の要旨《内閣官房》」。

(61) 辺地債（辺地を有する市町村が、当該辺地の総合整備計画に基づいて行う公
共的施設の整備事業に係る地方債。地方交付税措置として元利償還金の80%が
基準財政需要額に算入）のことか。

(62) 楠田實『首席秘書官　佐藤総理との10年間』文芸春秋、1978年、43〜44頁。

(63) 吉岡健次『戦後日本地方財政史』東京大学出版会、1987年、177頁〜。

(64) 前掲注(1)『部落解放運動とともに』28頁。

(65) 同前36頁。

(66) 同前35頁。

(67) 前掲注(19)『怒涛』434頁。

(68) 『解放新聞』1968年1月5日付、403号。

(69) 『解放新聞』1969年6月25日付、454号。

(70) 前掲注(20)『同和対策の現況』329頁。

(71) 『アカハタ』1969年6月21日付。

(72) 『今日の部落問題』日本共産党中央委員会農民漁民部編、1969年2月、220頁〜。

(73) 『アカハタ』1969年6月21日付。

(74) 馬原鉄男「「融和事業完成十カ年計画」の教訓」『部落』1969年8月、247号。

(75) 塚本景之「1969年の部落問題　試練のなかから新しい前進を」『部落』1970
年3月、256号。

(76) 前掲注(74)「「融和事業完成十カ年計画」の教訓」。

(77) 前掲注(75)「1969年の部落問題　試練のなかから新しい前進を」。

(78) 同前。

(79) 前掲注(16)『部落解放運動基礎資料集Ⅱ　全国大会運動方針　第21〜29回』250頁。

(80) 前掲注(75)「1969年の部落問題　試練のなかから新しい前進を」。

(81) 『解放新聞』1965年11月5日付、331号。

(82) 『解放新聞』1966年3月5日付、342号。

(83) 前掲注(16)『部落解放運動基礎資料集Ⅱ　全国大会運動方針　第21〜29回』97頁、166頁。

(84) 『解放新聞』1967年10月5日付、396号。

(85) 『解放新聞』1967年6月5日付、384号。

(86) 『解放理論の創造　部落解放研究第1回全国集会報告書』部落解放同盟中央本部編、1968年3月。

(87) 『解放新聞』1968年3月15日付、410号。

(88) この点に関して広川は、「北原は、同対審答申の作成に深く関与して部落問題の現状認識を深め、井上流の「独占体制論」から徐々に離れるとともに、資本主義のもとでも部落問題の解決が可能であるとする問題意識を強めた」(広川禎秀「部落問題解決理論の史的考察—北原泰作を中心として—」『部落問題解決過程の研究　第1巻』部落問題研究所、2010年、118〜119頁)とする。これに対して手島は、「北原が、現状において部落差別が解消されつつあるとは考えていない。社会主義革命ではなく、近代化・民主化で部落解放が展望できると考えるに至るのは「答申」後のことであり、この点について北原は苦悩した」(手島一雄「北原泰作と岐阜県民主同和促進協議会——「国民融合論」創出への地域的実践」『部落史研究　第3号』全国部落史研究会、2018年、100頁)。

(89) 1960年代より、日本でも「近代化」が論壇で大きな話題となる(和田春樹「近代化論」『講座日本史9　日本史学論争』東京大学出版会、1971年)。その場合の近代化は、戦後のソビエト共産主義に対抗するために、いわば防共政策としてアメリカが戦後日本の成功体験をモデルとして工業化、合理化、地域開発政策を打ち出されたものである。その論者の1人が1960年代前後のアメリカ歴代政権に深く関与したW・W・ロストウである。しかし、北原の近代化論は、和

田の言葉を借りれば、「民主主義を軸とする近代西欧社会がすべての後進社会の発展の目標であるととらえる歴史観」いわば古典的「近代化」論か、または唯物史観による歴史発展段階としての近代にとどまると思える。

(90) 北原泰作「部落問題の現状と解放運動の課題」『解放理論の創造 部落解放研究第1回全国集会報告集』部落解放同盟中央本部編、1968年、37頁。その他、この時期に書かれた北原論文としては、「部落問題の基本的認識に関する覚書」『部落解放理論委員会会報3号』1967年(『北原泰作部落問題著作集第2巻』部落問題研究所、1982年所収)、「国民融合こそ部落解放の道」『国民融合パンフレット』第2輯、1978年(『戦後部落問題論集 第2巻 解放理論Ⅱ』部落問題研究所編、1998年所収)など。

(91) 前掲注(4)『戦後部落解放論争史 第4巻』。

(92) 『部落問題解決過程の研究 第1巻』(部落問題研究所編、2010年)に所収。

(93) 同前 113頁。

(94) 前掲注(88)『部落問題解決過程の研究 第1巻』に所収。

(95) 同前 220頁。

(96) 同前 241頁。

(97) 前掲注(4)『戦後部落解放論争史 第4巻』186、192頁。

(98) 佐々木隆爾『戦後政治支配と部落問題』部落問題研究所、1995年、17頁。前掲注(89)の「近代化」の概念について参照。

(99) 渡辺俊雄「戦後部落問題研究の課題」『戦後部落問題の具体像』大阪人権博物館編、1997年。

(100) 前掲注(4)『戦後部落解放論争史 第4巻』197、199頁。

(101) 山之内靖『総力戦体制』ちくま学芸文庫、2015年。

(102) 「近年では、戦時期を戦後との連続性において捉える研究が広がりを持つ中で、戦時期日本の「福祉国家」化が少なからぬ論者によって指摘されている」高岡裕之『総力戦体制と「福祉国家」』岩波書店、2011年、3頁。そのほか鍾家新『日本型福祉国家の形成と「十五年戦争」』ミネルヴァ書房、1998年。

(103) 小林英夫『満州と自民党』新潮新書、2005年。岸信介の再評価に関しては『現代思想』2007年1月号、青土社を参照。

(104) 「新保守党論」『改造』1953年2月号。

（105）前掲注（3）『シリーズ日本近現代史⑧　高度成長』、河野康子『日本の歴史 24　戦後と高度成長の終焉』講談社学術文庫、2010 年。

（106）これに対して、「池田政権も国民統合をとりわけて重視したが、岸政権の追求した国民統合政策を大きく変更した。岸政権のめざした国民統合政策の柱は福祉国家型統合であったが、池田政権になってそれは放棄され、代わって、国家介入による経済成長とパイの拡大、公共事業投資や補助金による、そのパイの地方への配分という日本独特の開発主義的路線が採用された。岸政権でとられた福祉国家政策は日本のように経済成長途上にある国においては、かえって経済成長の足をひっぱり、国民のモラールの低下をもたらすものとして明確に放棄され、それに代わるものとして高度成長政策が打ち出されたのである。「所得倍増計画」がそれであった」（渡辺治「戦後保守政治のなかの安倍政権」『現代思想』2007 年 1 月号、青土社）という見方もある。政策転換があったかどうかは別として、この補助金政治への流れは、その後の特措法時代とも重なる。

（107）さらに言えば、「福祉や、社会保障が、社会主義勢力や社会民主主義の勢力のイニシアティブではなく、国家社会主義を有する官僚や軍部＝国防国家派によって上からつくられた事である。さらに戦後は、社会主義の左派は革命志向で、福祉や社会保障的「改良主義」として消極的に扱い、同右派は、西欧社民の福祉政策を主張したが、福祉政策は戦後も国防国家派のイニシアティブで上からつくられた」（雨宮昭一「岸信介と日本の福祉体制」『現代思想』前掲注（106）参照）ということになる。

（108）部落解放・人権研究所編『部落問題・人権事典』2001 年、1247 頁。

（109）「部落解放同盟第 54 回全国大会報告集」『部落解放』1997 年 426 号、所収。

参考資料

部落解放対策「特別措置法」草案（部落解放同盟案）

一、**法律の性格**　いわゆる「基本法」は宣言的法律であって、国の部落解放対策に関する基本方針を抽象的に規定し宣明するにとどまるので、それのみでは部落問題の完全な解決を図るための実質的効果は期待できない。それゆえこの法律は、基本法的な性格をもつとともに、施策の実施方針をも法的な事項としてできるだけ具体的に規定する中身のある法律とすべきである。

　　また、部落解放対策を具体的に実施するにあたって、他の法律と関連のあるばあいにはこの法律が法的に法律を規制しうる効力をもつよう、上位に置くべきものとすること。

二、**前文をつけること**　この法律は歴史的な意義のある法律であるから、農業基本法、教育基本法等のように前文をつけるべきである。

　　前文の内容は、多数の同胞が不当なる差別と貧困のため、はなはだしく人権及び生活を圧迫されてきた沿革を明らかにし、憲法の基本的人権尊重の理念及び世界人権宣言の精神に則り、部落問題のすみやかな根本的解決を図ることは、国の責務であると同時に国民連帯の課題であることを強調し、そのために特別な法律を制定する趣旨を明確にする格調の高い文章を書くこと。

第１条（法律の目的）　この法律は、部落問題の完全かつ速やかな解決を図ることを目的とし、そのための国の政策の目標を明らかにし、その目標を達成するための施策を定めるものとする。

第２条（国の責務）　国は日本国憲法の規定に従い部落問題の速やかな完全解決を実現する責務を負う。

第３条（地方公共団体の責務）　地方公共団体はその行政区域内における部落問題の速やかな完全解決を実現する責務を負う。

第４条（国民の責務）　すべて国民は、部落問題に関する正しい認識に基づき部落問題の速やかな完全解決につとめなければならない。

第5条（政策の目標）　①部落問題の速やかな完全解決を図るための国の政策の目標は、国民が部落問題に関する正しい認識を確立するとともに、被差別部落住民の市民的権利を完全に保障するため、部落における生活環境の整備、産業の振興、部落住民の職業の安定、教育の向上、社会福祉の充実等を図り、部落住民の社会的、経済的地位を向上させることにあるものとする。

②この法律における部落住民には、部落出身者及びその子孫で、現在他地区に居住する者を含むものとする。

③部落における生活環境の整備、産業の振興等を実施するため必要な事業が他地区に及ぶ場合も本法の目的の事業とみなすものとする。

第6条　国は前条に掲げる目標を達成するため、次の各号に掲げる事項につき、必要な施策を急速かつ充分に講じなければならない。

一、部落における土地・住宅・道路・上下水道・浴場・隣保館・保育所・共同作業所・墓地・火葬場・塵芥処理場・公園・緑地等の整備等生活環境の改善を図ること。（この場合、部落全体及び一部の移転を含む）

二、部落における農林漁業等生産の基盤整備及び開発、農林漁業等経営の近代化及び共同化のための施設の導入、事業資金の確保及び貸付条件の改善等を実施し、農林漁業等の振興を図ること。また、この目的のため国有林野の解放、ならびに共同使用をすすめること。

三、部落における中小零細企業の設備の近代化、事業の共同化、資金の確保、貸付条件の改善、ならびに経営・技術等の指導を実施し、中小企業の振興を図ること。

四、部落住民に対する職業指導、職業訓練、就職の斡旋等、雇用主に対する指導・啓発、部落住民の雇用の安定及び促進を図ること。

五、部落住民の就学奨励及び進学の援助措置、部落における社会教育施設の整備等学校教育及び社会教育の充実を図ること。

六、部落における社会福祉施設及び医療施設の整備等、社会福祉及び公衆衛生の向上及び増進を図ること。

七、部落問題に関する啓発を図る等、社会教育、学校教育の推進ならびに国民の理解と態度の養成を図ること。

八、人権擁護機関の民主的充実を図るとともに、部落住民に関する人権擁護活動の積極的強化を図ること。

第7条（計画の策定）　①国は前条に掲げる施策を実施するため10年間を目途とする計画を策定し、前期5カ年において、現在必要とするすべての施策を完了し、後期5カ年において補完を行ない完全解決を実現しなければならない。

②国は前項の計画を策定するにあたっては、あらかじめ「同和」対策協議会の意見を求めなければならない。

第8条　①政府は、第6条、第9条ならびに第10条に掲げる施策を実施するため必要な法制上、財政上、資金上の措置を完全に講じなければならない。

②政府は前項の措置を講ずるにあたって必要があるすべてのことに関し法制上、財政上、資金上の特別措置を講ずるものとする。

第9条（地方公共団体の施策ならびに国の援助）　①地方公共団体は国の施策に準じて部落問題の解決を図るために必要な事業を行なわなければならない。

②前項の規定に基づき、地方公共団体が実施する事業に対して5分の4以上の国庫負担もしくは国庫補助を行なわなければならない。

③この場合、国庫負担、国庫補助対象になる事業は部落対策に必要なすべての事業とする。

④国庫負担額ならびに国庫補助額を決定する際の単価は、実際に事業遂行に要する単価とする。交付後実際事業遂行に要した金額に増加があったときは直ちに、負担額ならびに補助額の追加交付を行なわなければならない。

⑤本条第1項の目的のため、地方公共団体が発行する地方債について優先的に認可しなければならない。この目的のための地方債の利子について、国は5分の4の国庫負担をするもとをする。

第10条（部落解放対策特別交付税）　政府は前条の事業遂行に要する地方行政団体の支出を補てんし、かつ地方公共団体の独自の部落解放対策事業遂行の資金に当てるため、本法公布1カ年以内に部落解放対策特別交付税の制度を設けなければならない。

第11条（計画実施対策地区の指定等）　①内閣総理大臣は、第7条第1項に基づく計画を実施するにあたっては、「同和」対策協議会の意見をきき、対象地区を速やかに指定し、計画の期間内にすべての部落にこれを及ぼさなければならない。

②前項の指定があったときは、当該都道府県知事は関係市町村長と協議して、すみやかに当該地区にかかる総合的施策の実施計画を作成して内閣総理大臣に報告しなけ

ればならない。

③前項の報告があったときは、内閣総理大臣は「同和」対策協議会の意見をきくとともに関係行政機関の長と協議して、すみやかに関係都道府県知事に対してその実施計画につき認否の通知をしなければならない。

④右の通知を受けた都道府県知事は、そのことにつき関係市町村長に連絡を行なわなければならない。

第12条（計画実施の義務） 当該市町村、都道府県、国は第11条の実施計画に従い、事業を遂行しなければならない。

第13条（報告の義務） 政府は、毎年国会に対し、第6条、第7条、第8条、第9条、及び第11条の規定に基づく年次実施計画及び実施成績につき文書をもって報告しなければならない。

第14条（施策実施上の配慮） 国及び地方公共団体は第6条、第7条及び第11条の規定に基づき施策を実施するにあたっては、部落住民または部落問題の解決を目的として組織された団体の意見をきくとともに、部落住民の独立向上の意欲を損なうことがないように配慮しなければならない。

第15条（行政組織の整備等） 国及び地方公共団体は、第6条、第7条及び第11条の規定に基づく施策を講ずるについて、事業が円滑かつ有効に行なわれるよう相互に協力するとともに、部落解放対策に関する行政組織を整備してその機能を十分発揮しうるよう努めなければならない。また、そのため強力な諮問機関を設置しなければならない。

第16条 国は、本法の実施のために必要な企画、連絡、調整、指導にあたる機関を総理府に設置しなければならない。

第17条（「同和」対策協議会） 国は、総理府に付属機関として「同和」対策協議会を置かなければならない。

第18条（部落対策金融金庫） 国は、第6条第2項及び第3項の目的に資するため、政府全額出資の部落対策金融公庫を設置することとする。

（出典：『部落解放国民大行進の方針　付・「特別措置法」草案』部落解放同盟中央本部編集・発行、

1968年9月30日）

同和対策特別措置法（案）（全日本同和会案）

法律の性格　いわゆる「基本法」は宣言的法律であって、国の同和対策に関する基本方針を抽象的に規定し宣明するにとどまるので、それのみでは同和問題の完全な解決を図るための実質的効果は期待できない。それゆえこの法律は、基本的な性格をもつとともに施策の実施方針をも法律事項としてできるだけ具体的に規定する中味のある法律とすべきである。

　また、同和対策を具体的に実施するにあたって、他の法律のあるばあいには、この法律が法的に法律を規制しうる効力をもつよう、上位におくべきものとすること。

　前文の内容は、多数の同胞がいわれなき差別と貧困のため、はなはだしく人権及び生活を圧迫されてきた沿革を明らかにし、憲法の基本的人権尊重の理念及び世界人権宣言の精神等に則り、同和問題のすみやかな根本的解決を図ることは、国の責務であると同時に国民連帯の課題であることを強調し、そのために特別な法律を制定する趣旨を明確にすること。

第1条（目的）　この法律は、同和問題の解決を推進するための基本的事項を定めもって、同和地区の心理的差別または実質的差別を消除することを目的とする。

第2条（国の責務）　国は同和問題に関する国民の正しい認識を確立するとともに同和地区住民の社会的、経済的地位の向上を図るためその政策全般にわたり必要な施策を講じなければならない。

第3条（国民の責務）　すべての国民は、同和問題に関する正しい認識に基づき、相互に協力して同和問題の速やかな解決を図ることに努めなければならない。

第4条（国の施策）　前条にもとづく国の施策は次によるものとする。

(1) 同和問題に関する啓発等国民の理解と態度の養成を図るために、同和教育の振興と施設の設備を充実すること。

(2) 住宅、道路、上下水道、保育所、公園緑地の整備等生活環境の改善を図ること。

(3) 社会福祉施設及び医療施設の整備化等住民福祉の向上を図ること。

(4) 農林漁業生産基盤の整備及び開発及び経営の近代化のための施設の導入、国有林の払い下げ等農林漁業の振興を図ること。

(5) 中小企業の経営の合理化、金融の円滑化と設備の近代化等を促進し、中小企業

の振興を図るための同和金庫を設置すること。

(6) 職業指導、就職あっせん、同和職業訓練所の設備等同和地区住民の雇用の安定及び促進を図ること。

(7) 人権ヨーゴ機関の充実等同和地区住民に関する人権擁護活動の強化を図り悪質な差別事件は司法的処分をすること。

2. 前項に掲げる施策及び問題解決に必要な事項はおおむね10年目を目途として計画的に実施しなければならない。

第5条（財政上の措置） 国は、前条第1項に掲げる施策を実施するために必要な経費について、実施単価の4／5を負担しなければならない。

第6条（同和対策協議会の設置） 国は、総理府に附属機関として同和対策協議会を置かなければならない。

第7条（地方公共団体の責務） 地方公共団体は、国の施策に積極的に協力するとともに、同和地区の実態に応じ国の施策に準じて必要な施策を講じなければならない。

第8条（事業団の設置） 国及び地方公共団体の同和施策を補完し、かつ施策の実効を確保するため、国は政府資金による同和事業団（仮称）を設置するものとする。

（出典：『戦後部落問題の研究　第3巻　資料戦後同和行政史』部落問題研究所編、1979年）

第1次堀木試案 （同和対策協議会第9回総会）

第一　目的

　この法律は、同和問題に関する国の政策の目標を明らかにし、その目標を達成するために必要な基本的施策及び特別の措置を定め、もって同和対策を促進し、同和問題のすみやかな解決を図ることを目的とすること。

第二　差別的取扱の禁止

　国、地方公共団体及び国民は、同和地区住民に対し不当な差別取扱をしてはならないものとすること。

第三　国及び地方公共団体の責務

　国及び地方公共団体が同和問題のすみやかな解決に努めるべき責務を有すること

を明らかにすること。

第四　政策の目標

　　　同和問題に関する国の政策の目標は、国民のこの問題に対する正しい認識の確立、同和地区の生活環境の整備、社会福祉の充実、産業の振興、職業の安定、教育の向上等を図ることによって、同和地区住民の社会的経済的地位の向上等を不当にはばむ諸条件を消除することにあるものとすること。

第五　国の施策

1　国は、上記第四の目標を達成するために次の事項について、その政策全般にわたり、必要な施策を総合的に講じなければならないこと。

　(1)　国民の同和問題に対する正しい理解と態度の養成を図ること。

　(2)　同和地区における生活環境の改善を図ること。

　(3)　同和地区における社会福祉及び公衆衛生の向上及び増進を図ること。

　(4)　同和地区における農林漁業の振興を図ること。

　(5)　同和地区における中小企業の振興を図ること。

　(6)　同和地区住民の雇用の安定及び促進を図ること。

　(7)　同和地区住民に対する学校教育及び社会教育の充実を図ること。

　(8)　同和地区住民に対する人権擁護活動の強化を図ること。

2　1に掲げる施策は、おおむね10年間を目途として、計画的に実施されなければならないものとすること。

第六　地方公共団体の施策

　　　地方公共団体は、国の施策に準じて施策を講ずるように努めらければならないものとすること。

第七　財政上及び資金上の措置

　　　政府は、同和対策を推進するために必要と認められる財政上及び資金上の措置を講ずるように努めなければならないものとすること。

第八　施策の実施上の配慮

　　　国及び地方公共団体は、同和対策の実施にあたっては、同和地区住民の独立向上の意欲をそこなうことのないように配慮しなければならないものとすること。

第九　同和対策に関する行政運営の改善等

　　　国及び地方公共団体は、同和対策を講ずるにつき、事業が円滑かつ有効に行なわ

れるように、行政運営の改善に努めるとともに相互に協力するものとすること。

第十　附則

1　この法律は、公布の日から施行すること。

2　この法律は、昭和54年3月31日限りその効力を失うこと。

（出典：公益財団法人住吉隣保事業推進協会保存資料）

同和対策の促進に関する特別措置法案要綱 （同和対策協議会案）

第1　目的

　この法律は、憲法の基本的人権の理念に則り、同和問題のすみやかな解決を図ることは、国の責務であると同時に国民連帯の課題であることに鑑み、国が必要な基本的施策及び特別の措置を定め、もって同和対策を促進し、同和問題のすみやかな解決を図ることを目的とすること。

第2　基本的人権の尊重

　すべての国民は、同和地区住民の基本的人権を尊重し、不当な差別的取扱いをしてはならないものとすること。

第3　国及び地方公共団体の責務

　国及び地方公共団体が同和問題のすみやかな解決に努めるべき責務を有することを明らかにすること。

第4　政策の目標

　同和問題に関する国の政策の目標は、国民のこの問題にたいする正しい認識の確立、同和地区の生活環境、社会福祉の充実、産業の振興、職業の安定、教育の向上等を図ることによって、同和地区住民の社会的経済的地位の向上を不当にはばむ諸要因の解消を図ることにあるものとすること。

第5　国の施策

1　国は、上記第4の目標を達成するために、次の事項について、その政策全般にわたり、必要な施策を総合的に講じなければならないこと。

（1）国民の同和問題にたいする正しい理解と態度の養成を図ること。

(2) 同和地区における生活環境の改善を図るため、住宅事情の改善、地区の整理、公共施設の整備、生活環境改善事業の充実等の措置を講ずること。

(3) 同和地区における社会福祉及び公衆衛生の向上及び増進を図るため、社会福祉施設、医療施設等の充実、等の措置を講ずること。

(4) 同和地区における農林漁業の振興を図るため、農林漁業生産の基盤の整備及び開発、農林漁業経営の近代化のための施設の導入等の措置を講ずること。

(5) 同和地区における中小企業の振興を図るため、経営の合理化、設備の近代化、技術の向上等の措置を講ずること。

(6) 同和地区住民の雇用の促進及び職業の安定を図るため、職業指導及び職業訓練の充実、職業紹介の推進等の措置を講ずること。

(7) 同和地区住民に対する学校教育及び社会教育の充実を図るため、進学の奨励、同和教育の推進、社会教育施設の充実等の措置を講ずること。

(8) 同和地区住民に対する人権擁護活動の強化を図るため、人権侵犯事件の救済、人権相談の推進、人権思想の普及高揚等の措置を講ずること。

(9) 同和対策の推進に協力する指導者の養成を図ること。

2　1に掲げる施策は、おおむね10年間を目途として、計画的に実施されなければならないものとすること。

第6　地方公共団体の施策

1　地方公共団体は、国の施策に準じて施策を講ずるように努めなければならないものとする。

2　地方公共団体は、必要に応じて施策を推進するために必要な行動組織の整備に努めなければならないものとすること。

第7　財政上及び資金上の措置

政府は、同和対策を推進するために、必要に応じて補助金の交付、起債の許可、特別交付税の交付、資金の融通の円滑化等について適切な措置を講ずるように努めなければならないものとすること。

第8　施策の実施上の配慮

1　国は、同和対策の円滑な実施のために必要があるときは、学識経験者を含めた同和対策推進協議会を設けることができるものとすること。

2　国及び地方公共団体は、同和対策の実施にあたっては、同和地区住民の自主性を

尊重し、独立向上の意欲を助長するように配慮しなければならないものとすること。

第9　同和対策に関する行政運営の改善等

　　国及び地方公共団体は、同和対策を講ずるにつき、事業が円滑かつ有効に行なわれるように、行政運営の改善に努めるとともに相互に協力するものとすること。

第10　附則

1　この法律は、公布の日から施行すること。

2　この法律は、昭和54年3月31日限りその効力を失うこと。

（出典：『同和行政四半世紀の歩み』総務庁長官官房地域改善対策室編、1994年）

同和対策事業特別措置法案要綱　（4党国対委員長）

（1）名称

　　この法律の名称を「同和対策事業特別措置法」とすること。

（2）目的

　　この法律は、日本国憲法の理念にのっとり、歴史的社会的理由により生活環境等の安定向上が阻害されている地域（以下「対象地域」という。）について国及び地方公共団体が協力して同和対策事業を行い、もって対象地域における経済力の培養、住民の生活の安定及び福祉の向上等に寄与することを目的とすること。

（3）国民の責務等

　　国民並びに国及び地方公共団体の責務を明確にすること。

（4）同和対策事業の目標

　　同和対策事業の目標は、対象地域の住民の社会的経済的地位の向上を不当にはばむ諸要因を解消すること。

（5）国の施策

　　国は、この法律の目的を達成するため、次の各号に掲げる事項について、対象地域又はその住民に対し、必要な施策を総合的に講ずること。

　ア　生活環境の改善を図ること。

　イ　社会福祉及び公衆衛生の向上及び増進を図ること。

ウ　農林漁業の振興を図ること。

エ　中小企業の振興を図ること。

オ　雇用の促進及び職業の安定を図ること。

カ　学校教育及び社会教育の充実を図ること。

キ　人権擁護活動の強化を図ること。

(6)　特別の助成

　同和対策事業に係る国の負担又は補助の割合は、特に定めるものを除き、原則として3分の2とすること。

(7)　地方公共団体の施策

　地方公共団体は、国の施策に準じて必要な措置を講ずるように努めること。

(8)　地方負担の軽減

　同和対策事業に係る地方負担の軽減を図るため元利償還付起債を認める等の措置を講ずること。

(9)　関係行政機関等の協力

　関係行政機関の長及び関係地方公共団体の長の協力義務を定めること。

(10)　この法律は、10年間の時限立法とすること。

（出典：『同和対策の現況』総理府編、1977年）

同和対策事業特別措置法

第1条（目的）　この法律は、すべての国民に基本的人権の享有を保障する日本国憲法の理念にのっとり、歴史的社会的理由により生活環境等の安定向上が阻害されている地域（以下「対象地域」という。）について国及び地方公共団体が協力して行なう同和対策事業の目標を明らかにするとともに、この目標を達成するために必要な特別の措置を講ずることにより、対象地域における経済力の培養、住民の生活の安定及び福祉の向上等に寄与することを目的とする。

第2条（同和対策事業）　この法律において「同和対策事業」とは、第6条各号に掲げる事項を実施する事業をいう。

第３条（国民の責務）　すべて国民は、同和対策事業の本旨を理解して、相互に基本的人権を尊重するとともに、同和対策事業の円滑な実施に協力するように努めなければならない。

第４条（国及び地方公共団体の責務）　国及び地方公共団体は、同和対策事業を迅速かつ計画的に推進するように努めなければならない。

第５条（同和対策事業の目標）　同和対策事業の目標は、対象地域における生活環境の改善、社会福祉の増進、産業の振興、職業の安定、教育の充実、人権擁護活動の強化等を図ることによって、対象地域の住民の社会的経済的地位の向上を不当にはばむ諸要因を解消することにあるものとする。

第６条（国の施策）　国は、第１条の目的を達成するため、次の各号に掲げる事項について、その政策全般にわたり、必要な施策を総合的に講じなければならない。

一　対象地域における生活環境の改善を図るため、地区の整理、住宅事情の改善、公共施設及び生活環境施設の整備等の措置を講ずること。

二　対象地域における社会福祉及び公衆衛生の向上及び増進を図るため、社会福祉施設、保健衛生施設の整備等の措置を講ずること。

三　対象地域における農林漁業の振興を図るため、農林漁業の生産基盤の整備及び開発並びに経営の近代化のための施設の導入等の措置を講ずること。

四　対象地域における中小企業の振興を図るため、中小企業の経営の合理化、設備の近代化、技術の向上等の措置を講ずること。

五　対象地域の住民の雇用の促進及び職業の安定を図るため、職業指導及び職業訓練の充実、職業紹介の推進等の措置を講ずること。

六　対象地域の住民に対する学校教育及び社会教育の充実を図るため、進学の奨励、社会教育施設の整備等の措置を講ずること。

七　対象地域の住民に対する人権擁護活動の強化を図るため、人権擁護機関の充実、人権思想の普及高揚、人権相談活動の推進等の措置を講ずること。

八　前各号に掲げるもののほか、前条の目標を達成するために必要な措置を講ずること。

第７条（特別の助成）　同和対策事業でこれに要する経費について国が負担し、又は補助するものに対するその負担又は補助については、政令で特別の定めをする場合を除き、予算の範囲内で、３分の２の割合をもって算定するものとする。

2　前項の場合において、法律の規定で国の負担又は補助の割合として3分の2を下る割合を定めているもののうち政令で定めるものについては、政令でこれを3分の2とするものとする。

第8条（地方公共団体の施策）　地方公共団体は、国の施策に準じて必要な措置を講ずるように努めなければならない。

第9条（地方債）　同和対策事業につき地方公共団体が必要とする経費については、地方財政法第5条第1項各号に規定する経費に該当しないものについても、地方債をもってその財源とすることができる。

2　同和対策事業につき地方公共団体が必要とする経費の財源に充てるため起こした地方債は、資金事情の許す限り、国が資金運用部資金又は簡易生命保険及郵便年金特別会計の積立金をもってその全額を引き受けるものとする。

第10条（元利償還金の基準財政需要額への参入）　同和対策事業につき地方公共団体が必要とする経費の財源に充てるため起こした地方債で自治大臣が指定したものに係る元利償還に要する経費は、地方交付税法の定めるところにより、当該地方公共団体に交付すべき地方交付税の額の算定に用いる基準財政需要額に算入するものとする。

第11条（関係行政機関等の協力）　関係行政機関の長及び関係地方公共団体の長は、同和対策事業が円滑に実施されるように相互に協力しなければならない。

附則（抄）

1　この法律は、公布の日から施行する。

2　この法律は、昭和54年3月31日限り、その効力を失う。

（出典：『同和行政四半世紀の歩み』総務庁長官官房地域改善対策室編、1994年）

年表　同和対策事業特別措置法制定までの経緯

	解放運動	国会・政府	同対審・同対協
1965.8			同対審、答申を提出
10	解放同盟、第20回全国大会		
10	第1回中央委員会、本部体制確立		
12	アカハタ、答申批判		
		第51通常国会、はじまる	
1966.1	同対審答申完全実施要求国民中央集会（東京）		
2		衆議院本会議、多賀谷真稔が特措法について代表質問。	
2		閣議で同和対策基本法を国会に提出の方針	
3	北原、理論・綱領委員会設置を提案		
3	解放同盟、第21回全国大会		
4			総理府設置法一部改正、同対協を設置（第1期）。任期2年
6		通常国会、終了	同和対策協議会令、公布。委員、任命
7			同対協、第1回総会
8	同対審答申完全実施要求国民大行進、はじまる		同対協、第2回総会、専門委員任命
11	松本治一郎、死去		
12		第54通常国会、はじまる	
1967.1			全国同和地区実態調査実施
1			同対協、第3回総会
2			同対協、第4回総会
2			同対協、第5回総会。中間報告提出
3	解放同盟、第22回全国大会		
4		衆院予算委で八木一男、首相を追及	
5			同対協、第6回総会
6	解放同盟、政府交渉		同対協、第7回総会
7			同対協、第8回総会
10	同対審答申完全実施中央行動		
11			同対協、第9回総会、同盟案提出
12	解放同盟、同盟案を発表	第58通常国会、はじまる	同対協、第10回総会。堀木試案提出
1968.2		衆院予算委で大原亨、質問	同対協、第11回総会。同和会案提出
3	解放同盟、第23回全国大会		同対協、第12回総会
3			同対協、第13回総会。同和対策の促進に関する特別措置法案要綱提出
4		4党協議会を設置	総理府設置法一部改正、同対協を再設置（第2期）。任期2年
8			同対協、第1回総会
12		各党国会対策委員長、会談	
1969.1			同対協、第2回総会
2			同対協、第3回総会
3	解放同盟、第24回全国大会		同対協、第4回総会
4	解放同盟、衆参両院議長に請願提出	4党国会対策委員長協議会、法案要綱を発表	同対協、第5回総会
4		同法案を閣議決定。国会に上程	
6		同法案、衆院本会議で可決	
6		同法案、参院本会議で可決成立	

著者

金井宏司（かない・こうじ）
元解放出版社編集部職員。主な著作に、『同和行政─戦後の軌跡』（解放出版社、
1991年）などがある。

読みなおしの同和行政史

2024年6月15日　初版第1刷発行

著　者　　金井宏司

発　行　　**株式会社 解放出版社**
　　　　　大阪市港区波除4-1-37 HRCビル3階　〒552-0001
　　　　　電話 06-6581-8542　FAX 06-6581-8552
　　　　　東京事務所
　　　　　東京都文京区本郷1-28-36 鳳明ビル102A　〒113-0033
　　　　　電話 03-5213-4771　FAX 03-5123-4777
　　　　　郵便振替 00900-4-75417　HP https://www.kaihou-s.com/

装　丁　　森本良成

印　刷　　株式会社 太洋社

ISBN978-4-7592-3029-1　NDC210　267P　21cm
定価はカバーに表示しています。落丁・乱丁はおとりかえいたします。

障害などの理由で印刷媒体による本書のご利用が困難な方へ

　本書の内容を、点訳データ、音読データ、拡大写本データなどに複製することを認めます。ただし、営利を目的とする場合はこのかぎりではありません。

　また、本書をご購入いただいた方のうち、障害などのために本書を読めない方に、テキストデータを提供いたします。

　ご希望の方は、下記のテキストデータ引換券（コピー不可）を同封し、住所、氏名、メールアドレス、電話番号をご記入のうえ、下記までお申し込みください。メールの添付ファイルでテキストデータを送ります。

　なお、データはテキストのみで、写真などは含まれません。

　第三者への貸与、配信、ネット上での公開などは著作権法で禁止されていますのでご留意をお願いいたします。

あて先
〒552-0001 大阪市港区波除4-1-37 HRCビル3F 解放出版社
『読みなおしの同和行政史』テキストデータ係